STADE COLTAN

Collection « Études africaines »

dirigée par Denis Pryen et son équipe

Forte de plus de mille titres publiés à ce jour, la collection « Études africaines » fait peau neuve. Elle présentera toujours les essais généraux qui ont fait son succès, mais se déclinera désormais également par séries thématiques : droit, économie, politique, sociologie, etc.

Dernières parutions

Phidias AHADI SENGE MILEMBA, *États de l'État en Afrique, Des déficiences fonctionnelles aux perspectives d'un horizon possible*, 2019.
Nestor Kobenan TAN, *L'Église au défi des identités, Pastorale de l'interculturalité en Côte d'Ivoire*, 2019.
Gervais MUBERANKIKO, *La protection du locataire-gérant en droit OHADA, Nouvelle édition*, 2019.
Mamadou Diarafa DIALLO, *L'hygiène en milieu de soins au Mali, Entre représentations, normes et pratiques*, 2019.
Galedi NZEY, *La formation des professeurs du second degré au Gabon (1971-2010)*, 2019.
Olivier FANDJIP, *Le temps dans le contentieux administratif en droit français et des États d'Afrique francophone*, 2019.
Olivier FANDJIP, *Les mutations récentes de la justice administrative en Afrique francophone. Étude critique à partir du modèle camerounais*, 2019.
Placide MALUNG'MPER AKPANABI, *L'éducation aux valeurs chez les Ding orientaux en RDC, De 1885 à nos jours, tome 1, 2 et 3, 2019.*
Jérôme TOUNG-NZUE, *Réalités du pouvoir au Gabon et fondements du blocage sociopolitique*, 2019.
NIAMKEY-KOFFI, *Révolution et liberté*, 2019.
Maurel Sosthène ONOMO ETABA, *Coopération internationale et terrorisme en Afrique, L'expérience africaine du droit de poursuite terrestre,* 2019.
Jean OTEMIKONGO MANDEFU YAHISULE, *La gouvernance universitaire au Congo-Kinshasa*, 2019.
Emmanuel KASONGO MUNGONGO, *La gouvernance des entités territoriales décentralisées, Défis et enjeux de la gestion des finances publiques communales à Kinshasa,* 2019.

Claude Iguma Wakenge

STADE COLTAN

Extraction minière artisanale, réformes et changement social à l'est de la République démocratique du Congo

L'Harmattan

5-7, rue de l'Ecole-Polytechnique, 75005 Paris

www.editions-harmattan.fr

ISBN : 978-2-343-17217-0
EAN : 9782343172170

SIGLES ET ACRONYMES

ACK : Association des Creuseurs de Kisengo
ANR : Agence Nationale des Renseignements
CB : Comité de Base
CDMC : Coopérative des Artisanaux Miniers du Congo
CLS : Comité Local de Suivi
CMMA : Coopérative Minière Maendeleo
CSK : Comité Spécial du Katanga
FARDC : Forces Armées de la République Démocratique du Congo
ITRI : International Tin Research Institute
iTSCi : ITRI Tin Supply-Chain Initiative
IPIS : International Peace Information Service
MMR : Mining Mineral Resources
MONUSCO : Mission des Nations Unies pour la Stabilisation du Congo
ONG : Organisation Non gouvernementale
OECD : Organisation for Economic Cooperation and Development
PMH : Police des Mines et Hydrocarbures
RDC : République Démocratique du Congo
SAESCAM : Service d'Assistance et d'Encadrement du Small-Scale Mining
SGMC : Société Géologique et Minière du Congo
SOMIKA : Société Minière du Katanga
UMHK : Union Minière du Haut-Katanga
ONU : Organisation des Nations Unies
ZEA : Zone d'Exploitation Artisanale
3T : Etain, Tantale et Tungstène

Carte 1 : Carte administrative de la République démocratique du Congo

Source : programme des droits humains des Grands Lacs (2017).

Carte 2 : La province du Tanganyika

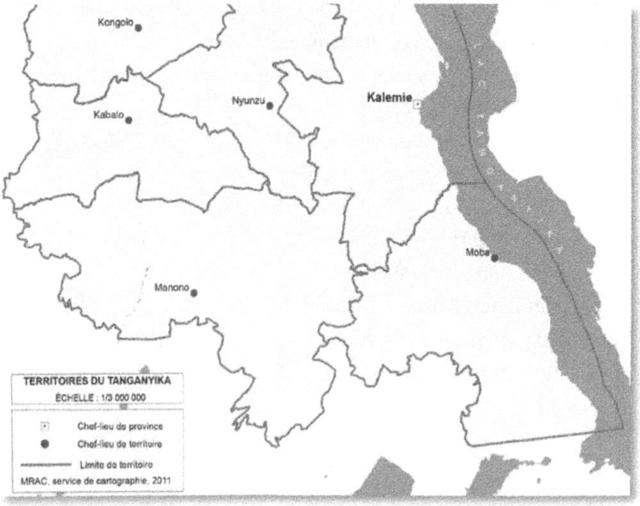

Source : Omasombo (2014:14).

REMERCIEMENTS

J'ai commencé, développé et réalisé cette thèse de doctorat[1], à l'exemple de nombreux mineurs artisanaux (creuseurs) lorsqu'ils extraient les minerais dans ma zone d'étude — la province du Tanganyika au Nord-Katanga (sud-est de la République démocratique du Congo, RDC). C'est rare qu'ils travaillent seuls pour obtenir ces minerais. Les mineurs le font toujours en équipes organisées en groupes de deux ou plusieurs personnes, selon la charge de travail, les tâches à accomplir, les relations sociales entre les membres de l'équipe et leurs attentes par rapport aux tâches accomplies.

Les équipes de mineurs sont ingénieusement organisées. Dès le début des opérations, du creusage jusqu'à la vente des minerais, chaque membre de l'équipe effectue des tâches spécifiques, selon ses capacités et son rôle dans l'exploitation minière. Par exemple, le chef d'équipe — souvent connu comme propriétaire de la galerie — organise des arrangements financiers avec des organismes de l'État tel que le Service d'assistance et d'encadrement du small-scale mining (SAESSCAM) ou avec le chef coutumier (*mwami*) pour obtenir la galerie à exploiter. Le chef d'équipe choisit également un certain nombre de mineurs (connus comme *mercenaires*) sur la base de plusieurs critères, y compris les liens sociaux, leur

[1] Commencée en 2012, cette thèse de doctorat a été publiquement défendue le 21 juin 2017 à Wageningen (Pays-Bas) sous les auspices de la faculté des Sciences Sociales de Wageningen University & Research. Elle a été dirigée par les Professeurs Dorothea Hilhorst, Koen Vlassenroot et Docteur Jeroen Cuvelier à qui l'auteur présente toute sa gratitude.

engagement et endurance à réaliser les travaux et, surtout, les relations de confiance entre les membres de l'équipe. Le chef d'équipe tisse aussi des arrangements financiers avec les mineurs au sujet de leur paiement. Il organise et supervise leur travail quotidien et fournit différents types de soutien, allant de l'appui financier à l'assistance technique, par exemple l'équipement nécessaire à l'extraction des minerais, telles que les pelles et les pioches. Ce qui est le plus important, c'est que le chef d'équipe fournit aux *mercenaires* la ration quotidienne de nourriture et les conseils réguliers, par exemple sur la façon d'éviter des accidents dans la galerie ou comment retrouver des filons prometteurs de minerais.

Le chef d'équipe travaille rarement seul. Il ne peut pas atteindre les filons prometteurs ou obtenir des minerais sans l'aide des mineurs. En outre, il doit être patient, car les opérations de creusage peuvent durer plusieurs semaines ou plusieurs mois. Le chef d'équipe est aussi connecté et entretient de bonnes relations avec d'autres personnes. Par exemple, lorsqu'il n'a pas d'argent pour payer les rations alimentaires des *mercenaires*, il peut acquérir des prêts consentis par les commerçants locaux (connus comme *sponsors*). Il peut également demander aux commerçants ou aux acheteurs des minerais (dits négociants)[2] de financer les opérations en cours de creusage en échange de paiements en nature (minerais) ou sous d'autres formes (par exemple en argent liquide). Pour atteindre un haut niveau de production ou pour éviter les accidents, le chef d'équipe et les mineurs demandent aussi aux personnes comme le *mwami* ou des pasteurs d'églises de bénir la galerie. Pour leur part, les mineurs sont les travailleurs entrant quotidiennement dans la galerie. Toutefois, ils peuvent être confrontés à des risques, parce que certaines galeries sont

[2] La littérature distingue différents types de négociants, allant du « petit négociant » au « négociant principal » (Garrett, 2008:44; de Failly, 2001:15 – 16). Dans certaines études, les négociants sont également appelés « commerçants » (Geenen, 2011a). Dans cette thèse, les négociants sont les acheteurs de minerais basés dans les mines artisanales. Ils achètent les minerais aux mineurs artisanaux et travaillent à l'interface entre ces derniers et les coopératives minières.

très profondes, s'étendant parfois jusqu'à plus de 30 mètres de profondeur. Dans cette situation, certains mineurs — ou autres experts locaux — sont bons à ériger des dispositifs de protection pour éviter les accidents. Tous ces arrangements, cette coopération et ces réseaux de relations ont pour seul but d'obtenir des minerais comme résultat final.

Cette thèse peut également être comparée à la vie quotidienne des mineurs. En dépit du caractère risqué de leurs activités, ils affichent un sens rare d'espérance. Après un long séjour dans les mines, ils espèrent rentrer chez eux avec quelque chose de valeur dans leurs mains. Ainsi, les mineurs abandonnent rarement leurs activités, à moins que leurs conditions de travail ne deviennent insupportables.

Avant tout, je tiens à remercier l'organisme bailleur de fonds, le programme pour le développement global, WOTRO, de l'organisation néerlandaise pour la recherche scientifique, qui a financé notre programme de recherche, intitulé « Down to Earth (Revenir à réalité) : gouvernance dynamique et changement social dans l'artisanat minier en République Démocratique du Congo ». Mon projet de doctorat faisait partie de ce vaste programme. WOTRO a également rendu possible la collaboration entre l'Université de Wageningen et l'Institut Supérieur de Développement Rural (ISDR) de Bukavu (RDC), où j'enseigne — en mettant en œuvre le programme.

Mes sincères et chaleureux remerciements s'adressent à mon équipe de superviseurs : Professeur Dorothea Hilhorst, Professeur Koen Vlassenroot et Dr Jeroen Cuvelier. Depuis 2012, ces personnes m'ont supervisé de la même manière que les chefs d'équipe des mineurs. Chère Professeur Hilhorst (Thea), au-delà d'être ma promotrice de thèse, vous avez également été comme une Mère pour moi. Vous avez toujours transformé cette étude de doctorat d'un exercice académique à une réelle vie sociale. Lorsque je me suis rendu aux Pays-Bas pour la première fois pour commencer le programme de doctorat, vous m'avez aidé dans de nombreux aspects de ma vie. Vos conseils tout au long de l'ensemble du processus ont été essentiels pour ma réussite dans ce programme. Votre attention et les conseils judicieux m'ont permis de m'intégrer à la vie universitaire à l'Université de Wageningen, surtout dans la chaire spéciale de l'aide humanitaire et de la reconstruction. J'ai beaucoup appris, dès le début de cette étude. Lors de notre première rencontre à Wageningen au début de 2012, vous m'avez conseillé que, « plus tu publies, plus tu vas t'ajuster dans le monde académique ». Ces mots ont depuis lors résonné dans mon esprit comme une force d'impulsion au travail zélé et à l'avancement vers cet objectif gravé à l'esprit. *Dank je wel* !

Professeur Koen Vlassenroot, tu as toujours été une source d'inspiration pour moi. Je me souviens de notre première rencontre à Coco Lodge en 2010 à Bukavu. Je coordonnais le programme national de l'Institut Vie & Paix, une organisation non gouvernementale suédoise œuvrant en RDC. Tu m'avais demandé si je désirais de poursuivre mes études. J'avais rapidement répondu « Oui ». Après ma sélection comme candidat au doctorat, j'ai bénéficié énormément de ton expérience académique.

Dr Jeroen Cuvelier, *asanti mingi sana* (Merci infiniment) pour ta patience. Tu m'a fourni autant de recommandations de bonne littérature, a guidé mon travail au quotidien, lu tout ce que j'ai écrit — quelle que soit la forme — de mes pires brouillons jusqu'aux articles prêts-à-publier. J'ai eu la chance d'être supervisé par une personne comme toi, qui consacre beaucoup de temps, d'attention et de soins au travail d'un étudiant.

Je ne pourrais jamais oublier le Professeur Dennis Dijkzeul, pour qui je manque de mots pour exprimer ma gratitude. Ce que je retiens le plus ce sont les recherches que nous avons accomplies ensemble au cours de la dernière décennie. En 2010 et en 2014, nous avons publié deux articles intéressants sur les perceptions d'ONG et le prosélytisme des Casques Bleus à l'est de la RDC. Ces articles sont des bases solides pour ma carrière de chercheur académique. Tu as pris le temps de lire et de commenter chaque chapitre de mon travail de doctorat. Visiter ta famille en Allemagne et aux Pays-Bas a été des moments importants dont je me souviens avec émotion.

Ma gratitude va à tous mes collègues à l'ISDR. Je pense en particulier, aux Professeurs Martin Bitijula Mahimba, Pascal

Isumbisho, Bosco Muchukiwa et Job Murhega Mashanda. Merci également à Pierre-Célestin Mumbu, Meschac Bilubi Ulengabo, John Kadjunga, Kimengele Uledi, Bugeme Zigashane, Emery Mudinga et Sudy Simulilo Nyange. Votre collaboration et sociabilité au cours de cette étude auront été pour moi d'une grande valeur. Merci également au Professeur Jean-Berckmans Muhigwa pour la traduction française de cette thèse et à Patrick Milabyo pour ma rapide intégration à Wageningen.

Ma gratitude va également à mes collègues au programme « Down to Earth » : Jose Diemel et Marie-Rose Bashwira. Nous faisions partie de la même équipe, plein d'espérance comme les mineurs, en accomplissant les différentes tâches nécessaires pour réaliser nos projets respectifs de thèse. Se soutenant les uns les autres, voyageant ensemble et discutant de nos projets ; cela a été une grande source d'inspiration qui a facilité cette réalisation. Cela m'a également donné le sentiment que cet exercice n'était pas solitaire. Je pense aussi aux collègues qui participent à d'autres programmes dans la chaire spéciale pour l'aide humanitaire et la reconstruction : Bodille Arensman, Gloria Nguya, Aembe Bwimana, Teddy Atim, Carlos Morales, Luna Ghimire, Annisa Srikandini, Gayathri Halinne Lokuge et Raimond Duijsens. C'était toujours un grand moment d'être ensemble dans notre bureau. Dans le même ordre d'idées, je tiens à remercier Gemma Van der Haar en tant que membre de l'équipe « Down to Earth », Jennifer Barrett, notre inspirante éditrice et Adriaan Ferf qui coordonnait la mise en œuvre des sessions de dissémination des résultats de nos recherches. Proportionnellement à vos rôles respectifs, vous étiez les experts cruciaux qui ont conseillé les mineurs sur la façon d'éviter les accidents.

En 2012, j'ai eu la chance de rencontrer Lucie van Zaalen et Wendy Ömerköylu, alors secrétaires au département jadis nommé « Disaster Studies » *(études de catastrophes*). Ces deux personnes ont été d'un grand support dans l'organisation d'arrangements financiers et du logement, la réservation des billets d'avion, etc. vers les Pays-Bas. Lorsque Wendy est devenue Administratrice de la chaire spéciale pour l'aide humanitaire et la reconstruction, elle n'a pas changé d'approche dans la façon de me soutenir.

Mes remerciements s'adressent à mes frères et compatriotes congolais vivant aux Pays-Bas et en RDC. Aux Pays-Bas, je pense à Léandre Bulambo, Nelly Faso et Maman Alpha. Vous m'avez aidé avec la socialisation, et vous étiez toujours prêts à m'accueillir chez vous. En RDC, j'ai reçu beaucoup d'encouragements de Colette Mikila Embenako, Charles Mampasu, Deogratias Buuma, Sosthène Maliyaseme, Loochi Muzaliwa, James Chamusoke, Sisto Byabele et Tchales Chalondagwa Mwagalwa. À Kahendwa, Kalemie, Kisengo, Mai-Baridi, Nyunzu, Misisi et Uvira, je remercie toutes ces personnes qui m'ont accueilli et parlé avec moi, en particulier les mineurs, les *négociants*, les fonctionnaires étatiques et d'autres membres des communautés ethniques locales. Je pense en particulier, à Gilbert Leya Wa Nkulu et à mon brillant assistant de recherche, Muhoya N'kungwa Gervais, dont le soutien a été très utile au cours de mes nombreux voyages dans les cités et mines du Nord-Katanga.

Aux membres de ma famille, je tiens à remercier chacun d'entre vous pour vos contributions et soutiens au cours de mes études, que ce soit avant ou au cours de ce programme de doctorat. Je pense à mon aimable et entrepreunant feu Père Wakenge Ramazani et à ma très chère Maman Thérèse Mukamba Kwabene, à mes frères Cosmas Monga Musafiri, Bernard Bwenge Bwa Kizoni, David Ramazani Kizoni, Adolphine Wakenge, Gaston Mukamba, Simon Kibonge, Michel Bazika Kizoni, Berthe Zamukulu, Cadet Mukamba Mwezani, Maggy Mukamba, Kamundala Baleke, Clément Byakya, ma belle-mère Ildegarde Kilongo et ma belle-sœur, Mireille Kashindi. *Kwendile Wamulume, buza ububi* !

Ma gratitude va à ma très belle épouse, Viviane Igilima Mapendo, la mère de mes jumeaux, Emmanuel Songa Iguma et Noël Muganza Iguma. Elle a réussi à gérer ma longue absence à la maison et répondu convenablement à de nombreuses questions de mes enfants. Lorsqu'ils voyaient mes bagages emballés dans notre salon et devinaient que je voyageais, ils ont toujours demandé, « où vas-tu encore une fois, et quand reviendras-tu ? » Quand je leur répondais que je menais une recherche scientifique inscrite sur une longue durée, ma fille-ainée de 11 ans, Davina Iguma, a souvent demandé, « alors, que cherches-tu ? » Laissez-moi te dire que ce que je cherchais — comme les creuseurs cherchent du coltan — est la présente thèse de doctorat. Par moments de bonheur et de défis, je n'ai jamais renoncé à ce travail. Ainsi, j'espère que cette thèse deviendra un exemple pour vous tous, y compris Wakenge Iguma-Benito et Bernard Kizoni Iguma-Mzee. Viviane et mes enfants, cette thèse est dédiée à vous.

Enfin, c'est mon espoir que cette thèse pourrait contribuer à changer quelque chose dans l'organisation du secteur minier en RDC. Elle tente de répondre aux questions souvent entendues des mineurs, des *négociants* et des fonctionnaires étatiques, qui se sont souvent demandé quand ils m'ont vu prendre des notes pendant les interviews, « quel est le but de vos écrits, et comment cela peut-il changer nos vies et ce pays ? »

CHAPITRE I

Étudier l'exploitation et les réformes minières au Nord-Katanga

1. Contexte

Les immenses richesses minières de la République Démocratique du Congo (RDC) ont été exploitées depuis les temps précoloniaux (De Hemptinne, 1926) et à l'époque coloniale (Hönke, 2013). Cette exploitation a continué après l'indépendance de la RDC en 1960 (Rubbers, 2006). D'immenses réserves de cuivre et de cobalt sont exploitées au Katanga ; du diamant dans la région du Kasaï ; l'or et le diamant sont extraits dans les provinces orientales et l'Équateur ; l'étain (cassitérite), le coltan[3], le tungstène et l'or sont exploités dans les Kivus et la province du Maniema (De Failly, 2001 ; Geenen, 2011). Jusqu'aux débuts des années 1980, ces ressources ont été exploitées principalement par le biais de sociétés minières industrielles publiques, mais, après une période de privatisation et de mauvaise gestion, le secteur minier est dominé par l'exploitation artisanale et à petite échelle.

Au cours des quinze dernières années, les minerais congolais ont été entachés d'une réputation très négative. Malgré le rôle

---

[3] Coltan est une abréviation de colombite–tantalite couramment utilisée à l'est de la RDC. Coltan est un mélange de deux minerais, à savoir le niobium et tantale, utilisés dans les applications industrielles de pointe. Pour plus de détails, lire Nest M. (2011). *Coltan*. Cambridge: Polity Press, pp. 3–30.

potentiel de pivot que joue le secteur minier dans la reconstruction post- conflit (Banque mondiale, 2008) et le fait que l'exploitation minière artisanale soutienne les moyens de subsistance de millions de personnes en RDC (PACT, 2010), les minerais sont associés au conflit, à la violence et à la corruption. Les groupes rebelles, les armées étrangères et l'armée congolaise se sont battus et saisi des sites miniers, mais ont aussi été impliqués dans le trafic des minerais.

Cette situation a déclenché un certain nombre d'initiatives nationales et internationales pour réformer le secteur minier. Ces réformes visent à soutenir le gouvernement congolais à briser le cycle des conflits liés aux ressources. En 2014, 13 initiatives de réforme — 10 mettant l'accent sur les 3T[4] et trois sur l'or — fonctionnaient à l'est de la RDC (Cuvelier et al., 2014:5). Ces initiatives visent à rendre le secteur minier artisanal congolais plus transparent et à empêcher les « minerais de conflit », c'est-à-dire les minerais supposés alimenter la violence, les conflits et l'implication des acteurs armés dans le secteur minier (Autesserre, 2012 ; De Koning, 2012), d'entrer sur le marché international (Garrett et al., 2010 ; Verbruggen et al., 2011). Parmi ces initiatives figure l'initiative sur la chaine d'approvisionnement en étain de l'ITRI (iTSCi)[5], une initiative impliquant, dans sa mise en œuvre, les maisons de négoce (ou *comptoirs*) et les coopératives minières, dans la plupart des sites miniers[6] de coltan au Nord-Katanga (ainsi que dans les provinces du Nord-Kivu, Sud-Kivu et Maniema). Cette thèse se concentre en particulier sur ce qui s'est passé autour de l'initiative (ou programme) iTSCi. Ceci est important, car de nombreux creuseurs exploitant le coltan dans les sites miniers où l'iTSCi était en vigueur se sont senti frustrés quant à

[4] L'abréviation '3T' fait référence à trois types de minerais extraits en RDC: l'étain (cassitérite), tantale (coltan) et le tungstène (wolframite).

[5] L'ITRI est une plate-forme d'industriels de l'étain basée au Royaume Uni. Elle regroupe les acheteurs de l'étain et les fonderies, et défend leurs intérêts. Pour plus de détails, voir : http://www.itri.co.uk.

[6] Dans la présente thèse, les expressions 'sites miniers' et 'zones minières' sont utilisés de façon interchangeable ainsi que les mots 'mineurs', 'travailleurs miniers', mineurs artisanaux' et '*creuseurs*'.

l'impact de cette initiative sur leur vie quotidienne. Un creuseur à Kahendwa a exprimé sa frustration comme suit :

> « Les comptoirs et les coopératives minières opérant au Nord-Katanga sont assimilables à une voiture sans chauffeur, sans freins et sans phares, mais qui roule dans l'obscurité, sur des routes cahoteuses, sans que personne n'ait le pouvoir de l'arrêter ». [Interview en janvier 2014]

Cet énoncé métaphorique inspire quatre questions. Tout d'abord, comment les creuseurs perçoivent-ils les réformes minières en cours ? En effet, la métaphore implique que les réformes ont suscité tant un sentiment d'impuissance et un profond ressentiment. De la métaphore, on peut conclure que les creuseurs perçoivent les réformes actuelles comme une vaste et puissante machine fonctionnant de manière invisible. Ces réactions locales n'ont pas été suffisamment étudiées dans les zones minières d'extraction du coltan, et c'est bien cette lacune en termes de connaissance que la présente thèse vise à combler.

La deuxième question consiste à savoir si cette voiture a atteint sa destination ; et, si oui, où est-elle arrivée et en quel état ? Dans les expériences quotidiennes des creuseurs avec les institutions et les acteurs engagés dans l'exécution des réformes — en particulier les maisons de négoce, les coopératives minières et les intermédiaires (négociants) — la voiture a atteint certaines de ses destinations : par exemple, ces réformes ont profondément modifié les modes précédents d'accès et de commercialisation du coltan. Toutefois, il s'est avéré que, la voiture avait aussi traversé des voies inattendues et a été pilotée par diverses personnes dans des directions très différentes.

La troisième question découlant de la métaphore est liée aux interactions quotidiennes entre les maisons de négoce, les coopératives minières et les négociants. Plus précisément, comment ces interactions ont-elles affecté les creuseurs dans cet environnement de « ténèbres » suggéré par la métaphore ? Ces « ténèbres » signalent pourtant l'inverse de l'accroissement de la transparence dans la chaîne d'approvisionnement en minerais, qui est l'un des principaux soucis des réformes minières. Poursuivant constamment les réponses aux trois questions ci-dessus, nous nous sommes rappelé une quatrième :

comment pourrais-je mener avec succès la recherche de terrain dans un tel environnement, caractérisé par les « ténèbres » ? Cette thèse propose des réponses à chacune de ces questions.

2. Introduction à la thèse

Cette étude a consisté à mener des investigations sur les initiatives destinées à « formaliser » l'exploitation minière artisanale en RDC — en d'autres termes, celles qui visent à renforcer le contrôle de l'État sur les activités minières. Cette thèse présente une fine étude de cas de l'une de ces initiatives : l'iTSCi. Conçue par l'ITRI en 2009, l'iTSCi offre un moyen de déterminer l'origine des 3T et documenter la chaîne commerciale de ces minerais par « étiquetage et emballage » des colis des 3T depuis les galeries de mineurs jusqu'aux points de vente, aux bureaux des maisons de négoce, et aux dépôts de minerais, avant que ces minerais ne soient exportés au marché international. En pratique, l'étiquette porte un code à barres, qui contient des informations sur l'origine, les voies de transport et les acteurs impliqués dans l'extraction, le commerce et le transport de ces minerais.

Comme l'indique le titre de cette thèse, la principale hypothèse de l'étude était que, alors que l'organisation préexistante de l'exploitation minière en RDC a été façonnée par un certain nombre de problèmes structurels liés à l'exploitation artisanale (par exemple le caractère informel du commerce du coltan, les abus subis par les creuseurs de la part des groupes armés et la fraude du coltan), les réformes en cours ont reproduit ces problèmes et également généré de nouveaux défis. Ainsi, la présente étude est particulièrement préoccupée par la question de savoir comment les nouvelles initiatives de réforme se déroulent en pratique. L'étude examine ainsi comment ces initiatives se combinent, altèrent ou s'engouffrent dans les arrangements institutionnels existants et comment les deux principales catégories d'acteurs (les mineurs et les négociants) se démènent sous les réformes.

Ainsi, cette thèse explore les micro-dynamiques de changements suite aux réformes minières. Comme celles-ci ne sont qu'un aspect de l'explication des réalités locales, cette thèse étudie plus précisément les changements après la mise en place de l'iTSCi sur trois sites d'extraction du coltan, nommément Kahendwa, Kisengo et Mai-Baridi. Ces sites sont situés dans les territoires de Kalemie et Nyunzu (Nord de l'ancien Katanga, dans la province du Tanganyika)[7], où l'iTSCi est mise en œuvre depuis avril 2011. Dans ce cadre, l'iTSCi collabore avec les maisons de négoce et les coopératives minières. Ces deux entités fixent les prix des minerais après avoir recruté un certain nombre de négociants qui sont qualifiés pour l'achat des 3T auprès des creuseurs.

Depuis la première décennie des années 2000, les réformes de l'exploitation minière artisanale congolaise ont été privilégiées dans les agendas de conception des politiques tant nationaux et qu'internationaux. Cela a également été le cas dans de nombreux pays d'Afrique subsaharienne touchés par les minerais de conflit (Maconachie et Hilson, 2011a ; Van Bockstael et Vlassenroot, 2009). En RDC, on a implicitement supposé que les réformes minières allaient entièrement « nettoyer » l'exploitation minière artisanale de la violence, la corruption et l'implication de milices, et que cela contribuerait à améliorer les moyens de subsistance des gens (Garrett et Mitchell, 2009:12 ; Banque mondiale, 2008 : 5).

Toutefois, des questions ont été soulevées quant à l'efficacité des initiatives de réforme mises en œuvre dans le secteur minier artisanal. Par exemple, on a fait valoir que ces initiatives ne font que peu pour remédier aux problèmes structurels du secteur, comme la corruption, la contrebande des minerais et l'implication de groupes armés et d'autres acteurs puissants dans le secteur minier (Geenen, 2012 ; Vogel et Radley, 2015). Les questions concernent également la performance de ces initiatives en matière de renforcement des moyens de subsistance des gens (Cuvelier et al., 2014).

[7] D'après la constitution de la RDC promulguée en 2006—article 2—sur la découpage territorial, l'ancienne province du Katanga a été subdivisée en 4 provinces en juillet 2015, à savoir : Haut-Katanga, Haut-Lomami, Lualaba and Tanganyika.

Pour faire la lumière sur ces questions, cette thèse aborde une série de thèmes. Elle examine d'abord les contextes historiques de l'exploitation minière et des réformes, avant de passer à l'étude du processus de création institutionnelle et de changement, en explorant comment, après les réformes, les institutions nouvellement introduites (les coopératives minières) interagissent avec les organisations préétablies par les mineurs. En outre, nous avons analysé comment ces interactions ont modifié les régimes existants d'accès et du commerce du coltan. Nous explorons également les répercussions de ces changements sur les moyens de subsistance et la situation socio-économique des négociants et comment les creuseurs ont expérimenté ce groupe de courtiers des minerais tout au long de la chaîne d'approvisionnement du coltan. Enfin, cette thèse examine comment et pourquoi les creuseurs et les négociants se sont conformés ou ont contourné les réformes, en particulier la politique de l'iTSCi autour de l'« étiquetage et emballage » des colis de minerais.

3. Portée de l'étude

Cette thèse peut être considérée comme une étude de cas qui contribue aux débats sur deux processus interdépendants : « les conflits liés aux ressources » et les réformes minières comme un stimulant pour la reprise socio-économique dans une région après les conflits.

3.1. Conflits et ressources naturelles

Les ressources naturelles, la stabilité politique et les conflits ont fait l'objet de débats académiques pendant une longue période. Depuis la fin des années 1980, des universitaires ont débattu de la thèse de la « malédiction des ressources », qui soutient que « l'abondance des ressources naturelles (ou du moins l'abondance de certains types de ressources naturelles) augmente la probabilité que le pays connaîtra des événements économiques, politiques et sociales négatifs » (Rosser, 2006:7). Les partisans de la thèse de la « malédiction des ressources » embrassent différentes approches analytiques. Des spécialistes comme Sachs et Warner (1995), Auty (2001) et Lamb et al. (2009) ont pris un angle économique du raisonnement, faisant valoir qu'une abondance de ressources naturelles provoque la faible performance économique (principalement le syndrome hollandais)[8] et génère des effets politiques néfastes (par ex. la mauvaise gouvernance ou la corruption), qui sapent le développement et la croissance économique des pays.

Un autre groupe de chercheurs (Jensen et Wantchekon, 2004 ; Ross, 2006) ont établi des liens entre la présence de ressources naturelles et les faibles performances en démocratie, en raison du risque que ces ressources renforcent le pouvoir des dictateurs (Jensen et Wantchekon, 2004) ou conduiront à renforcer des gouvernements peu enclins au respect des droits humains (Ross, 2006). En plus de ce point de vue, Nordstrom (2004), par exemple, a expliqué que le dysfonctionnement des structures de gouvernance, la corruption et le commerce illicite des ressources naturelles encouragent des réseaux de criminalité.

Il existe aussi un groupe de chercheurs qui affirment que la présence des ressources « pillables », la « cupidité » et la concurrence d'acteurs armés pour ces ressources provoquent des conflits civils et expliquent pourquoi ces derniers peuvent se prolonger (Berdal et Malone, 2000 ; Collier et Hoeffler, 1998). Ce type de raisonnement a été influent dans les réformes entreprises dans le secteur minier congolais. Bien que « l'hypothèse de la cupidité » ait été critiquée pour ses performances incohérentes pour expliquer les conflits liés aux ressources (Le Billon, 2010 ; Ross, 2006 ; Vlassenroot et Raeymakers, 2004), les décideurs politiques et autres observateurs ont été convaincus, depuis la fin des années 1990, que l'exploitation et le commerce des minerais congolais sont

---

8 Le syndrome hollandais est une situation telle qu'un niveau élevé de production et d'exportation des ressources (minières) conduit à une meilleure appréciation de la monnaie nationale. Mais ceci a des effets néfastes sur les secteurs économiques non concernés par l'exploitation des ressources. Lire à ce sujet : Ross M.L. (1999). The political economy of the resource curse. *World Politics*. 51:297–322.

liés à des conflits (Global Witness, 2009 ; Human Rights Watch, 2005).

Néanmoins, certains chercheurs ont mis en doute le lien entre les minerais et les conflits. À la suite de Lahiri-Dutt (2006), qui a fait valoir dans son étude sur les mines de charbon en Asie du Sud que les images du paradoxe de l'abondance et des conflits de ressources suggèrent un comportement déviant et indiscipliné parmi les pauvres du tiers-monde, nous soutenons que lier les ressources aux conflits a tendance à fermer les yeux sur les autres moteurs des conflits congolais. Ces moteurs incluent principalement l'autorité limitée de l'État (Raeymaekers et al., 2008), la présence de réseaux commerciaux régionaux et criminels (Utas, 2012) et les divisions internes, opposant les communautés locales les unes aux autres, par exemple sur les questions foncières et identitaires (Van Acker, 2005 ; Vlassenroot et Huggins, 2005 ; Vlassenroot et al., 2016). Le fait de souligner que tous les conflits sont exclusivement liés à l'exploitation des ressources ignore également les problèmes structurels du secteur minier susmentionnés, telle que la corruption rampante de l'élite politique (Global Witness, 2006). Le lien entre les conflits et l'exploitation des ressources ne prend pas en compte « les myriades d'autres causes provoquant l'instabilité, les conflits et la pauvreté » (Autesserre, 2012:4) et donc « n'a pas une compréhension nuancée des interactions complexes entre les ressources et les conflits » (Vlassenroot et Perks, 2010:65).

Cette thèse contribue à la compréhension des questions soulevées dans l'ensemble des travaux susmentionnés explorant les liens entre les ressources naturelles et les conflits. Les travaux antérieurs ont informé notre choix de nous concentrer dans la présente étude sur l'iTSCi. Étant donné qu'iTSCi vise à rétablir l'ordre dans le secteur minier, il est important d'examiner comment des problèmes structurels dans ce secteur ont survécu ou ont été remodelés autour de l'iTSCi et comment ces problèmes continuent d'entraver l'organisation de l'artisanat minier.

3.2. Réformes et redressement socio-économique

Dans les pays comme la RDC riches en ressources, déchirés par les guerres et cherchant à se reconstruire après de violents conflits, les réformes minières peuvent être considérées comme une mutation de l'optique des ressources alimentant les conflits expliquée ci-dessus, vers l'idée selon laquelle un bon fonctionnement du système de gouvernance des ressources peut contribuer à la croissance économique et améliorer le bien-être des populations (Binns et Maconachie, 2005 ; Maconachie et Hilson, 2011a ; Varisco, 2009). Ce point de vue s'aligne sur la signification du redressement socio-économique en période d'après-conflit, qui reconnaît « le rôle des acteurs économiques dans l'apparition de conflits, mais aussi dans le renforcement de la paix et la reconstruction » (Hilhorst et al., 2017 : 2).

La réforme engagée dans l'exploitation minière congolaise embrasse cet optimiste point de vue. Bien qu'il existe encore des poches de violence et malgré le fait que la relation entre l'exploitation et de développement est souvent « controversée et ambiguë » (Bebbington et al., 2008), certains chercheurs et observateurs ont fait valoir qu'un secteur minier formalisé peut devenir une « base de développement » (Garrett et al., 2010:5). En d'autres termes, lorsque la gouvernance minière est améliorée, les réformes ont un potentiel pour la réduction de la pauvreté (Ansoms et Marysse, 2011). Elles peuvent ainsi « améliorer les facteurs de productivité et le recouvrement socio-économique des mineurs artisanaux » (Banque mondiale, 2008:76) en garantissant une meilleure assistance technique, un meilleur équipement et des normes sécuritaires.

Toutefois, dans le pays riche en ressources naturelles, la gouvernance post-conflit du secteur minier artisanal est un processus complexe (Maconachie, 2009). Les réformes et le redressement socio-économique sont façonnés par la « micro-politique du recouvrement socio-économique [...] entraînant des variations dans les résultats sociaux de ce recouvrement » (Hilhorst et al., 2017 : 4). Cette thèse vise donc à savoir comment la reconstruction socio-économique fonctionne, en cherchant à comprendre comment les réformes minières améliorent réellement les moyens de subsistance des gens. Cette thèse examine spécifiquement comment, pourquoi et dans quelles conditions les réformes ont été bénéfiques aux gens ; ce que les réformes ont signifié pour ces personnes et si le secteur minier est devenu plus ou moins inclusif suite à la mise en œuvre de ces réformes.

En RDC, les réformes de l'exploitation minière ont été appliquées par le biais de diverses mesures. En 2002, un nouveau code minier a été adopté. De 2003 à 2007, après plusieurs appels pour résoudre les problèmes de minerais de conflit[9], des initiatives concrètes pour accroître la transparence de l'exploitation minière artisanale et le commerce des minerais ont eu le vent en poupe. La première initiative de réforme qui a vu le jour en 2009 a été le programme iTSCi, testé dans la mine de Kalimbi (Sud-Kivu). Autour de la même période, le gouvernement congolais a commencé à délimiter les Zones d'exploitation artisanale (ZEA)[10]. Celles-ci ont été accordées principalement aux coopératives minières. En juillet 2010, le Congrès des États-Unis a voté la loi *Dodd Frank Wall Street Reform and Consumer Protection Act.* Celle-ci comporte une section (1502) sur les minerais de conflit, exigeant aux sociétés cotées en bourse aux États-Unis d'offrir des garanties précises que tous les produits qu'elles fabriquent — ou contractent pour fabriquer — ne contiennent pas de minerais qui financent ou bénéficient directement ou indirectement à des groupes armés en RDC ou dans les pays voisins[11]. En 2010, une mesure

[9] Par exemple, les rapports importants qui documentent la participation d'acteurs armés dans l'exploitation des ressources incluent les rapports du groupe d'Experts des Nations Unies (de 2001 à 2009); le rapport de la Commission Porter sur les enjeux ougandais dans l'économie de guerre de la RDC (2002); « La malédiction de l'or » par Human Rights Watch (2005); et « la paix sous la mine : Etain – le commerce explosif de cassitérite dans l'est de la RDC » par Global Witness (2005).

[10] Selon le code minier congolais (titre 4, ch. 1, art. 109), les ZEA sont des sites miniers où « les facteurs technologiques et économiques ne conviennent pas pour que ces sites soient exploités industriellement ». Les ZEA sont donc réservées exclusivement à l'exploitation artisanale.

[11] Un autre document traitant de ces sujets est celui de l'organisation de la coopération et du développement économiques (OCDE, 2013) à Paris, qui a formulé des directives de diligence raisonnable sur l'approvisionnement responsable en minerais. Lire a ce sujet, *OCDE (2013).*

particulière prise par le gouvernement de la RDC était l'interdiction d'exploitation des minerais dans les mines artisanales des deux Kivus et du Maniema (Geenen, 2012)[12].

D'autres mesures ciblaient directement la gouvernance des sites miniers artisanaux. En 2010-2011, le gouvernement Congolais a encouragé les creuseurs d'adhérer aux coopératives minières ou, idéalement, de les créer. Ce qui est important, alors que nombreux creuseurs étaient déjà établis dans les ZEA où ils exploitaient des minerais et mirent en place de structures locales (par exemple les comités des creuseurs), l'octroi des ZEA aux coopératives minières pourrait être considéré comme un processus de privatisation, de « dépossession et accumulation » (Bush, 2009) qui serait à la base de nouvelles tensions. Bien que la création des ZEA ait encouragé la mise en place d'institutions privées d'exploitation minière artisanale (par. ex. les coopératives), elle créa également les conditions pour priver les creuseurs des activités minières, pourtant leur principal moyen de survie.

À ce stade, de nombreux universitaires, chercheurs, ONGs et groupes de réflexion ont examiné les initiatives de réformes minières en RDC. Ils ont adopté plusieurs angles analytiques, allant de l'analyse des mesures législatives, à la compréhension de l'efficacité sur le terrain et l'incidence des initiatives prises. Par exemple, Mazalto (2005) a exploré comment les institutions internationales (la Banque mondiale et le Fonds monétaire international) ont été influentes dans la conception de la loi minière congolaise, avec pour principal objectif l'augmentation des capitaux étrangers dans l'extraction minière à grande échelle.

En outre, selon d'autres universitaires (Cuvelier, 2010 ; Vogel et Radley, 2015), la plupart d'initiatives de réforme ont été des solutions bureaucratiques aux problèmes qui assaillent l'exploitation minière artisanale. Parallèlement, dans son étude sur l'efficacité de l'interdiction de la production et la vente des minerais qui a frappé l'entreprise minière dans les provinces du

[12] L'interdiction de six mois (septembre 2010-mars 2011) était décrétée par le Président Kabila pour mettre fin à la militarisation de l'exploitation minière artisanale dans ces provinces.

Kivu et dans la province du Maniema, Geenen (2012) a fait valoir que cette mesure était trop « technique et étroite, négligeant ainsi les questions socioéconomiques et politiques plus larges » (Geenen, 2012:329). Certains chercheurs avancent également que les initiatives prises étaient insuffisamment en phase les unes les autres (Geenen et Custers, 2010)[13]. En effet, ces initiatives sont souvent conçues par différentes institutions, mises en œuvre à différents niveaux, à diverses époques et ciblant plusieurs paramètres régionaux, à tel point qu'elles prennent mal en compte la complexité des problèmes liés à l'exploitation minière artisanale. Reflétant ce point de vue, Kinniburgh (2014:64) a affirmé que « le nombre d'initiatives de surveillance de la chaîne d'approvisionnement [...] est devenu presque aussi vertigineux que la liste des groupes armés impliqués dans les conflits » (Verweijen et Wakenge, 2015).

Plus loin, d'autres auteurs ont noté que de nombreuses initiatives de réforme ont eu des effets ambigus sur le terrain et ont fait peu pour améliorer la gouvernance du secteur minier artisanal ou pour renforcer les moyens de subsistance des gens (Cuvelier et al., 2014 ; Mattyssen et Montejano, 2013 ; Vogel et Radley, 2015). Toutefois, les effets décrits ci-dessus ne peuvent pas tous être attribués à un seul facteur. Au contraire, les raisons de ces observations doivent être contextualisées et peuvent varier d'une région à l'autre. Par exemple, International Peace Information Service — IPIS (2013 : 33 – 34) a noté qu'au Nord-Katanga, où cette étude a été menée — les creuseurs ont souvent été insatisfaits des prix fixés par les maisons de négoce, principalement le Mining Mineral Ressources (MMR)[14].

Après le lancement des réformes en cours, beaucoup d'observateurs ont formulé une série de recommandations

---

[13] Maconachie et Hilson (2011) ont observé des questions similaires concernant une initiative gouvernementale prise dans le secteur minier ghanéen, déclarant que cette initiative « a été principalement prise du haut vers le bas, avec une interaction minimale avec les groupes cibles » (Maconachie et Hilson, 2011:608).

[14] Avec son siège administratif à Lubumbashi (chef-lieu du Katanga), MMR est une filiale (comme maison de négoce) de la Société minière du Katanga (SOMIKA). Celle-ci est une société minière de transformation basée en RDC depuis 2001. Elle extrait le cuivre et le cobalt.

visant à améliorer leur efficacité. Une liste non exhaustive de ces recommandations comprend De Koning (2011) et Global Witness (2009), qui ont proposé la démilitarisation des zones d'exploitation minière artisanale. En outre, IPIS (2011) a soutenu que rendre la chaîne de production et de vente des produits miniers plus transparente peut contribuer à lutter contre les minerais de conflit. D'autres recommandations comprennent l'application d'un cadre réglementaire qui encourage les « opérateurs de passer d'activités illégales à celles légales » (Garrett et al., 2010:33) et l'élaboration d'une politique pour la « formalisation de tout le processus de production et de commerce » (Geenen, 2012:324). Ce processus doit être sensible au contexte [...] à partir du bas vers le haut et offrir des incitations pour les mineurs et les négociants (Geenen, 2012:329). D'autres recommandations se rallient à la lutte contre la corruption (Trefon, 2016), en procédant à une analyse plus fine des problèmes sous-jacents créant la violence et l'instabilité à l'est de la RDC (Vlassenroot et Perks, 2010 ; Vogel et Radley, 2015). En gros, ces recommandations réclament que les réformes soient contextuellement éclairées.

À bien des égards, cette thèse est assez focalisée. Bien que les auteurs cités plus haut soient principalement déterminés à analyser, critiquer et fournir des recommandations pour réformer le secteur minier, beaucoup d'entre eux ne traitent pas suffisamment des questions du fonctionnement des initiatives de réformes minières dans la pratique ; ce que ces réformes entraînent pour la subsistance des gens, quelles réponses « glocalisées »[15] ces réformes ont stimulées et dans quelle mesure elles ont contribué au redressement socio-économique dans les régions minières artisanales. Ces questions méritent une attention approfondie, surtout que beaucoup de pays riches

[15] Vlassenroot et Raeymaekers (2004:75) utilisent ce terme pour expliquer comment les entrepreneurs commerciaux ou les élites prédatrices de l'est de la RDC lient et développent leurs activités entre les opportunités locales et les opportunités économiques offertes par les marchés régionaux. Pour en savoir plus sur ce concept, lire aussi Roland R. (1995). 'Glocalization: Time–Space and Homogeneity–Heterogeneity'. pp. 25–44 dans Featherstone, M. et Roberstone R. (eds.) *Global Modernities*. London: SAGE publications.

en minerais dans le tiers-monde assistent à un phénomène de « mineurs globalisés » (Ballard et Banks, 2003:294) en raison d'une privatisation, dépossession et exclusion accrues (Bush, 2009 ; Fischer, 2007 ; Geenen, 2016). S'appuyant sur le cas de l'iTSCi, cette étude tente de répondre à ces questions. En outre, comme l'ont noté Cuvelier et al. (2014:349), « alors que la littérature existante offre un aperçu de la résilience et l'adaptation des populations vivant dans les zones de conflit, peu d'information circule sur la manière dont les changements induits par des modifications dans l'exercice de pouvoir et les modes de gouvernance hybride affectent les moyens de subsistance des populations ». Cette thèse va essayer de combler cette lacune dans la connaissance.

4. L'initiative de la chaîne d'approvisionnement en étain d'ITRI

La présente étude ne se propose pas d'effectuer un examen exhaustif de toutes les initiatives sur les minerais de conflit conçues et mises en œuvre à l'est de la RDC. Bien que cette région ait connu la mise en œuvre de 13 initiatives de réforme en 2014, l'iTSCi pourrait être considérée comme un cas pionnier, un point de départ et un point final qui mérite une analyse approfondie. Le fait de se concentrer seulement sur l'iTSCi donne l'avantage d'identifier les leçons qui peuvent être tirées de ce genre d'initiative dans un contexte de post-conflit. Bien que l'iTSCi soit décrit davantage au chapitre 2, il est important d'informer brièvement le lecteur sur son origine et son développement.

En RDC, la première campagne sur les minerais de conflit remonte à 2001 (Nest, 2011:112). Après la promulgation du code minier en 2002 et suite aux préoccupations accrues exprimées par les gouvernements occidentaux, les lobbies et des Nations Unies concernant le rôle des minerais dans la persistance des conflits dans la région des Grands Lacs, en particulier dans la partie orientale de la RDC, des campagnes contre les minerais de conflit se sont essentiellement focalisées sur « l'emblématique » minerai de coltan (Smith, 2011:31) du fait de son rôle présumé dans la persistance des conflits dans l'Est de la RDC. Développée à partir de 2000 à 2007, cette campagne aboutit à la conception, en 2008, de l'iTSCi par l'ITRI[16]. Après avoir testé à la mine de Kalimbi en 2009, l'iTSCi fut élargie à l'ancienne province du Katanga début 2011.

L'initiative iTSCi mérite une attention particulière pour diverses raisons. Tout d'abord, à l'est de la RDC, l'iTSCi a été l'initiative contre les minerais de conflit la plus largement répandue. En mars 2015, l'iTSCi était mise en œuvre dans 471 sites miniers, 232 étant localisés dans l'ancien Katanga[17]. La deuxième raison pour se concentrer sur l'iTSCi se rapporte à son approche. En pratique, l'iTSCi recourt principalement à l'« étiquetage et emballage » de colis de minerais de coltan comme stratégie pour suivre leur flux de la mine à l'exportation. Il devient par conséquent intéressant d'examiner comment cette stratégie fonctionne.

Figure 1 : Place de l'iTSCi dans la chaîne d'approvisionnement en coltan

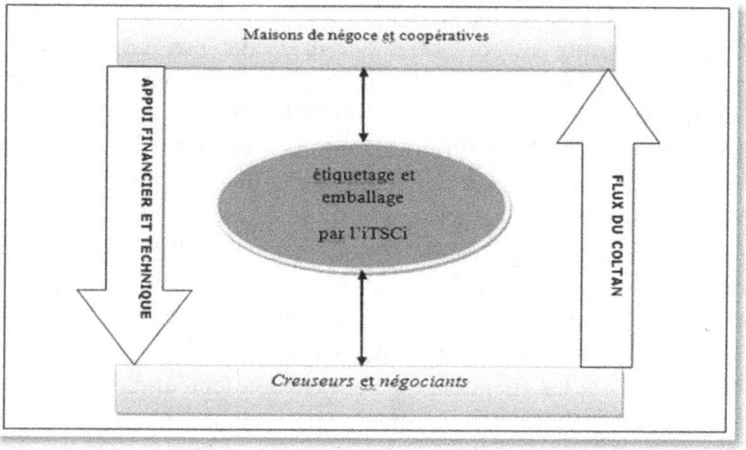

Source : Données primaires collectées en 2013 – 2014.

---

[16] iTSCi a été largement inspirée par la création du processus de Kimberley au début des années 2000, qui régit désormais le commerce international du diamant. Sur le processus de Kimberley, lire Van Bockstael, S. et Vlassenroot, K. (2009). From conflict to development diamond: the Kimberley process and Africa's Artisanal Diamond Mines. *Studia Diplomatica*. 62(2):79–96.

[17] Aperçu général sur l'iTSCi, 9e réunion de l'OCDE, Paris, mai 2015.

L'investigation sur l'iTSCi offre ainsi plusieurs avantages pour la présente étude. Comme le système d'« étiquetage et emballage » permet une mise en pratique concrète de l'initiative sur le terrain, cette étude nous a permis d'observer de manière globale les interactions entre les institutions et les acteurs engagés dans le cadre de l'initiative iTSCi sur les sites miniers artisanaux. Ainsi, cette thèse tente de démêler les micro-dynamiques du changement en examinant en détail les réalités émergentes autour de cette initiative.

5. Creuseurs et Négociants comme unité d'analyse

Sans minimiser les incidences des réformes minières en cours sur d'autres groupes de personnes (par ex. les chefs coutumiers, les fonctionnaires étatiques, les commerçants locaux et autres « grands hommes »)[18], cette thèse se concentre sur deux groupes particuliers : les creuseurs et les négociants.

Il est important de se concentrer sur ces groupes pour plusieurs raisons. Les réformes minières examinées dans cette étude reposent principalement sur des hypothèses non testées, et les responsables des politiques soutenant ces réformes semblent développer des idées préconçues sur la manière dont l'exploitation minière artisanale et le commerce des minerais devraient être organisés (Verbruggen et al., 2011), autour des initiatives (iTSCi) et des institutions (coopératives minières et maisons de négoce). Ces décideurs tendent donc à négliger la signification et les effets de cette organisation pour les creuseurs et les négociants, qui dépendent directement de l'exploitation minière artisanale pour leur subsistance. Par exemple, il est souvent rapporté que, suite à leur facilité d'accès

[18] Les « grands hommes » se réfèrent à des individus utilisant leur position de pouvoir pour commander d'autres ou pour tirer profit de l'exploitation des ressources. Pour plus de détails, lire par exemple Utas M. (ed.) (2012). *African conflicts and informal power: big men and networks*. London: Zed Books; Kyamusugulwa P.M. et Hilhorst D. (2015). Power Holders and Social Dynamics of Participatory Development and Reconstruction: Cases from the Democratic Republic of Congo. *World Development*, Vol. 70: 249–259.

à l'information (Geenen, 2011a), leurs actifs financiers et leurs connexions, les négociants sont des acteurs puissants dans la chaîne d'approvisionnement minier, jouissant d'une position d'intermédiaire qui leur permet de duper les creuseurs (Global Witness, 2006 ; Maconachie et Hilson, 2011b : 296). Mes recherches initiales dans les sites miniers de coltan ont, toutefois, soulevé certains doutes quant à cette représentation des creuseurs vis-à-vis des négociants. Il a donc été décidé d'étudier les deux groupes, en examinant la position des négociants dans le sillage des réformes ainsi que les expériences des creuseurs face à ces réformes et vis-à-vis du groupe de négociants.

En effet, se concentrer sur les creuseurs et les négociants a permis d'examiner en détail la manière dont les réformes minières ont affecté ces deux groupes d'acteurs clés dans la production et le commerce du coltan. Avant les réformes, il y avait environ 10.000 creuseurs dans le milieu d'étude et environ 100 négociants. Ces creuseurs étaient des hommes âgés de 19 - 45 ans, issus de différents milieux, y compris des agriculteurs, des déserteurs de l'armée et des soldats démobilisés. En ce qui concerne les négociants, certains étaient des commerçants indépendants et d'autres achetaient le coltan pour des comptoirs urbains et des maisons de négoce basés à Kalemie (Nord Katanga), Uvira et Bukavu (Sud-Kivu) et à Goma (Nord-Kivu). À cette époque, les coopératives minières et les maisons de négoce n'étaient pas encore établies dans les sites miniers artisanaux. Cette thèse étudie les changements découlant des réformes minières en cours, en prenant surtout en compte les points de vue des creuseurs et des négociants.

6. Objectifs et questions de recherche

Cette étude poursuit deux objectifs majeurs. Tout d'abord, elle vise à donner un aperçu de la manière dont l'iTSCi est concrètement mise en œuvre dans les régions minières des 3T et comment elle a modifié l'organisation de l'exploitation minière et le commerce du coltan. Deuxièmement, l'étude examine comment cette organisation a affecté les moyens de subsistance des creuseurs et des négociants, leur accès aux minerais, et comment ces deux groupes ont réagi à l'iTSCi. Les deux objectifs contribueront à formuler des recommandations pertinentes pour rendre les politiques de réformes minières plus efficaces. Comme l'a noté Hilson, « à ce jour, l'impact des efforts déployés pour soutenir l'exploitation minière artisanale et à petite échelle en Afrique subsaharienne [...] en particulier a été négligeable, en grande partie à cause de la mauvaise compréhension des dynamiques du secteur » (Hilson, 2012:184).

La question principale à laquelle cette étude vise à répondre est la suivante :

Comment les initiatives visant à réformer l'exploitation minière artisanale (l'iTSCi en particulier) ont-elles influé sur le changement institutionnel, comment cela a-t-il affecté les modèles de production et de commerce du coltan, comment les creuseurs et les négociants ont-ils été touchés par ce changement, et comment ces groupes ont-ils réagi dans les sites miniers de Kahendwa, Kisengo et Mai Baridi (Nord-Katanga) de 2009 à 2014 ?

Cette question a été subdivisée en cinq sous-questions :

a) Quels sont les contextes de l'exploitation du coltan et des réformes au Nord-Katanga ?

b) Comment, suite à la mise en œuvre de l'iTSCi, les coopératives en tant que des institutions nouvellement introduites dans les sites miniers ont-elles interagi avec les organisations préexistantes des creuseurs ?

c) Comment ces interactions ont-elles modifié les droits de propriété et l'accès au coltan ?

d) Quelles conséquences ont eu les changements des droits de propriété et l'accès au coltan sur les moyens de subsistance des négociants ?

e) Comment les creuseurs et les négociants ont–ils réagi à l'iTSCi ?

7. Cadre théorique

7.1. L'approche centrée sur l'acteur

Cette thèse utilise une approche centrée sur l'acteur. S'appuyant sur les critiques des idéologies structuralistes dominantes en développement, cette approche part du principe que les acteurs individuels ont le pouvoir, la connaissance et l'expérience nécessaires pour réfléchir sur leur situation et réagir aux changements dans leurs contextes et environnants (Biggs et Matsaert, 1999 ; De Bruijn et al., 2007 ; Giddens, 1984 ; Long, 2001). Ce qui est important, c'est que l'approche centrée sur l'acteur est particulièrement utile, car elle est au cœur des débats parmi les chercheurs en Sciences Sociales sur l'examen du rôle des institutions dans le façonnement des individus par opposition au rôle des individus dans le façonnement des institutions. Ainsi, l'approche centrée sur l'acteur prend les deux directions en ce sens que « les individus façonnent les institutions et sont, à leur tour, façonnés par elles » (Cleaver, 2012:112).

Prendre en compte les notions sur les politiques et le changement institutionnel et social est conforme avec l'approche centrée sur l'acteur. Les politiques en tant qu'une « conception de projet, modèle et approche » (Mosse, 2004:640) sont habituellement mises en pratique par le biais d'institutions. À travers une perspective centrée sur l'acteur, Long et Van Der Ploeg (1989:226), par exemple, conçoivent les interventions des politiques (par exemple, l'iTSCi) et les institutions à leur portée fonctionnant autour d'elles comme une « réalité multiple », où les acteurs sociaux sont confrontés à des intérêts divergents. Ces acteurs apportent leurs interprétations et stratégies à l'arène du discours sur les « politiques », les institutions et les pratiques (Hilhorst, 2013:8), ainsi qu'au changement social (Christoplos et Harvey, 2017).

Plus important encore, les politiques acquièrent une signification et une interprétation à la suite d'interactions entre différentes parties prenantes, « qui cherchent à adapter les politiques à leur point de vue des problèmes et des objectifs » (Hilhorst, 2013:8). Dans les processus de changement social —

telles que ceux survenant dans les régions minières — les acteurs négocient socialement les résultats des politiques tandis que les institutions et les règles sont le résultat d'interactions entre les acteurs. Cela signifie que les processus politiques et les institutions qu'ils apportent ne peuvent pas être considérées comme fixes ou planifiés (Colebatch, 2009). Au contraire, ils sont mieux compris comme émergents et négociés (Hilhorst et al., 2010) ou comme étant façonnés par le mélange de l'ancien et du nouvel ordre, des coutumes et des inventions, un processus que Cleaver (2012 : 43–46) décrit avec justesse comme « un bricolage institutionnel ». Toutefois, ces processus peuvent également être façonnés par les « élites », où les acteurs puissants (également dénommés « grands hommes ») qui négocient leurs résultats pour leurs intérêts individuels, et non communautaires (Platteau, 2004). Toutefois, dans certains cas, ces « grands hommes » peuvent aussi contribuer aux intérêts communautaires (Kamusugulwa et Hilhorst, 2015).

Grâce à l'utilisation d'une approche centrée sur l'acteur, cette thèse démontre que, plutôt que d'être fixes ou planifiées, les réformes en cours et les institutions connexes peuvent être considérées comme une arène façonnée par les interactions entre acteurs (Hilhorst et Jansen, 2010). Dans le cas de l'initiative iTSCi, cette thèse met en évidence plusieurs exemples sur la manière dont celle-ci a été façonnée par des différends et la résistance entre les creuseurs, les maisons de négoce et les coopératives. Cette résistance confirme l'argument vieux de dix ans de Long (2004:15) selon lequel « c'est ici [dans le domaine d'intervention] que nous voyons plus clairement l'émergence de différents types d'ordres négociés, des ententes ; des oppositions, des résignations, des séparations et des contradictions ».

Dans les processus de reconstruction d'après-crise comme ceux qui se poursuivent au Nord-Katanga, les institutions définies par North (1990:3) comme les « règles du jeu dans une société, ou des contraintes plus formellement et humainement acceptées qui façonnent les interactions humaines » sont en constante mutation. Dans un tel contexte, la signification accordée aux institutions est généralement négociée et manipulée par les acteurs sociaux (Christoplos et Hilhorst, 2009 ; Hilhorst et al., 2010). Cela sera illustré, par exemple, avec le fonctionnement des coopératives minières (chapitre 3).

Dans la présente étude, le lien entre les politiques, les institutions et les changements sociaux est important à deux égards. Tout d'abord, il aide à expliquer comment l'iTSCi comme une politique d'intervention a encouragé la mise en place de nouvelles institutions dans les communautés minières, comment celles-ci ont été modelées par l'influence des « élites » et quels ont été les résultats de ce processus (chapitre 3). La thèse est moins attentive à la distinction entre les institutions formelles et informelles, se concentrant plutôt sur leur fusion et sur les résultats de ce processus.

Deuxièmement, l'utilisation des concepts politiques, institutions et changement social aident à expliquer comment iTSCi, les maisons de négoce et les coopératives mettent en pratique les nouvelles « règles de jeu » autour de l'« étiquetage et emballage » d'iTSCi. (Figure 1) ; quelles dispositions organisationnelles ont émergé de ces règles et comment celles-ci ont été négociées et contestées. Pour nous, les réformes minières en cours et les modifications qu'elles apportent sont des processus sociaux, façonnés par des intérêts (divergents) des acteurs, ainsi que leurs interactions et les réactions aux politiques. Comme cette thèse porte principalement sur les changements qui ont suivi la mise en œuvre de l'iTSCi, une approche centrée sur l'acteur permet une compréhension du changement social. Selon Olivier de Sardan (2005:38), le changement social peut prendre diverses formes et provenir de sources multiples, y compris des interventions extérieures, de l'État, des activistes dans la société civile ou des opérateurs privés tentant de transformer le comportement et les pratiques quotidiennes des acteurs.

7.2. La sociologie de la vie économique

Cette thèse s'appuie également sur l'école de pensée de la sociologie de la vie économique. La nature variable des changements qui ont suivi l'introduction de l'iTSCi — et les réactions des creuseurs et des négociants à ces changements —

sont des aspects intéressants qui méritent d'être analysés dans une perspective sociologique. Par conséquent, cette thèse va au-delà des réglementations officielles autour de la formalisation d'échanges économiques promues par iTSCi, en explorant comment les réformes et les réactions vis-à-vis d'elles sont socialement construites. Par exemple, pour examiner les moyens de subsistance des négociants à la suite des réformes (chapitre 5) ou quelles stratégies ce groupe a développé lors de la contrebande de coltan (chapitre 6), il serait très superficiel d'avoir en vue uniquement leurs activités quotidiennes ou d'examiner combien de négociants ou contrebandiers ont été arrêtés. Les activités de subsistance et la contrebande minière se produisent dans un contexte social complexe et peuvent impliquer de nombreux acteurs à l'intérieur et à l'extérieur des zones d'extraction. L'étude de ces méandres requiert des idées telles que « réseaux sociaux », qui sont importants dans de nombreuses études inspirées par la sociologie de la vie économique (Beckert, 2007 ; Granovetter, 1985 ; Hilhorst et al., 2017 ; Twijnstra, 2014).

L'approche de la sociologie de la vie économique a émergé avec Karl Polanyi dans les années 1950 (Beckert, 2007) en réponse à l'approche de l'économie classique percevant les individus et les institutions comme purement rationnels, œuvrant pour la maximisation des profits. La sociologie de la vie économique s'appuie sur l'idée que l'action économique est une forme d'action sociale qui est socialement « enracinée », ce qui signifie qu'elle est liée et dépend des actions et institutions qui ne sont pas forcément économiques dans leur contenu, objectifs et processus (Granovetter, 2005 ; Hilhorst et al., 2017). Les réformes minières se préoccupent plus de rendre les transactions économiques formelles et transparentes entre les entités (coopératives et maisons de négoce) et les acteurs (creuseurs et négociants). Les réseaux sociaux dans lesquels ces acteurs sont intégrés sont souvent négligés. Ceci est le cas même si ces réseaux affectent fortement les performances des réformes. Dans cette thèse, la pensée de la sociologie de la vie économique est mieux comprise à travers les concepts des réseaux sociaux et des moyens de subsistance. Les deux prochaines sections explorent les débats théoriques autour de ces concepts et expliquent leur pertinence pour la présente étude.

Réseaux sociaux

En Afrique subsaharienne, les réseaux sociaux ont servi largement à l'étude des activités économiques informelles et leur rôle dans les processus de changement sociétal. Par exemple, dans leur étude sur le commerce transcontinental entre l'Europe et l'Afrique centrale, MacGaffey et Bazenguissa-Ganga (2000:13) ont affirmé que lorsque les relations d'échanges économiques sont récurrentes et s'inscrivent sur le long terme entre acheteurs et vendeurs, cela est un élément clé d'un réseau, au-delà des transactions de marché. À l'issue de son étude sur les réseaux commerciaux de fabrication de chaussures et vêtements à Aba (au Nigeria), Meagher (2010:10) définit les réseaux sociaux comme « des modalités d'organisation informelles basées sur les liens sociaux », une définition qu'adopte cette thèse.

Il existe une abondante littérature sur les réseaux sociaux. Cet ensemble de travaux cible différents types de réseaux mis en place dans des contextes variés et à des fins diverses. Bien que ce ne soit pas tous ces types de réseaux qui serviront dans cette thèse, il est utile de présenter certains d'entre eux afin de fournir une idée sur la portée de cette notion. Dans leurs travaux sur les activités économiques clandestines en Afrique centrale, Nordstrom (2004) et Taylor (2003), par exemple, discutent des « réseaux de l'ombre » qui se sont mis en place dans certains pays Africains déchirés par la guerre, autour d'un large éventail d'acteurs et de transactions non étatiques. En utilisant le concept « réseaux de guerre », Duffield (2001) a expliqué les interconnexions entre différents groupes d'intérêts dans les activités de guerre. « Réseaux d'élite » (Raeymaekers, 2010) et « réseaux de pouvoir » (Roitman, 2001) se réfèrent, à des degrés divers et dans des contextes variables, aux groupes d'influence politique ou à grands intérêts économiques, tels que les acteurs regroupés autour des « réseaux d'économies de conflit » d'Utas (2012), un type de réseau largement utilisé au chapitre 6 de cette thèse.

Beaucoup de caractéristiques des réseaux décrits ci-dessus semblent être compatibles avec une approche d'économie politique. Celle-ci s'articule autour de l'analyse d'« interactions des processus politiques et économiques dans une société, la répartition du pouvoir et des richesses entre différents groupes et individus et les processus qui créent, soutiennent et transforment ces relations au fil du temps » (Collison, 2003:3). Cette thèse, cependant, opte pour la perspective de la sociologie de la vie économique, que nous trouvons théoriquement plus satisfaisante, car le social est plus large et plus global que le politique en matière de compréhension des réalités des communautés minières.

Il y a des débats continus sur le rôle des réseaux sociaux dans l'économie. Certains auteurs soutiennent que les réseaux sociaux servent au traçage des processus informels d'organisation. Meagher (2010:23), par exemple, met l'accent sur l'importance des institutions dans la construction des réseaux sociaux et la nécessité d'analyser le pouvoir institutionnel et ses relations vis-à-vis de l'État afin de comprendre comment les réseaux se tissent. En revanche, le concept des réseaux sociaux permet aussi d'expliquer comment des individus et des groupes marginalisés utilisent leur pouvoir pour contourner les contraintes institutionnelles et les structures d'exclusion ou de marginalisation au sein de la société au sens large (Vlassenroot et Raeymaekers, 2004). Cette thèse s'inscrit dans ce type de raisonnement. Cependant, d'autres chercheurs croient que les réseaux sociaux sont préjudiciables au développement économique, faisant valoir que ces réseaux favorisent des contraintes sociales et encouragent des activités prédatrices ou criminelles (Bayart, 2000 ; Chabal et Dalloz, 1999 ; Collier, 2000 ; Le Billon, 2001 ; Reno, 2004).

L'aspect le plus important mis en évidence dans la littérature ci-dessus est le fait que le concept réseaux sociaux transcende la notion de marché d'échange « formel », pointant des traits de relations qui peuvent ou non-être clandestines. Pour cette thèse, les réseaux sociaux constituent une importante pierre angulaire théorique qui permet de comprendre comment les mineurs et les négociants ont formé leurs « réseaux d'exclusion ». En effet, ces acteurs se sont fondés sur leurs liens sociaux pour joindre les bouts du mois et pour contourner et réagir à l'iTSCi, tout en faisant face aux contraintes institutionnelles et au processus d'exclusion des activités d'extraction et du commerce du coltan.

Moyens de subsistance

Développé depuis les années 1990 (Chambers et Conway, 1992) en réaction à l'approche conventionnelle au développement qui explique principalement la pauvreté en termes de faible revenu, le cadre d'analyse des moyens de subsistance suppose qu'une telle analyse mérite d'être plus globale et centrée sur les activités des gens. Cette idée pose que les moyens de subsistance vont au-delà des revenus monétaires (De Haan, 2000). Ellis (2000), par exemple, affirme qu'on devrait analyser les questions des moyens de subsistance en termes d'actifs (naturels, humains, financiers, sociaux et physiques), d'activités et l'accès des personnes à celles-ci, par le biais des « relations sociales et institutions qui permettent l'accès aux différentes sources de revenus » (Ellis, 2000:291).

Malgré sa popularité dans les interventions développementalistes, le cadre d'analyse des moyens de subsistance a été critiqué à bien des égards. Le fait d'associer les actifs aux « types de capitaux » a tendance à négliger d'autres aspects touchant la vulnérabilité des gens et les stratégies qu'ils développent pour constituer un portefeuille de subsistance. Pour illustrer ceci, Hinton (2011:49) soutient que « l'échappatoire de la pauvreté est beaucoup plus complexe et dépend de nombreux facteurs tels que les politiques, les pratiques institutionnelles ou la façon dont le marché est organisé ». Ces facteurs influencent non seulement l'accès aux biens, mais aussi le contexte social. Bebbington (1999) et Krantz (2001) font valoir que les moyens de subsistance sont façonnés par des éléments non économiques, tels que les aspects culturels ou les « structures informelles de domination sociale et de pouvoir au sein des communautés elles-mêmes » (Krantz, 2001:4). Ces grandes idées de la littérature indiquent que les moyens de subsistance sont plus que le matériel, mais également se rattachent aux relations sociales, à l'identité et aux processus de signification de ces moyens pour les individus.

Les débats pour comprendre les moyens de subsistance des gens dans l'industrie minière artisanale ont évolué le long de trois lignes de raisonnement. Ces débats ne s'intéressent pas souvent à expliquer comment les gens s'adaptent pour maintenir leurs moyens de subsistance ou quels mécanismes ils utilisent à cette fin. Dans les années 1970 et 1980, les décideurs politiques et les bailleurs de fonds étaient convaincus que les gens choisissaient de s'engager dans le secteur minier artisanal pour « devenir rapidement riches », en d'autres termes, pour gagner de l'argent rapide (Banchirigah, 2008). Toutefois, dans les années 1990, plusieurs auteurs ont souligné que le secteur minier artisanal était en fait un « vecteur de la pauvreté ». Stimulée par l'effondrement du secteur agricole, l'expansion de l'exploitation minière et l'engagement des gens dans ce secteur s'expliquent principalement par les effets négatifs des réformes économiques initiées par les institutions multilatérales (la Banque mondiale et le Fonds monétaire international) dans la plupart des pays en développement (Banchirigah, 2006). En outre, on soutient de plus en plus également — comme cela sera illustré dans cette thèse — que beaucoup de personnes engagées dans le secteur minier artisanal sont coincées dans un cercle vicieux de l'endettement et dans un « piège à pauvreté » (Perks, 2011).

Pour cette thèse, la notion de moyens de subsistance est utilisée en toile de fond des réseaux sociaux. Au lieu d'utiliser un modèle classique d'analyse des moyens de subsistance, qui a été critiqué pour des motifs différents, y compris le manque d'attention aux relations économiques supra-locales, cette thèse utilise le concept de moyens de subsistance pour montrer le rôle des réseaux dans la vie des populations. Comme cela a été mentionné dans d'autres études, cette thèse montre que, lorsque les réseaux sociaux reposent sur des relations de parenté ou d'autres formes de relations sociales informelles, ils peuvent devenir ce que Chimhowu (2002:570) appelle des « cellules de subsistance » ou des réseaux localisés de partage et de solidarité. Ces réseaux agissent donc comme des systèmes informels d'atténuation du risque mutuel permettant aux gens d'emprunter et d'échanger des biens, comme dans des groupes de travail collectif, ou d'accéder aux ressources et aux marchés (Lourenco-Lindell, 2002 ; Vlassenroot et Raeymaekers, 2004).

7.3. Les « enclaves réglementées »

Pour analyser les changements introduits par l'iTSCi dans les sites miniers artisanaux, cette thèse met en branle le concept d'« enclaves réglementées ». Cette notion correspond au processus entrepris par le gouvernement congolais en délimitant les ZEA. Ce processus peut être interprété comme la création d'« enclaves » minières dans un sens géographique et économique de territoires fermés et isolés, où les règles de réformes concernant l'extraction et le commerce des minerais doivent être appliquées (code minier, titre 4, Ch. 1, Art. 109). Le concept d'« enclaves réglementées » s'aligne sur d'autres concepts, notamment « enclaves minières » (Bush, 2009:58), « enclaves d'extraction » (Hönke, 2013:13) et « arène d'interventions » développée par Hilhorst et Jansen (2010). Pour cette raison, nous avons choisi d'utiliser la notion métaphorique d'« enclaves réglementées », qui s'appuie également sur la notion théorique de « champ social semi-autonome » inventée par l'anthropologue Moore (1973).

Ces « enclaves » semblent être fermées et isolées de l'environnement, mais en réalité, cette fermeture n'est pas complète. Ainsi, elles présentent le caractère d'un « champ social semi-autonome », qualifiant un petit espace qu'un anthropologue observe dans son caractère semi-autonome (Moore, 1973:720). Cet espace génère en interne des normes, des règles et des symboles. Cependant, Moore (1973) a soutenu que les règles et les décisions ou d'« autres forces » émanant de la grande matrice sociale ou bien des gens à l'intérieur du champ le rendent vulnérable à l'invasion (Moore, 1973:720).

L'élément-clé des concepts de champ semi-autonome, d'arène d'interventions et mon idée originale d'« enclaves réglementées » est leur potentiel de produire des règles, des institutions et la diversité d'acteurs impliqués, qui rendent ces règles et institutions non définitives et changeantes. En outre, ces « enclaves » vivent un changement constant étant donné que les acteurs impliqués dans l'exploitation minière cherchent à défendre leurs intérêts stratégiques.

Cette thèse se propose donc de démontrer que les zones d'exploitation artisanale où les réformes sont en vigueur, et qui ressemblent à des « enclaves réglementées », sont des arènes qui ne sont pas entièrement locales or closes. Tandis que ces « enclaves réglementées » sont des zones géographiquement délimitées — les sites miniers où les règlements sont introduits autour d'un cadre institutionnel complexe visant à imposer et à surveiller ces règlements ; ces sites miniers ne peuvent pas être considérés comme des « ilots de transparence » (Spittaels, 2010:59). C'est pourquoi, au-delà des zones d'exploitation minière, une attention sera accordée à l'analyse d'« autres forces » autour de ces zones ; comment ces forces sont connectées à des élites économiques et politiques urbaines, aux contrebandiers miniers et aux acteurs locaux ; et comment les acteurs locaux permettent à ces « forces » extérieures de contourner les réformes autour d'iTSCi (chapitres 3, 4 et 6).

8. La région d'étude

Cette section présente le milieu d'étude, décrit brièvement sa situation géographique et sa population, et explique la façon dont les cas d'étude ont été sélectionnés.

8.1. Situation géographique et population

Cette étude a été menée à Kalemie et Nyunzu (voir cartes 1 et 2), deux territoires de la province de Tanganyika (anciennement le district de Tanganyika) dans la partie nord de ce qui était alors la province du Katanga. La province de Tanganyika comprend six territoires — Kabalo, Kalemie, Kongolo, Manono, Moba et Nyunzu — et s'étale sur une superficie de 134 940 km^2. Elle compte environ 2,5 millions habitants (Omasombo et al., 2014:401), dont la majorité appartient aux ethnies Baluba, Bakalanga et Hemba. En RDC, un territoire est la structure administrative en dessous de la province et au-dessus des chefferies. En 2011, Kalemie, avec une superficie de 30 000 km^2, comptait 400 000 habitants, tandis que Nyunzu comptait 300 000 habitants répartis sur 17 275 km^2. Kalemie est la ville chef-lieu de la province de Tanganyika et du territoire de Kalemie. Elle est située sur la rive droite du lac Tanganyika. La ville chef-lieu territorial de Nyunzu est située à 194 km à l'ouest de Kalemie.

Lors de cette étude, quatre raisons nous ont conduits à nous focaliser sur Kalemie et Nyunzu. En dehors de Manono—où l'étain était déjà extrait en 1932 pendant la période coloniale—Kalemie et Nyunzu sont les premiers territoires du Nord-Katanga à assister à l'expansion du minage artisanal de coltan en 2007. En outre, ces territoires hébergent les mines de coltan dont la croissance a été très rapide, en ce sens qu'elles sont les plus peuplées et les plus productives de la région, à savoir : Kahendwa, Kisengo et Mai-Baridi. Ces trois zones minières pourraient être considérées, dans une certaine mesure, comme représentatives de la dynamique des mines de coltan et des réformes dans la région. Il est aussi important de signaler que Nyunzu et Kalemie bordent le Sud-Kivu. Au cours de la dernière décennie, le commerce informel de coltan a prospéré entre ces deux territoires et le Sud-Kivu, ce qui contribua largement au label « minerais de conflit ». En outre, l'iTSCi comme initiative pilote de lutte contre les minerais de conflit a été, pour la première fois au Katanga, mise en œuvre au Nord-Katanga, particulièrement sur les sites de Kisengo et Mai-Baridi en avril 2011, avant qu'iTSCi ne soit étendue vers d'autres sites miniers, dont Kahendwa en janvier 2012. Enfin, à part quelques rapports d'ONGs (De Koning, 2011 ; IPIS, 2007, Jorns et Cishugi, 2015 ; Spittaels, 2010), très peu de recherches académiques ont été menées sur les mines de coltan à Kalemie et Nyunzu — et au Nord-Katanga dans son ensemble. Pour ces raisons, il était important pour cette recherche d'étudier les réalités quotidiennes des changements dans l'exploitation et le commerce du coltan après les réformes dans cette région.

8.2. Sélection des zones minières

Druckman (2005:163) décrit la recherche basée sur des études de cas comme « un compact processus qui peut être documenté dans le temps ou dans l'espace ». En Sciences Sociales dont cette étude fait partie, la sélection des cas permet également au chercheur d'attirer l'attention sur ce qui peut spécifiquement être appris des cas choisis (Robert, 2005).

Carte 3 : Les zones minières sélectionnées

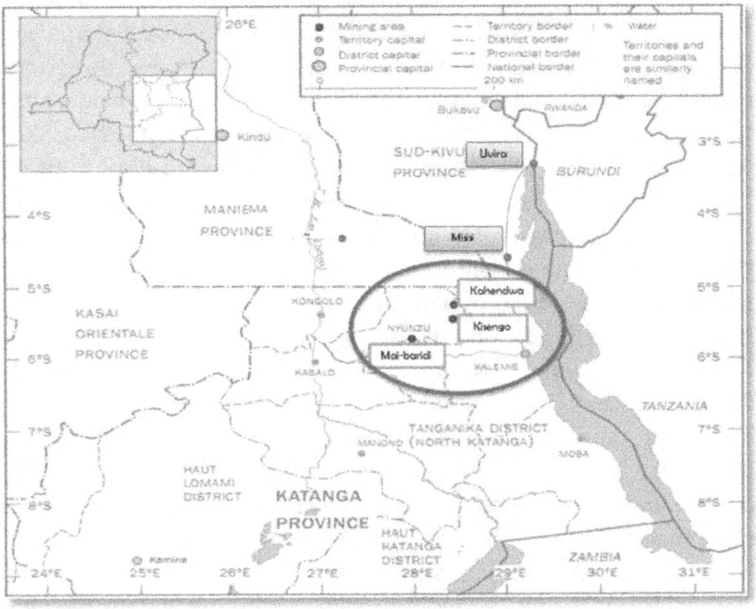

Source : Adapté de Koning (2010:2).

Au départ, notre intention était de sélectionner six sites miniers artisanaux à Kalemie et Nyunzu en fonction des critères suivants : zones minières où l'iTSCi était opérationnel, y compris 3 sites d'extraction du coltan et 3 sites d'extraction d'étain. Cette sélection permettrait la diversification des cas d'étude aux fins de comparaison. Toutefois, les informations initiales réunies à Kalemie nous ont convaincus d'adopter une autre approche. Par exemple, on nous informa que dans de nombreuses mines artisanales à Kalemie et Nyunzu, l'étain n'était ni extrait ni commercialisé. Bien que ces deux territoires regorgent d'importants gisements d'étain, le MMR — la plus étendue maison de négoce dans le Tanganyika — n'a pas privilégié le commerce de l'étain et était plutôt intéressé par celui du coltan[19]. L'intérêt de MMR pour le coltan a probablement résulté du fait qu'à ce moment-là, le coltan était plus lucratif que l'étain[20]. Comme il n'y avait ni maisons de négoce ni coopératives minières dans les zones de mines d'étain, l'iTSCi ne put s'y établir. Nous avons donc décidé de concentrer les recherches sur les zones d'exploitation du coltan. Après avoir sélectionné trois de ces sites — Kahendwa, Kisengo et Mai-Baridi — nous avons pu étudier en détail le processus des réformes en cours dans ces sites. En outre, nous avons également décidé d'examiner comment les acteurs et institutions engagés dans des réformes ont été connectés à d'autres acteurs et les entités localisées dans ces centres urbains comme à Nyunzu centre et à Kalemie ; ainsi qu'à Uvira et à Misisi (Sud-Kivu)[21]. Chacun des centres urbains concernés organise l'administration minière (par ex. des bureaux du SAESSCAM et de la Division des mines) ou les représentations territoriales de maisons de négoce ou des coopératives minières, ou bien ces centres hébergent des négociants clandestins de coltan, en d'autres termes les fraudeurs (localement appelés *hiboux*). Le tableau 1 fournit des données sur la population des creuseurs, des négociants et les autres habitants dans les zones minières. Les données proviennent de différentes sources, y compris les rapports annuels (2012, 2013 et 2014) des bureaux de la Division des Mines et du SAESSCAM.

---

[19] Entretien avec le chef du bureau de la Division des mines à Kalemie, avril 2013.

[20] À l'époque, un kilogramme de coltan coûtait environ 30 $, tandis qu'un kilogramme d'étain valait 5 $.

[21] En octobre 2014, des entretiens supplémentaires ont eu lieu à Lubumbashi (l'ancienne capitale provinciale du Katanga) avec des membres du personnel des coopératives minières.

Table 1 : Populations des mines sélectionnées

Territoires	Sites miniers	Habitants		
		Creuseurs	*Négociants*	**Populations totales**
Kalemie	Mai-Baridi	300	2	700
Nyunzu	Kisengo	1 500	21	17 000
	Kahendwa	230	5	650
Total		2 030	28	18 350

Source : Données primaires collectées en mai 2014.

Lors de la sélection des cas précités, d'autres facteurs sont entrés en jeu. En 2007, Mai-Baridi et Kisengo ont été les premiers sites miniers pilotes dans la province de Tanganyika à expérimenter l'extraction du coltan (2007), ainsi que la mise en œuvre de l'iTSCi (2011). La sélection de ces mines et l'inclusion de Kahendwa nous ont par conséquent permis de reconstruire et de documenter les réformes sur une longue période de temps. En outre, des données préalables sur les réformes dans le domaine minier ont indiqué que les sites miniers sélectionnés, où l'iTSCi était en vigueur, avaient connu des révoltes des creuseurs et négociants locaux de coltan contre MMR (Johnson, 2013:38). Ce qui sous-entend que, contrairement aux pratiques anciennes d'extraction et de commerce de coltan, les creuseurs et les négociants étaient régis par une série de répertoires et pratiques nouveaux en matière d'extraction minière et du commerce du minerai. Ces règles et leur application devaient être étudiées en profondeur afin de comprendre comment et pourquoi les gens s'y sont soumis, les ont contestées ou contournées.

8.3. Au-delà des « enclaves »

Outre les trois sites miniers sélectionnées, la collecte de données pour cette étude a été élargie au Sud-Kivu pour plusieurs raisons. Avant les réformes (2007 – 2010) et la mise en œuvre de l'iTSCi (2011), le commerce du coltan a prospéré entre le Sud-Kivu et les zones minières de Kalemie et Nyunzu à travers des circuits informels de contrebande (Spittaels,

2010:17). Comme l'a noté Spittaels (2010:59), la contrebande minière semble être une pratique profondément enracinée dans l'ensemble de la région dans un contexte où « le Nord-Katanga est le plus important fournisseur de coltan à Bukavu et très probablement la plus importante région minière de coltan à l'est de la RDC dans son ensemble ». Avant les réformes, de nombreux négociants de coltan étaient basés à Uvira, Bukavu (Sud-Kivu) et à Goma (Nord-Kivu). L'élargissement de la collecte de données au Sud-Kivu a ainsi enrichi les données recueillies. Cela ressort clairement dans les chapitres 2 (sur l'exploitation minière et les réformes dans une perspective historique), 6 (sur la contrebande de coltan) et 7 qui conclut cette thèse.

9. Méthodologie

Cette étude est fondée sur la tradition ethnographique. Celle-ci étudie les activités, les modes de vie et les interactions des gens dans leur contexte quotidien. À la suite d'Hammersely et Atkinson (2007), l'ethnographie implique l'immersion du chercheur à long terme et sa participation à la vie des gens, explicitement ou implicitement. Dans cette recherche, cela signifiait séjourner dans les sites miniers sélectionnés et voyager entre eux pour une période de 19 mois (mars 2013 — octobre 2014), interviewer des gens et observer comment l'artisanat minier et le commerce du coltan étaient organisés. Étudier de manière globale les différentes facettes de changements résultant des réformes nécessitait l'utilisation de trois approches méthodologiques de recherche : l'ethnographie multi-sites, l'ethnographie historique et la restitution des résultats de la recherche.

9.1. Ethnographie multi-sites

Marcus (1995) définit l'ethnographie multi-sites comme une ethnographie mobile. Il s'agit d'une ethnographie « conçue autour de chaînons, de chemins, de toiles, de conjonctions ou de juxtapositions de lieux où l'ethnographe établit une forme quelconque de présence littérale, physique, avec une logique explicite, posée d'association ou de connexion entre les sites qui définit l'argument de l'ethnographie » (Marcus, 1995:105). En d'autres termes, l'ethnographie multi-sites étudie les changements contemporains dans la culture et la société et reconnaît que ces changements sont produits de manière multiple dans les différents sites.

À bien des égards, l'approche ethnographique multi-sites a été utile pour cette étude. Elle nous a permis d'observer la société et les changements qui s'y produisent dans une perspective plus large, plutôt que dans un seul site ou une localité unique et confinée (Marcus, 1995:98). Cette notion de « perspective » renforce l'idée de « suivre des biens et des personnes », en d'autres termes, retraçant la circulation d'objets — tels que les minerais — et les marchands répartis sur différents sites. Par exemple, nous avons suivi des groupes de négociants contrebandiers de coltan à travers plusieurs lieux et contextes sociaux. En ce sens, l'ethnographie multi-sites n'est pas en contradiction avec l'accent que cette étude accorde à l'approche centrée sur l'acteur. Parce qu'il n'y a aucun locus central de représentation qui peut dévoiler le travail du secteur minier artisanal au Nord-Katanga — ou en RDC dans son ensemble — l'utilisation de l'approche multi-sites permet l'étude des pratiques, des expériences et des connexions des gens les uns aux autres. Par exemple, les négociants sont connus comme des marchands qui se déplacent fréquemment d'un endroit à l'autre lors de l'achat des minerais souvent en quête des produits les plus lucratifs. C'était par conséquent très intéressant d'examiner comment les réformes minières en cours ont influencé leurs activités et leur mobilité. Les grandes forces de l'ethnographie multi-sites c'est notamment le fait qu'elle permet une analyse transversale et symétrique[22] des acteurs et des relations entre eux.

---

[22] Symétrique signifie ici que nous ne faisons pas de suppositions à priori sur la hiérarchie entre les différents sites ou acteurs, mais que nous gardons un esprit ouvert quant à la façon dont les significations et les pratiques sont produites.

En outre, l'utilisation de l'approche multi-sites a procuré d'autres avantages. Elle a permis de collecter les données aux sites miniers choisis (Kahendwa, Kisengo et Mai-Baridi) en examinant de près — de manière à la fois focalisée et dans une perspective plus large — comment les réformes minières se déroulaient, comment les différents acteurs interagissaient et quelles étaient les principales caractéristiques de ces sites en ce qui concerne leurs similitudes et différences. Enfin, l'adoption d'une approche ethnographique multi-sites nous a permis d'étudier en détail comment les réformes ont été contestées par des groupes de personnes (p. ex., les *hiboux*), souvent connectés à divers réseaux depuis les sites miniers locaux jusqu'aux grands centres urbains (chapitre 6). Sans prendre ces aspects en compte, l'étude de l'exploitation minière du coltan et les effets des réformes sur les gens aurait raté l'opportunité d'acquérir une compréhension globale de la façon dont ces réformes ont été mises en œuvre et contestées dans une variété de configurations géographiques ainsi qu'en termes d'efficacité et d'impact dans ces zones.

9.2. Ethnographie historique

Cette thèse adopte également une approche ethnographique historique. Selon Silverman et Gulliver (1992:16), « l'ethnographie historique fournit une description et une analyse d'une époque révolue des gens d'une localité particulière, identifiable, à l'aide de sources archivistiques et, le cas échéant, de l'histoire orale locale ». La façon dont l'exploitation minière artisanale a vu le jour, a évolué et les activités traditionnelles dans les zones d'étude ont été principalement étudiées à travers l'ethnographie historique (chapitre 2). Il s'agissait par exemple d'organiser des entretiens approfondis avec les mineurs, qui étaient auparavant des agriculteurs, et avec des négociants qui achetaient et trafiquaient le coltan dans et à partir du Nord-Katanga avant les réformes. Parmi les autres sujets explorés, les activités traditionnelles avant 2007, l'organisation de l'extraction et du commerce du coltan avant les réformes et les changements que celles-ci ont introduits dans les sites miniers. L'approche ethnographique inclut également l'observation participante dans les villages où l'artisanat minier était devenu plus important que les activités agricoles. Tout cela a été complété par un examen de la documentation des rapports d'ONG ou des organismes de l'État dans les zones d'étude et sur le commerce du coltan entre le Nord-Katanga et le Sud-Kivu.

L'adoption de l'approche ethnographique historique a également permis l'étude des activités traditionnelles. En particulier, il s'agissait d'examiner comment celles-ci ont été affectées par les activités minières de coltan et comment ces dernières ont connu l'implication d'acteurs armés. Comme l'administrateur du territoire de Nyunzu l'a indiqué, « avant de réformer, il faut connaitre la forme qui existait »[23]. Cette déclaration exprime qu'il est important d'être informé sur les réalités existantes pour saisir comment les réformes se sont accommodées ou non à ces réalités. En plus, faisant référence à Comaroff et Comaroff (1992), l'ethnographie historique devrait faire attention au contexte et à la signification de la situation analysée afin d'éviter de raconter des histoires subjectives des personnes et événements passés. Dans un contexte où les réformes en cours comprennent une série d'interventions externes (iTSCi par exemple), il est important de mettre en perspective les réformes par rapport à l'histoire locale, de comprendre ce que ces réformes signifient pour les populations locales et quels changements se sont produits dans les schémas existants d'accès et du commerce de coltan, ainsi que dans les moyens de subsistance de ces populations. Dans chaque chapitre, nous fournissons des données historiques de base afin d'informer le lecteur sur l'évolution historique de l'exploitation minière artisanale, comment au fil du temps, les mesures de réforme ont été initiées et quels ont été leurs effets sur les groupes concernés par l'étude.

9.3. Restitution des résultats de la recherche

Pour le programme « *Down to earth* », la restitution des résultats de la recherche a été une question primordiale. Cela

[23] Interview à Nyunzu, Avril 2014.

signifie que l'équipe de recherche a fourni d'énormes efforts pour échanger avec différents groupes d'acteurs concernés par les réformes minières. Dans le processus de recherche, nous avons donc adopté une série d'activités pour la restitution des résultats. De cette manière, cette restitution aura contribué à induire des changements en termes de sensibilisation des acteurs-clés, en les informant sur les avancées et les blocages par rapport aux réformes. Plus précisément, la restitution était destinée à établir des liens entre la lentille académique du chercheur et les perspectives des politiques et des pratiques. Tout au long du projet, la restitution de la recherche a pris la forme active de mise en réseau et de partage progressif d'idées avec les intervenants-clés du secteur minier artisanal.

Dans le cadre de cette étude, nous avons participé à différentes activités. Celles-ci comprennent les conférences réunissant des chercheurs universitaires, des bailleurs de fonds, des décideurs politiques et des représentants d'ONGs. Parmi ces conférences figurent la Conférence mondiale sur les études humanitaires à Addis Abeba en mars 2016 et les rencontres annuelles de l'organisation de coopération économique et de développement économique (OCDE) à Paris en mai 2015 et 2016. Le projet « *Down to earth* » a aussi organisé une conférence scientifique à mi-parcours à Lubumbashi en octobre 2014, regroupant des professeurs et chercheurs de l'université de Lubumbashi. À la fin du programme, deux conférences eurent lieu en RDC, au cours desquelles nous avons présenté les conclusions finales de nos recherches : en décembre 2016 à Bukavu et en février 2017 à Kinshasa. Pour les deux conférences, les organisateurs se sont efforcés d'inviter un mélange d'universitaires, d'officiels gouvernementaux et des praticiens. Dans ces différents forums, nous avons reçu de pertinentes remarques.

Nous avons également développé une série d'activités visant un public plus large en RDC. Nous avons produit un court film-vidéo posté sur YouTube sur les coopératives et l'exploitation minière artisanale au Nord-Katanga[24]. Nous avons également

[24] See Youtube: handle humanitarian aid and reconstruction

participé à des émissions-radio, par exemple à la Radio Maendeleo (Bukavu en décembre 2016) et la Radio Top Congo à Kinshasa (février 2017) et eu plusieurs entretiens avec des journalistes de Radio Okapi (Bukavu et Kinshasa) et des magazines tels que Le Souverain (à Bukavu), La Référence Plus et la Radio Télévision Nationale Congolaise (RTNC) à Kinshasa.

10. Techniques de collecte de données

Cette étude a recouru à plusieurs techniques de collecte de données. Nous avons effectué de nombreux entretiens individuels et collectifs avec des creuseurs, des représentants de leurs comités, des négociants, des membres du personnel des coopératives minières et des maisons de négoce, des fonctionnaires de l'État et des chefs coutumiers locaux. Ces interviews ont été complétées par l'observation participante, les histoires de vie et les données secondaires.

10.1. Entretiens approfondis

Les entretiens ont été la principale méthode de collecte de données. Ceux-ci nous ont permis d'obtenir une connaissance approfondie de l'expérience vécue par les creuseurs et les négociants face à l'iTSCi, les maisons de négoce et les coopératives minières. Des entretiens semi-structurés et approfondis ont été menés individuellement ou en petits groupes dans les sites miniers, aux points de vente où les creuseurs vendent leur coltan aux négociants, dans les camps de creuseurs et dans les villages où vivent leurs ménages. Au cours des entretiens, nous avons posé des questions ouvertes à partir d'une liste de questions préalablement déterminées. D'autres entretiens semi-structurés ont été menés sur des thèmes particuliers pour recueillir des données sur une variété de sujets qui sont décrits dans les chapitres suivants. Ces entretiens ont couvert des sujets tels que l'histoire de l'exploitation minière locale, le fonctionnement des coopératives minières, les interactions entre les creuseurs et les négociants, comment les modes préexistants d'accès au coltan ont changé au fil du temps, comment ces changements ont affecté les creuseurs et les négociants et quelles stratégies ces derniers ainsi que les hiboux ont-ils développé pour contourner l'iTSCi.

10.2. Entretiens informels

Les entretiens informels ont traité des aspects de la recherche que les participants voulaient souvent garder cachés. Par exemple, certains de ces entretiens concernaient des rapports confidentiels écrits par des membres du personnel de l'iTSCi, par exemple sur la corruption, la taxation illégale des mineurs ou des négociants par des fonctionnaires étatiques ou bien sur le trafic du coltan. D'autres données qui devaient être recoupées concernaient des informations sur la manière dont les creuseurs et les négociants construisaient leurs réseaux sociaux et comment ces réseaux étaient exploités pour la contrebande de coltan. Sur ces types de questions, beaucoup de personnes interrogées ne parlaient pas ouvertement durant les entretiens en groupe. Par conséquent, pour une pratique, une activité ou un événement donné, nous avons sélectionné des informateurs spécifiques et leur avons demandé individuellement de raconter exactement ce qui s'était passé, qui étaient les personnes impliquées et pourquoi celles-ci avaient-elles participé à un tel événement. Le recoupement d'entretiens était également utile pour vérifier l'exactitude des données recueillies, par exemple en ce qui concerne l'emplacement, la séquence d'événements ou les acteurs concernés. Les personnes interrogées ont inclu les fonctionnaires de l'iTSCi, de l'État et des services des renseignements, telle que l'Agence nationale des renseignements (ANR). L'entretien avec ces personnes prenait souvent la forme de conversations informelles. Lors de ces conversations, nous avons pris soigneusement en compte les aspects éthiques en veillant à ce que les sources premières d'information ne ressortent pas. En général, le recoupement d'entretiens a permis la triangulation des données en comparant les sources d'information (Silverman, 2009).

10.3. Le jeu de ballon comme une forme particulière d'observation participante

L'observation est une méthode par laquelle un observateur prend part aux activités quotidiennes des personnes étudiées, observant des dimensions telles que leurs actions sociales, leurs événements, leurs interactions, relations et comportement (Mason, 2012). Cette méthode est particulièrement importante dans la présente étude parce qu'elle a complété les données recueillies au moyen d'entretiens. Nous avons régulièrement observé comment les creuseurs extraient le coltan, comment les négociants l'achetaient aux points de vente, comment l'« étiquetage et emballage » d'iTSCi était réalisé par les agents étatiques et comment tous ces acteurs interagissaient sur les sites miniers.

Au cours de l'observation participante, nous sommes devenus « une personne au milieu de la foule ». Nous avons parlé Kiswahili, langue locale principale, avec les gens et écouté attentivement leurs conversations. À plusieurs reprises, nous avons participé à des événements spécifiques, tels que les tournois de football mentionnés ci-dessous, les réunions organisées par les comités des creuseurs et les cérémonies de deuil qui ont eu lieu lorsque les mineurs ont péri au cours d'activités d'extraction. Pendant tous ces événements, nous avons entendu et appris beaucoup sur la satisfaction des creuseurs et des négociants, leurs plaintes et discours vis-à-vis de l'iTSCi, des maisons de négoce et des coopératives.

Le jeu de football est un aspect de l'observation participante qui s'est avéré particulièrement utile pour la collecte des données pour cette thèse. À Kisengo, par exemple, après avoir rejoint le Kivu Sports, une équipe de football locale, nous avons participé à deux tournois organisés par MMR au « Stadium Coltan ». Nombreux sont les membres de l'équipe sportive de Kivu Sports originaires du Sud-Kivu, notre province natale. L'équipe était dirigée par Divine Wasolela, un négociant aussi du Sud-Kivu basé à Kahendwa. Lors de notre temps libre, nous avons aussi suivi les matches de football (y compris la Coupe du monde 2014) avec des mineurs dans des salles de cinéma locales (par exemple Chez Mayanga à Kisengo) ou Chez Diedo à Mai-Baridi.

À bien des égards, le sport, mieux que toute autre activité, a été utile. Il nous a permis de suspendre temporairement les différences sociales entre les habitants et nous comme chercheur académique. Il a aussi permis de construire une sorte de camaraderie, ce qui était un très bon moyen d'accéder à des informations utiles, mais cachées et de développer le niveau de confiance requis pour les entretiens, notamment avec des gens d'institutions comme les maisons de négoce et les coopératives ou les fonctionnaires étatiques qui, généralement se méfient des chercheurs. Ainsi, l'adhésion à l'équipe Kivu Sports avait l'avantage de faciliter notre participation dans l'« économie locale d'information » (Goodhand, 2000:12), dès lors que les joueurs se sont familiarisés avec nous et ont été ensuite plus francs sur leurs activités. Tous ces éléments ont contribué à nous mettre plus à l'aise avec les mineurs et les négociants et ajouté du plaisir de collecter les données sur le terrain en nous sentant plus intégrés.

10.4. Les sources secondaires de données

Les données secondaires sous forme de rapports non publiés par les organismes étatiques sur l'exploitation minière artisanale dans la province de Tanganyika ont été également utilisées dans cette étude. Les rapports ont été recueillis à Kalemie, Nyunzu et dans les zones minières. Nous nous sommes aussi inspirés des documents de politiques ou des rapports publiés d'ONG concernant l'exploitation minière au Katanga et au Sud Kivu. Il était important d'examiner ces documents, car beaucoup d'entre eux soulignent la militarisation (De Koning, 2011), l'organisation antérieure des mines, le commerce du coltan et la contrebande des minerais entre le Nord-Katanga et le Sud-Kivu (Spittaels, 2010) et les défis des réformes en cours (Johnson, 2013 ; Jorns et Cishugi, 2015).

11. Analyse et présentation des données

Encore une fois, cette thèse intègre des données d'entretiens individuels, de groupes et l'observation d'événements et des processus. La plupart de ces matériaux ont été transcrits et codés à l'aide du logiciel qualitatif NVivo. Comme il s'agit d'une étude exploratoire de terrain, nous avons opté pour une approche analytique descriptive. Les extraits d'entretiens ont été cités directement à partir des notes de terrain. Les entretiens ont eu lieu le plus souvent en Kiswahili et parfois en Français ou dans un mélange des deux langues. Les extraits d'entretiens présentés dans les citations sont des traductions directes des déclarations et histoires de vie des informateurs. Au cours de chaque visite dans les zones minières, un nouveau bloc-notes a été utilisé pour enregistrer de manière codée les noms et les professions des personnes interrogées. Cela a empêché que les données recueillies précédemment dans les mêmes zones ne tombent entre les mains d'une tierce personne. Au moment de l'écriture, nous avons choisi de révéler les noms ou les professions de certains informateurs, car ils étaient informés des objectifs de cette étude et avaient accordé leur consentement à ce que leurs noms soient cités.

12. « Ce sont notre casserole » : notre positionnement comme chercheur

12.1. Négocier la confiance

Grosso modo, le positionnement et les relations sur terrain avec les gens comptent dans le travail ethnographique (Hammersley et Atkinson, 2007). Celles-ci réfèrent aux relations avec les participants à la recherche et comment ces relations se forment, changent et évoluent au cours de l'étude. En somme, ces relations déterminent si l'ethnographe est perçu comme un initié du groupe ou un intrus.

Dans le milieu d'étude, notre positionnement et négociation de confiance variaient d'une catégorie de participants à l'autre. Heemskerk (2005:84) a fait valoir qu'« en raison de leur manque de confiance dans les bonnes intentions du gouvernement et des chercheurs, les mineurs peuvent ne pas révéler qu'ils font un travail clandestin, vendent leurs produits en dehors des curcuits légaux et enfreignent le code national du travail et de l'environnement ainsi que d'autres règlements ». Cependant, nous croyons que cela dépend des stratégies élaborées par le chercheur en négociant avec les acteurs locaux et en essayant de gagner leur confiance.

Pendant notre travail sur terrain, nous avons développé diverses stratégies qui ont influencé les perceptions locales vis-à-vis de nous en tant qu'un chercheur indépendant. Comme mentionné ci-dessus, nous avons adhéré à l'équipe Kivu Sports, une équipe de football basée à Kisengo. En outre, nos liens sociaux avec les mineurs et les négociants ont grandement ouvert les portes en ce qui concerne la collecte d'informations détaillées sur leurs activités. En effet, dans les zones minières sélectionnées, la plupart des mineurs et négociants appartiennent aux groupes ethniques Bakalanga, Bangubangu ou Hemba, qui traditionnellement considèrent toutes les personnes de l'ethnie Balega, comme moi, comme leur « Oncle ». Ainsi, pour la plupart parmi les creuseurs et les négociants, nous étions considérés comme intégrés dans leurs groupes.

Pour les membres du personnel de terrain de l'iTSCi, nous avons développé des relations dignes de confiance comme un initié. Au début du travail sur terrain en mars 2013, le gestionnaire de projet d'ITRI/iTSCi au Katanga (Gilbert Leya wa Nkulu) nous a présenté au personnel iTSCi comme un ami parce que nous nous connaissions depuis une dizaine d'années. Cette relation personnelle nous a permis de voyager fréquemment avec les membres du personnel iTSCi vers les sites miniers où ils assuraient le suivi de l'« étiquetage et emballage ». Là, il nous ont présenté au personnel des coopératives minières et des maisons de négoce avec lesquelles ils interagissaient comme un chercheur indépendant. Nous avons donc été en mesure de visiter les dépôts de minerais et d'observer comment ils sont commercialisés, ainsi que l'« étiquetage et emballage » aux points de vente tenus par les coopératives. Au cours du travail sur terrain, les membres du personnel de l'iTSCi étaient ainsi devenus candides lorsqu'ils nous parlaient et fournissaient des documents cruciaux, tels que les rapports d'incidents, généralement confidentiels[25].

12.2. Les défis

Notre travail sur terrain a été aussi truffé de nombreux défis. À Kalemie, le défi le plus marquant était lié à l'obtention des rapports du Service d'assistance et d'encadrement du small-scale mining (SAESSCAM) et de la Division des mines. Un fonctionnaire du SAESSCAM fit remarquer que : « les rapports et statistiques sont notre casserole »[26]. Ses mots insinuent l'idée qu'il n'était pas disposé à offrir ces rapports à moins que nous ayons payé pour les obtenir. Après que nous nous sommes plaint de cette attitude au Chef du bureau SAESSCAM à Kalemie, il a demandé au fonctionnaire de nous offrir les rapports. Nous avons ensuite accédé à ces derniers, confirmant ce que Trefon (2011:89) a mis en évidence dans l'énoncé que les « Congolais ont une relation bizarre d'amour et de haine vis-à-vis de l'État et sa machine administrative ».

L'insécurité a également marqué la collecte des données. Au début de notre travail sur terrain, les combats entre le M23[27] et l'armée congolaise faisait rage au Nord-Kivu. Le 16 mai 2013, un policier — ivre de Kampiongo (un alcool local) — nous a arrêtés à Nyunzu, parce qu'il nous a vu écrire sur l'ordinateur. Il a dit, « tu es du Kivu où il y a beaucoup de mouvements rebelles [...]. Les ordinateurs sont des dispositifs utilisés pour communiquer avec les rebelles du M23 ». Sur notre chemin vers le poste de police de Nyunzu — et puis, probablement à la

[25] Les rapports documentent et dénoncent les pratiques hostiles aux réformes et à la mise en œuvre de l'iTSCi, par exemple la corruption, les taxes illégales ou la contrebande de coltan

[26] Entretien avec un membre du personnel du SAESSCAM, Kalemie, avril 2013.

[27] Le M23 (ou mouvement militaire du 23 mars) est un mouvement rebelle créé par les soldats insurgés de l'armée nationale congolaise en avril 2012. Il a été défait en novembre 2013. Voir Stearns J. *From CNDP to M23: The Evolution of an Armed Movement in Eastern Congo*. London: Rift Valley Institute, 2012.

prison, comme il me promettait — j'avais eu la chance de rencontrer l'administrateur des Finances de Nyunzu (Pierre Mukamba Kaseya), qui me libéra.

À la suite de cet incident, j'ai appris deux choses. Les ordinateurs, comme n'importe quel appareil, ne sont pas seulement des équipements pour l'enregistrement des données et le gain de temps (Kumar, 2005:245). Ils peuvent aussi devenir une source de menace pour un chercheur dans les zones en conflit ou post-conflit. Là où un chercheur se trouve, quand il/elle utilise son ordinateur ou tout autre équipement est une question sécuritaire. L'incident m'a également rappelé les contextes volatiles rencontrés au cours de mes recherches précédentes à l'est de la RDC[28]. Je pouvais donc tirer des leçons qui m'ont rappelé que, dans de tels environnements instables, ma recherche pourrait être politisée, et je devrais être prudent quant à la protection des données et ne pas « nuire » à mes informateurs (Van der Haar et al., 2013:523). Bref, même étant congolais, je n'étais pas exempt de l'insécurité, qui s'est même aggravée dans le milieu d'étude en mai 2015, lorsque les conflits ethniques ont éclaté entre les Bantous et les Pygmées, qui a causé 200 morts et entraîné le déplacement de 12 000 personnes (Radio Okapi, 2015a). À cette époque, j'avais déjà quitté le milieu d'étude.

Avec MMR et les coopératives minières, nous avions été présenté par le chef de projet iTSCi/Katanga comme un étudiant et chercheur indépendant. Cependant, une question souvent soulevée par les membres du personnel de MMR m'a rappelé que nous étions un étranger à l'entreprise : « Pourquoi vous optez d'entreprendre votre recherche de terrain au Nord-Katanga, alors que plusieurs sites miniers de coltan se trouvent

[28] Ces recherches antérieures incluent notamment notre travail avec l'Institut Vie et Paix sur la transformation des conflits entre communautés impliquant des groupes armés locaux, suivi de deux publications. Lire à ce sujet Dijkzeul D. et Wakenge C.I. (2010). Doing good but looking bad? Local perceptions of two humanitarian organisations in the eastern DRC. *Disaster Studies,* 34(4):1140–1170 et Dijkzeul D. et Wakenge C.I. (2014). Proselytizing peacekeepers? Comparing proselytizing by UN peacekeepers in the Sudan and the DR Congo. *Journal of International Organisations Studies.* 5(1):39–57.

également au Sud-Kivu, d'où vous provenez ? »[29] Au vu de cette question, nous nous doutions bien que les membres du personnel de MMR craignaient que nous soyons trop curieux en collectant des informations détaillées sur les activités de l'entreprise. Ces activités ont été parfois caractérisées par des tensions entre MMR et les creuseurs. Notre soupçon a été confirmé lorsque le bureau de MMR à Kalemie, traina pendant des mois, à approuver mon ordre de mission qui nous permettrait d'entrer dans les concessions minières de MMR. Comme solution à ce défi, le chef de Division des Mines au Nord-Katanga (Simon-Pierre Kambi) approuva l'ordre de mission et ajouta « comme chercheur congolais, personne ne peut vous empêcher de mener votre travail de terrain dans une zone d'exploitation minière artisanale »[30]. Cela implique également qu'au cas où nous rencontrions un problème administratif, il était en mesure de servir de médiateur.

Ce problème administratif avec MMR nous a rappelé que je devrais développer des relations stratégiques, non seulement avec cette société, mais aussi avec beaucoup d'autres maisons locales de négoce ainsi que les coopératives minières. Leurs activités se sont probablement déroulées dans les « ténèbres » mentionnés dans la métaphore qui introduit ce chapitre, à tel point que celui qui essaie de faire la lumière sur ces « ténèbres » traverse une sorte de ligne rouge. Nous nous sentions soupçonné de tenter de briser les boîtes noires des maisons de négoce et des coopératives minières lorsque nous avons visité les sites miniers. Leurs membres du personnel nous ont souvent demandé de rester avec eux dans les enceintes de leurs locaux. On se doutait bien si ces exhortations étaient des tentatives stratégiques pour contrôler nos activités sur terrain. En outre, nous avons pensé que rester avec eux pourrait être interprété par de nombreux mineurs et négociants avec qui nous avons collaboré, qui nous percevraient comme étant une partie prenante de ces institutions. Nous avons donc opté de rester sur place dans de petits hôtels gérés par des négociants ou dans des

---

[29] Entretiens avec les administrateurs du MMR, Kalemie et Mai-Baridi, avril 2013.

[30] Conversation informelle à Kalemie, avril 2013.

maisons privées des habitants comme un moyen de garder notre indépendance.

13. STRUCTURE DE LA THÈSE

Afin d'étudier les micro-dynamiques des changements suite aux réformes et la mise en place de l'iTSCi dans trois sites miniers de coltan au Nord-Katanga, cette thèse vise à comprendre ces changements aux niveaux contextuels et institutionnels, et du point de vue des individus. Après cette introduction, la thèse se compose de six chapitres.

Le chapitre 2 examine l'évolution du secteur minier dans la province du Katanga, particulièrement dans le nord Katanga. Il analyse l'histoire de l'exploitation minière, l'initiation des activités minières artisanales et comment les réformes en cours ont été inspirées par cette histoire.

Le chapitre 3 met l'accent sur les coopératives minières comme institutions nouvellement introduites visant à régir les sites d'exploitation minière artisanale. Grâce à une seule étude de cas, ce chapitre analyse comment ces coopératives ont été introduites dans les sites miniers et comment elles ont interagi avec les organisations préexistantes des mineurs.

Dans le chapitre 4, nous apportons une perspective différente sur les « minerais de conflit ». Nous introduisons la notion de « conflits des réformes » pour souligner que, bien que les réformes en cours visent à rompre les liens supposés entre les activités de l'exploitation minière artisanale et les conflits violents, ces réformes sont devenues une force motrice derrière la résurgence de nouveaux conflits.

Le chapitre 5 porte sur les moyens de subsistance. Il analyse comment les réformes ont influé sur les moyens de subsistance et la situation socio-économique des négociants. Ce chapitre a aussi exploré quels genres d'opportunités les réformes ont offert à ce groupe de courtiers miniers, souvent considérés comme puissants dans la chaîne d'approvisionnement en minerais. Enfin, ce chapitre explique à quel genre de contraintes se sont affrontés les négociants et pourquoi ont-ils choisi de diversifier leur portefeuille de moyens de subsistance.

Le chapitre 6 analyse les réactions des creuseurs et des négociants face à l'iTSCi. Bien que les sites miniers où l'iTSCi est en vigueur semblent être des « enclaves réglementées », nous y explorons les stratégies des creuseurs et des négociants pour contourner l'iTSCi et les réformes, en particulier autour du commerce de coltan. Enfin, le chapitre 7 conclut la thèse.

Figure 2 : La pancarte d'iTSCi au bureau de la division des mines à Kahendwa

Figure 3 : Le comité des creuseurs de Kisengo célébrant la fête de l'indépendance congolaise le 30 juin 2014

CHAPITRE II

Historique de l'artisanat minier et des réformes au Nord-Katanga

1. INTRODUCTION

La République démocratique du Congo (RDC) a vécu près de 20 ans de conflits armés, en commençant par le déclenchement de la première guerre en 1996. Depuis lors, le pays est devenu un « réseau de crises en constante évolution » (Dijkzeul et Wakenge, 2014:45). Bien que les minerais apparaissent souvent comme déterminants dans ces conflits, ils ne sont pas les seules causes des conflits (Autesserre, 2012). Un grand nombre de conflits proviennent des tensions historiques non résolues opposant les communautés les unes contre les autres sur le territoire, suite à la quête du pouvoir ou des ressources, combinées à la faiblesse de la gouvernance de l'État congolais (Vlassenroot et al., 2016). Malgré l'accord de paix de grande envergure signé en 2002, l'organisation d'élections générales en 2006 et 2011, et les tensions autour de l'élection présidentielle prochaine (Congo Research Group, 2016)[31], il a été rapporté que plus de 70 groupes armés continuent à opérer à l'est de la RDC (Verweijen et Wakenge, 2015 ; Stearns et Vogel, 2015). Bon nombre de ces groupes tirent profit de l'activité minière (Stearns et al., 2013:36).

---

[31] Ces élections ont été reportées décembre 2013.

Ce chapitre vise trois objectifs. Compte tenu de l'importance du discours sur les minerais de conflit dans les agendas politiques et la façon dont cela a influencé les réformes en cours dans le secteur minier, il convient de comprendre le contexte de l'exploitation minière artisanale ; comment elle a vu le jour, son développement et ses relations avec les soi-disant minerais de conflit. Lié à cela, le deuxième objectif de ce chapitre est de présenter le contexte des réformes des 3T. Une attention particulière est consacrée au coltan, un minerai qui a récemment contribué à rendre économiquement importante la partie nord du Katanga. Le troisième objectif de ce chapitre est de présenter en détail l'iTSCi. Déjà mise en œuvre sur les sites miniers des 3T où cette étude a été effectuée (Kahendwa, Kisengo et Mai-Baridi), l'iTSCi a été la seule initiative de réforme menée à Kalemie et Nyunzu. Elle est également l'initiative la plus largement mise en œuvre à l'est de la RDC.

Ce chapitre fait valoir que les réformes en cours — l'initiative iTSCi en particulier — et les institutions qu'elles apportent n'entrent pas dans un pays sans passé. La compréhension de la manière dont les initiatives et les institutions sont introduites dans les sites miniers et comment elles interagissent avec les institutions préétablies et avec les acteurs dans les domaines de l'exploitation minière est une clé pour comprendre comment les réformes sont conjointement mises en œuvre à l'échelle locale. Le reste de ce chapitre est composé de sept sections. Dans les deux sections qui suivent, nous expliquons brièvement le cadre théorique et les méthodes. Après avoir fourni le contexte historique sur la manière dont l'exploitation minière a vu le jour dans l'ancienne province du Katanga, nous nous concentrons sur l'ouverture de l'exploitation minière artisanale dans le nord de cette province. Ensuite, le chapitre décrit comment le Nord-Katanga a vécu le phénomène des minerais de conflit et comment cela a été géré. La section suivante examine le fonctionnement de la politique de l'iTSCi. La dernière partie présente une analyse et conclut le chapitre.

2. Introduction post-conflit des politiques et institutions externes

Les concepts de politiques et institutions sont au cœur de ce chapitre. Les politiques sont comprises comme la poursuite des buts, ou ce que nous voulons atteindre (Colebatch, 1998:42). Elles sont habituellement mises en pratique par le biais d'institutions qui fournissent le cadre pour le comportement humain et les interactions sociales (Soysa et Jutting, 2006). Ce chapitre se concentre sur le contexte historique de l'exploitation minière et le programme iTSCi. Il part de l'idée qu'il est important de comprendre les relations entre les mines et les réformes dans une perspective institutionnelle parce que les crises (p. ex. minerais de conflit) et les réponses à celles-ci (p. ex. les réformes en cours) sont généralement mises en œuvre par le biais de politiques et d'institutions (Hilhorst, 2013).

Dans le contexte de l'après-conflit, les institutions et les politiques sont en constante mutation. La conception d'institutions et les changements résultent de l'interaction entre les structures, les pratiques et les interventions des politiques. Ce changement est un processus différentiel et discontinu (Scott, 2001:50). Ainsi, l'idée que les institutions cessent d'exister en période de conflit et que la reconstruction post-conflit peut partir d'une table rase, ce que Cramer (2006) assimile à un « changement superflu » a été remise en question (Hilhorst et al., 2010). Cela signifie que, dans le cadre de leur mise en œuvre, les politiques sont réinterprétées, contestées et créées par l'intermédiaire d'interactions humaines (Hyden, 2008).

Le rôle des institutions a été longuement débattu dans le cadre des réformes en cours dans le secteur minier congolais. Il est largement admis que la reconstruction de l'État doit être plus centrée sur les réformes et le renforcement des institutions de l'État, parce que ces institutions sont trop faibles pour contrôler la gestion du secteur minier. La Banque mondiale (2008:72) et Garrett et Mitchell (2009:48) par exemple, font valoir que, pour améliorer la capacité du gouvernement à effectivement et efficacement superviser, contrôler et évaluer les activités minières, les institutions gouvernementales doivent être renforcées. En outre, certains chercheurs (Rackley, 2006 ; Trefon, 2011) affirment que le principal obstacle face aux réformes en RDC est le fait que « le désordre est associé aux institutions congolaises » (Trefon, 2011:101). Dans le même ordre d'idées, il a été suggéré que la « création des institutions » (Garrett et Mitchell, 2009:12) (par exemple les coopératives) en ce qui concerne la mise en œuvre d'une politique efficace sont les clés pour améliorer la gouvernance du secteur minier. Cependant, ces recommandations des politiques basées sur le renforcement institutionnel ont tendance à oublier la nature des arrangements institutionnels qui coexistaient ou étaient en compétition avant les réformes.

Ce chapitre vise à montrer que l'idée d'introduire des politiques et des institutions de gouvernance minière d'origine externe ajoute une nouvelle couche à ce qui existait déjà. Le chapitre traite les questions sur la manière dont l'histoire et l'organisation historique de l'exploitation minière ont inspiré les réformes en cours. Il aborde l'influence que ces tendances historiques ont eu sur les politiques de réforme minière. Dans ce chapitre, nous allons contribuer au débat sur le rôle des institutions dans un contexte de réformes, commençant par l'hypothèse que les réformes n'entrent pas dans une situation de *tabula rasa*. Les institutions et politiques d'origine externe devraient reposer sur l'inspiration et le façonnement par l'expérience du passé dans le milieu où se déroule l'exploitation minière.

3. Méthodes

Ce chapitre est basé principalement sur l'examen des documents disponibles et plusieurs entretiens approfondies menés de mars 2013 à octobre 2014. Les données des entretiens ont été recueillies à Kalemie (chef-lieu de la province de Tanganyika), Nyunzu (ville chef-lieu du territoire de Nyunzu) et dans trois sites miniers (Kahendwa, Kisengo et Mai-Baridi). Au total, 16 rapports des agences étatiques, des ONG et du programme de l'iTSCi sur le secteur minier au Katanga ont été examinés, et 21 entretiens approfondis ont été menés. Les participants aux entretiens incluaient des fonctionnaires du SAESSCAM et de la Division des mines, les mineurs, les membres des comités des creuseurs, les négociants et d'autres membres de la communauté locale.

4. Aperçu historique de l'exploitation minière

4.1. L'ancienne province du Katanga

Bien que les activités industrielles dominent dans la partie sud du Katanga, le secteur minier artisanal, notamment du cuivre est antérieur à la colonisation. Le commerce et la production du cuivre ont une longue histoire dans la région du Katanga et ont contribué au développement des techniques métallurgiques autochtones. La production du cuivre a également joué un rôle important dans le commerce régional (De Hemptinne, 1926 ; Herbert, 1984 ; Hönke, 2013 : 135).

L'ancienne province du Katanga, surtout la partie sud, est la plus riche province congolaise en termes de dépôts miniers. La région a une superficie de 496 965 km² et avait environ 5 600 000 habitants en 2010. Elle est connue pour son sol très riche (Garrett et Lintzer, 2010). Elle a contribué fortement à l'idée selon laquelle la RDC est un « scandale géologique », une expression inventée par le géologue belge Jules Cornet (Turner, 2007:47). Le sol katangais est censé contenir près de la moitié des réserves de cobalt et 10 % des réserves de cuivre du monde (Rubbers, 2004:3)[32]. En outre, au début des années 1970, l'industrie minière du Katanga contribuait environ 50 % du budget national congolais (Young et Turner, 1985:289). Cette contribution économique, combinée avec une présence abondante de minerais, explique pourquoi l'exploitation industrielle a été initialement concentrée dans la partie sud du Katanga. Selon Rubbers (2006:115), cette région était le poumon économique de la province en tant que son plus précieux espace économique. En 2014, le coltan exporté était

[32] Voir aussi United States Geological Survey. *Cobalt – for Strength and Color*, USGS Mineral Resources Program Fact Sheet 2011-3081 accessible sur http://pubs.usgs.gov/fs/2011/3081/pdf/fs2011-3081.pdf.

estimé à 1 004,53 tonnes pour l'ensemble du Katanga (Diemel et Cuvelier, 2015:158).

Le secteur minier katangais a été géré par plusieurs entités. Avant que la région du Katanga ne soit exploitée industriellement au début du XXe siècle, elle fut administrée par le Comité Spécial du Katanga (CSK), créé le 19 juin 1900 par le roi des Belges Léopold II. Cependant, le CSK ne cessa pas d'exister jusque le 28 octobre 1906, lorsque fut créée l'Union Minière du Haut-Katanga (UMHK). En effet, jusqu'à l'indépendance congolaise en 1960, le CSK fut l'une des trois sociétés majeures d'économie mixte qui se partageaient l'autorité concessionnaire foncière et des droits miniers avec l'État.

Durant la première moitié du XXe siècle, l'UMK devint la plus grande société minière au Katanga (Cuvelier, 2011 b : 12 – 24 ; Hönke, 2013 : 135 – 136). En 1967, l'UMHK fut reprise par le régime zaïrois de Mobutu avec l'intention de séparer l'industrie minière zaïroise de la domination des sociétés étrangères (Cuvelier, 2011b : 13). L'UMHK a d'abord été renommée générale congolaise des Minerais (Gécomines) et ensuite Générale des carrières et des mines (Gécamines), sous la direction de la Société générale des minerais, une branche de la Société générale de Belgique. Cependant, les années qui suivirent, surtout à la fin des années 1970, la Gécamines fut confrontée à la faillite suite à une combinaison de plusieurs facteurs, y compris la corruption, l'ingérence politique et la baisse des prix des minerais (Garrett et Lintzer, 2010 : 403-405 ; Rubbers, 2006).

Après l'indépendance congolaise en 1960, on observa aussi l'expansion de l'exploitation minière artisanale au Katanga. En 1982, en réponse à une crise économique grandissante, le Président Mobutu libéralisa l'exploitation minière artisanale de l'or et du diamant. Ce qui est important, cette mesure eu un impact sur la gestion de beaucoup de concessions qui appartenaient et étaient gérés par la Gécamines sous la forme de « protection de la forteresse » (Hönke, 2013:54)[33], de telle sorte

[33] Hönke (2013:54) définit l'expression « protection de la forteresse » comme une série de techniques de sécurité, de dissuasion, de coercition et de contrôle dans et autour de la forteresse de la mine.

que l'exploitation minière artisanale prit également de l'ampleur dans ces concessions. Pour répondre à la crise économique et nouer les deux bouts du mois, beaucoup de creuseurs ont aussi commencé à extraire des minerais dans les puits abandonnés ou empiété sur les concessions de la Gécamines (Kennes, 2000:319)[34]. Selon Rubbers (2004:8), certains creuseurs travaillaient légalement dans des domaines concédés par le gouvernement congolais, tandis que d'autres entraient illégalement dans les concessions de la Gécamines (Rubbers (2004:8). En 1997, suite à un décret présidentiel par Laurent-Désiré Kabila qui a formalisé l'exploitation minière artisanale, le sud du Katanga connut une augmentation du nombre de creuseurs et de négociants impliqués dans les mines et le commerce du cobalt et du cuivre. À ce jour, l'exploitation minière artisanale se poursuit dans de nombreuses régions du sud du Katanga, et le secteur minier est parfois marqué par des tensions entre les creuseurs et les grandes entreprises (Cuvelier, 2011a ; Radio Okapi, 2015 b).

4.2. Le Nord-Katanga

La dernière décennie a connu une expansion considérable des mines de coltan au Nord-Katanga, particulièrement à Kalemie et à Nyunzu. Cette section examine la montée de l'exploitation minière au Nord-Katanga, particulièrement en rapport avec la façon dont les mines de coltan ont rendu « utile » cette région traditionnellement connue comme étant à prédominance agricole (Omasombo, 2014:257).

4.2.1. Avant l'exploitation minière : l'agriculture

Kalemie et Nyunzu ont une longue tradition d'élevage. Avec respectivement des superficies de 30 000 et 17 275 km² et des populations d'environ 400 000 et 300 000 habitants, les

[34] Ce phénomène a également été observé dans d'autres régions congolaises (y compris les provinces du Nord et du Sud-Kivu, Maniema, les anciens Kasaï et Orientale) où l'exploitation minière artisanale a été une source directe de subsistance pour environ 2 000 000 de congolais. Voir, par exemple, Geenen & Claessens (2013) pour plus de détails.

territoires de Kalemie et Nyunzu étaient autrefois considérés comme le grenier de la province du Katanga (Mwanyimi-Mboma, 2011:220). Par exemple, plus de 11 exploitations agricoles étaient établies à Kalemie au cours de la période coloniale (Omasombo, 2014:258). Jusqu'à la fin des années 1980, Kalemie et Nyunzu nourrissaient la partie sud du Katanga, plutôt dominée par l'exploitation minière industrielle. Dans les années 1980, Abdoul Sahel, un commerçant grec établi à Kalemie, créa le Domaine Agriculture et Élevage, une entreprise agricole qui jusqu'au milieu des années 1990, était la plus grande société de commercialisation des produits alimentaires de Kalemie et de Nyunzu[35].

Les produits fournis par les exploitations agricoles locales varient. De nombreux agriculteurs récoltaient de grandes quantités de maïs, de manioc et de coton. Certaines de ces cultures, telles que le manioc et le coton, ainsi que le riz et les arachides, étaient même des cultures obligatoires pendant la période coloniale belge. À l'époque, ces cultures étaient introduites en milieu rural pour augmenter le volume d'exportations et aussi dans l'optique de renforcer les capacités rurales en améliorant les techniques de production. Après l'indépendance congolaise en 1960, la politique concernant les cultures obligatoires fut abandonnée.

4.2.2. Les mines

À Kalemie et Nyunzu, l'exploitation minière remonte à l'époque coloniale. L'or était extrait à l'aide de méthodes artisanales depuis les années 1920 (Weyn, 2010), aux côtés de l'activité agricole. En 1928, l'administration coloniale belge créa le Syndicat de la Luama, rebaptisé plus tard Société minière de la Luama. À cette époque, l'or était extrait des dépôts alluviaux dans les lits de plusieurs rivières, notamment Kimbi et Mudjale dans la partie nord de Kalemie, près de la frontière entre le district de Tanganyika et la province du Sud-Kivu. La production de l'or était estimée à 344 kg en 1941

[35] Entretien avec l'administrateur de Nyunzu, septembre 2013. Voir aussi Omasombo (2014:287 – 288).

(Weyn, 2010:130). À Nyunzu, aucune compagnie minière ne s'est localement établie. Cependant, les creuseurs supervisés par l'administration coloniale produisaient de l'or sur plusieurs sites miniers du nord du territoire, y compris Mulungui, Kakulumaziba, Lunga et Mamba. Aujourd'hui, beaucoup de ces sites sont encore opérationnels. Cependant, comparé au secteur minier florissant du sud-Katanga (1906-1967), l'exploitation minière à Kalemie et Nyunzu peut être considérée comme relativement marginale.

En 1932, plusieurs gisements d'étain étaient découverts dans le territoire de Manono. Jusqu'en 1967, Géomines était la seule entreprise exploitant l'étain par des méthodes artisanales et semi-industrielles. En 1967, Géomines fut remplacée par la Société géologique et minière du Congo, qui devint Congo-Etain en 1968, puis Zaïre-Etain en 1971. Zaïre-Etain a été en service jusqu'en 1996, quand elle cessa ses activités en raison de l'éclatement de la Première Guerre congolaise (De Koning, 2010). Après que Zaïre-Etain eût cessé de travailler dans la région, beaucoup de creuseurs commencèrent à extraire l'étain dans les concessions abandonnées par la société.

En 2007, le Nord-Katanga acquit une importance économique accrue en raison du début de l'exploitation minière artisanale de coltan. Ce changement a été qualifié par un fonctionnaire de la Division des Mines comme une transformation de cette partie du Katanga considérée comme « inutile » à une région « utile »[36]. Ceci s'explique par deux facteurs principaux. Tout d'abord, l'exploitation minière a commencé à Kalemie et Nyunzu après que plusieurs gisements de coltan aient été découverts. Depuis 2007, les sites miniers de coltan les plus prometteurs ont été Kisengo (115 km au nord-est de Nyunzu), Mai-Baridi (170 km à l'ouest de Kalemie) et Kahendwa (115 km à l'est de Nyunzu) exploité depuis septembre 2011. Le deuxième facteur qui rendit « utile » Kalemie et Nyunzu est la popularité du minerai de coltan. Depuis le début des années 2000, le commerce du coltan est devenu de plus en plus important sur le marché international,

[36] Entretien à Kalemie, juin 2013.

suite à une forte demande du minerai en manufacture électronique (De Failly, 2000:13). Cette demande a également illustré l'importance des mines et du commerce du coltan des zones minières situées à Kalemie et à Nyunzu, vers d'autres régions congolaises, en particulier le Nord et le Sud-Kivu (Spittaels, 2010) et entre ces régions et les pays voisins (Rwanda et Burundi).

Avant les réformes, l'extraction du coltan était artisanale, et le commerce était essentiellement informel. Il n'y avait ni coopératives minières ni maisons de négoce sur les sites miniers. Plutôt, les creuseurs étaient organisés en équipes de 5 à 10 personnes réunies autour de diverses formes de structures locales (par exemple, les comités des creuseurs et les syndicats). Ces structures étaient mises en place par les creuseurs ou par des leaders locaux tels que des chefs coutumiers. Ces chefs fournissaient également les puits aux creuseurs. L'organisation du commerce du coltan de sites miniers aux maisons de négoce en milieu urbain (connu sous le vocable comptoirs ou maisons d'achat) était dirigée par les négociants. En outre, des éléments de l'armée congolaise, des groupes armés et organismes étatiques, y compris la Division des Mines[37] et le SAESSCAM,[38] étaient également présents dans ou autour des sites miniers. Ces groupes armés étaient impliqués dans les activités minières artisanales ou percevaient divers types de taxes sur les creuseurs, les négociants et les commerçants locaux (De Koning, 2011).

[37] La Division des mines est le service d'administration minière de la RDC. Comme le SAESSCAM, cette division joue un rôle majeur dans l'initiative iTSCi. Ses agents sont chargés de peser et d'étiqueter les colis des minerais et de documenter la production minérale dans les livres d'archivage de l'iTSCi sur les sites miniers et les dépôts.

[38] Le SAESSCAM est le service minier congolais chargé de soutenir les mineurs artisanaux et de développer techniquement les sites miniers artisanaux et à petite échelle. SAESSCAM joue un rôle officiel dans l'initiative iTSCi, pesant et étiquetant les sacs des minerais et documentant leur production et commerce au niveau du site minier.

Table 2 : Sites miniers de coltan et nombre de creuseurs à Kalemie et Nyunzu (mai 2014)

Territoires	Sites miniers	Année de découverte	Nombre de *creuseurs*
Kalemie	Mai-Baridi	2007	300
	Sango Mutonshia	2012	60
Nyunzu	Kahendwa	2011	230
	Kisengo	2007	1,500
	Kilunga	2008	50
	Lengwe	2007	50
	Luba	2006	200
	Lububu Kitoke (1)	-	-
	Mbale (1)[39]	-	-
TOTAL			2,390

Sources : Données primaires collectées en 2013 – 2014, liste de mines principales de l'iTSCi du 18 avril 2013, Rapport annuel 2014 de la Division des mines/Nyunzu.

Comme l'indique le tableau 2, les données disponibles les plus récentes montrent huit zones d'exploitation artisanale de coltan (ZEA) à Kalemie et Nyunzu. Selon le code minier congolais de 2002 (T. 4, Ch. 1, Art. 109), les ZEA sont délimitées par arrêté ministériel comme des domaines où « les facteurs technologiques et économiques ne sont pas favorables pour que le site soit exploité industriellement et sont exclusivement réservés aux activités d'exploitation minière artisanale »[40]. Dans les huit ZEA trouvées à Kalemie et à Nyunzu, il y avait environ 2 500 creuseurs[41]. Un site minier énuméré au tableau 1 (Kisengo) est une concession privée de Mining Mineral Resources (MMR). Les autres sites miniers

[39] Pour Lubuku Kitoke et Mbale, les données n'étaient pas disponibles.

[40] Toutefois, la loi minière (titre 4, chap. 1, art. 110) prévoit également la possibilité de fermer la ZEA si « les facteurs justifiant sa création ont cessé d'exister ou si un nouveau gisement nécessitant une exploitation à grande échelle a été découvert ».

[41] En mars 2015, l'iTSCi a estimé que le nombre de creuseurs des 3T était d'environ 26 489 dans l'ancien Katanga. Voir Aperçu général sur l'iTSCi, 9e réunion de l'OCDE, Paris, mai 2015.

sont des ZEA accordées à la Coopérative des artisanaux miniers du Congo (CDMC), la coopérative minière la plus étendue dans la région étudiée. Les deux sites au bas du tableau (Lububu Kitoke et Mbale) n'étaient pas opérationnels au moment de l'étude, en raison des conflits sur les droits de propriété entre le MMR et Minserve, une autre maison de négoce[42]. Il est important de garder à l'esprit qu'à l'est de la RDC, les activités minières artisanales ne sont pas uniquement limitées aux ZEA. Au contraire, ces activités se déroulent aussi dans d'autres zones, même là où elles ne sont pas officiellement autorisées ou bien où l'on ne sait pas qui détient les droits de propriété.

5. Minerais de conflit

De 1998 à 2003, les minerais de conflit sont entrés sur la scène du secteur minier local. Selon l'International Peace Information Service (IPIS) (2012:10), le terme « minerais de conflit » est appliqué pour définir l'extraction et le commerce des minerais contenus dans les zones de conflit où se déroulent des violations massives des droits humains. Ces minerais sont supposés financer des groupes armés locaux ou étrangers, commettant des atrocités contre les populations (Autesserre, 2012:9). Le minerai de coltan a joué un rôle crucial dans le commerce les minerais de conflit en RDC (Nest, 2011 ; Smith, 2011 ; Nations Unies, 2001).

En effet, les revenus tirés des mines de coltan ont contribué au financement des conflits et aux abus des droits humains en RDC. De nombreuses mines de coltan (et or) à Kalemie et Nyunzu étaient caractérisées par la présence d'acteurs armés, y compris les Forces Armées de la République Démocratique du Congo (FARDC) et les Maï-Maï[43] (IPIS, 2007) tels que les groupes Maï-Maï du capitaine Kafuku Numbi et Kabeja Tango Fort. Ces groupes étaient impliqués dans des activités

[42] Entretien avec le chef de bureau de la Division des Mines, Kalemie, décembre 2013.
[43] Le terme « Mai-mai » désigne les milices locales de l'est de la RDC. Pour plus de détails, lire Stearns et al. (2013). Mai-Mai Yakotumba. Violence and racketeering in Fizi, South-Kivu. London: Rift Valley Institute.

d'extraction (IPIS, 2007 ; De Koning, 2011) et ont trouvé un moyen lucratif pour financer leurs opérations militaires à travers des activités minières (Johnson, 2013). En outre, de 1998 à 2003, Kalemie et Nyunzu, étaient contrôlés par le Rassemblement Congolais pour la Démocratie (RCD), un mouvement rebelle qui participa également aux activités minières en mettant en place un système de contrôle sur les zones d'extraction (De Koning, 2010:10).

La militarisation des mines de coltan a pris diverses formes. À Kisengo, par exemple, les soldats de la 69e brigade des FARDC basés à Kongolo ont régulièrement visité les zones minières de coltan en 2010-2011. Ces soldats exigeaient diverses formes de rentes, taxes et redevances minières auprès des creuseurs, des négociants et des commerçants locaux, ainsi que des travaux forcés occasionnels aux artisans miniers. Plus important, la militarisation exacerba la pratique déjà enracinée de la contrebande de coltan à laquelle participaient de nombreux négociants comme collaborateurs d'officiers militaires (Spittaels, 2010). Ces officiers intervenaient lorsque les contrebandiers étaient par exemple arrêtés par des fonctionnaires de l'Agence nationale des renseignements (ANR) ; ce qui permettait aux contrebandiers de poursuivre leurs activités. La militarisation a également pris la forme directe de pillage des biens et du coltan sur les sites miniers[44]. Parfois aussi, il y a eu des arrangements négociés pour que les soldats fournissent la « sécurité » en échange d'une part des profits miniers (De Koning, 2011:21 ; Garrett et al., 2009).

6. Réponses aux minerais de conflit

6.1. Réponses internationales et locales

La question de gestion des minerais de conflit s'est déroulée parallèlement à une série de mesures prises pour formaliser l'exploitation minière artisanale. La formalisation est comprise dans ce chapitre comme un « processus d'enregistrement,

[44] Entretien avec Michel Ngongo-lutete, Président du Comité des creuseurs de Kahendwa, août 2013.

d'organisation et de suivi de l'activité minière sur le terrain » (Siegel et Veiga, 2009:52). Prises par différentes entités à divers moments et dans divers endroits, cette série de mesures de formalisation vise à « nettoyer » l'état des affaires dans le secteur minier congolais, améliorer la gouvernance des mines et rendre plus efficace le contrôle de l'État sur l'exploitation minière artisanale. Avant d'expliquer en détail comment l'iTSCi a été mis en œuvre sur les sites miniers, un regard éclairé mérite d'être porté sur les mesures les plus importantes relatives à la réforme de l'exploitation minière en RDC dans son ensemble.

Les tentatives de réforme du secteur minier artisanal ont été concrétisées grâce à une série de mesures. La première mesure a été la promulgation du code minier et ses règlements d'application en 2002/2003. Cette loi prévoit le cadre de réglementation applicable aux activités minières en RDC. Plus précisément, la loi énonce la démarcation des ZEA et spécifie que les creuseurs qui veulent extraire le coltan et d'autres minerais dans les ZEA — y compris ceux qui extraient déjà des minerais sur ces sites — doivent acheter une carte d'exploitant artisanal, une sorte d'autorisation officielle à faire le minage artisanal, celle-ci devant être renouvelée chaque année.

Une autre série de mesures ciblait directement les minerais de conflit. Cela à la suite d'un appel lancé par le groupe d'Experts des Nations Unies[45] et plus tard par les ONGs belges travaillant sur les questions de ressources naturelles en Afrique centrale, tous appelant pour un embargo temporaire et des sanctions à l'encontre des personnes physiques ou morales impliquées dans le trafic d'armes ou le commerce illicite des minerais congolais. Toutefois, cet embargo a été inefficace à cause du manque de volonté politique et n'a pas eu les effets escomptés sur le trafic illégal des minerais (Geenen et Custers, 2010 : 231-233).

En outre, de septembre 2010 à mars 2011, en réaction à la militarisation de l'exploitation minière artisanale, le Président

[45] Le groupe d'Experts a été créé par l'ONU en 1999 pour surveiller et documenter l'exploitation illégale de minéraux dans la région des Grands Lacs, en particulier dans l'est de la RDC.

Kabila interdit l'exploitation et le commerce des minerais dans les provinces du Nord-Kivu, Sud-Kivu et du Maniema. Bien que l'interdiction fut seulement en vigueur dans ces provinces, elle eut des effets d'entrainements dans d'autres provinces. Par exemple, elle encouragea tous les creuseurs à créer ou à rejoindre les coopératives minières qui devaient être établies dans les ZEA (décret № 0706/CAB. MIN/MINES/01/2010).

Une autre série de mesures sur les minerais de conflit fut initiée par les organisations internationales, les gouvernements étrangers ou des organisations non gouvernementales, et sous l'impulsion de l'industrie minière (Nest, 2010 : 105 – 160). Ces mesures diffèrent les unes des autres en nature et dans la forme (Verbruggen et al., 2011). Les mesures prises par les gouvernements étrangers comprennent la loi dite « Dodd-Frank ». Passé en 2010, l'article 1502 de cette loi est consacré aux minerais de conflit en ceci qu'elle exige que les sociétés cotées en bourse aux États-Unis offrent des garanties précises que tous les produits qu'elles fabriquent ou contractent pour fabriquer ne contiennent pas de minerais qui, directement ou indirectement, financent ou bénéficient à des groupes armés en RDC ou dans les pays voisins[46]. Un autre exemple de cette approche est le guide sur la diligence raisonnable formulée à Paris sur un approvisionnement responsable en minerais, piloté par l'Organisation de la coopération et de développement économiques (OCDE)[47]. Fait intéressant, ce guide est devenu une norme mondiale pour la conduite responsable des sociétés minières opérant dans les zones de conflit.

Au niveau national, à la fin de 2014, l'est de la RDC comptait 13 initiatives de réforme au total. Parmi ces initiatives,

---

[46] En fait, le Président américain Donald Trump est prêt à émettre un nouvel ordre exécutif suspendant l'article 1502 de la Loi Dodd-Frank, qui réglemente les minéraux de conflits. Voir Freudenthal E. (2017). *Who pays the hidden price for Congo's conflict-free minerals? IRIN special report on the effects of US conflict-free mineral regulations on mining communities in eastern Congo*, www.irinnews.org, accessed on 28 February 2017, accessible sur www.irinnews.org, consulté le 28 février 2017.

[47] OECD (2013). *OECD Due Diligence Guidance for Responsible Supply Chains of Minerals from Conflict-Affected and High-Risk Areas, Second Edition*. Paris: OECD Publishing.

10 étaient axées sur les 3T, alors que seulement trois ciblaient l'or (Cuvelier et al., 2014 : 5–6). Leur principal objectif était de contrôler le commerce des minerais en rendant leurs chaînes d'approvisionnement plus transparentes. Comme mentionné ci-dessus, l'iTSCi dont il est question plus en détail dans la section à venir, est l'une des initiatives conçue par l'industrie minière.

6.2. L'arrivée du MMR

Les mesures pour formaliser l'exploitation minière artisanale et résoudre le problème des minerais de conflit dans Kalemie et Nyunzu ont été entreprises à bien des égards. Ces mesures se sont d'abord alignées avec la décision prise par le gouverneur de l'ancienne province de Katanga (Moise Katumbi Chapwe), qui via la note circulaire № 2631 du 26 novembre 2008, a exhorté toutes les forces irrégulières — ex. FARDC — y compris les services publics à quitter les zones d'exploitation artisanale.

En plus, en 2009, le ministère national de mines amorça la délimitation de certaines ZEA. En 2012, Kalemie et Nyunzu comptaient huit ZEA[48]. Ce qui est important, ce qu'autour de la même période, le MMR est arrivé à Kalemie et Nyunzu. En mars 2009, après avoir signé un contrat de cinq ans (№ 06/1331/CABMIN/MAF/KAT/2009) avec le gouvernement provincial katangais, MMR obtint les droits d'achat exclusif des minerais extraits dans quatre sites miniers du Nord-Katanga, à savoir Katonge (coltan, Manono), Lunga (or, Nyunzu), Kisengo (coltan, Nyunzu) et Mai-Baridi (coltan, Kalemie)[49]. MMR opta d'acheter les minerais en collaboration avec la coopérative minière CDMC. Au cours des années qui suivirent, les droits du MMR (et du CDMC) s'étendirent à d'autres sites miniers de telle sorte qu'MMR a depuis lors joui d'une position privilégiée comme opérateur minier dans l'exploitation minière katangaise (Diemel et Cuvelier, 2015 : 155-156).

---

[48] Rapport annuel 2014 de la Division des mines/Kalemie.

[49] Contrat № 06/1331/CABMIN/MAF/Kat/2009.

En plus du MMR, d'autres sociétés minières ont été établies au Nord-Katanga[50]. Toutefois, certaines de ces sociétés, à l'exemple de Minserve déjà mentionnée, ne réussirent à s'y implanter pour divers motifs, y compris les litiges sur les droits miniers avec MMR (IPIS, 2013:31). En plus de la CDMC, d'autres coopératives minières opéraient aussi dans le milieu d'étude dans le but d'améliorer la gouvernance des activités minières artisanales, à savoir, la Coopérative Minière Maendeleo (CMMA) basée à Kahendwa, la Coopérative Minière Tuungane (CMT) à Kisengo et Vimated à Sango Mutosha et Lengwe. Toutefois, la démarche pour faire face aux minerais de conflit dans la région a réellement pris forme avec l'arrivée de l'initiative iTSCi dans un contexte où la présence de toutes les entités décrites ci-dessus indique clairement que l'exploitation minière artisanale dans la région est devenue plus en plus privatisée.

6.3. Le programme iTSCi

À l'est de la RDC, le programme iTSCi a trois composantes : la traçabilité (ce qu'on appelle « étiquetage et emballage »), l'évaluation des risques et les audits par des tierces parties. Ce chapitre — et la thèse entière dont il fait partie — se concentre uniquement sur l'étiquetage et emballage, parce que cette composante a été la seule à être mise en œuvre sur une base permanente sur les sites miniers étudiés.

L'iTSCi a été mise en place en plusieurs étapes. En juillet 2009, l'iTSCi fut testée et débuta à la mine de Kalimbi à Nyabibwe (Sud-Kivu). Cependant, de septembre 2010 à mars 2011, l'iTSCi fut suspendu en raison de l'interdiction du Président Kabila discutée plus haut. Bien que cette interdiction ait été sévèrement critiquée pour son impact négatif sur les moyens de subsistance des communautés minières, son incapacité à mettre un terme à la contrebande minière et le fait qu'elle paralysa l'économie régionale (Geenen, 2012),

[50] À la fin du 2014, il y avait environ 13 sociétés minières détenant des permis de recherche minière dans la province du Tanganyika. Pour plus de détails, voir Omasombo (2014:352).

l'interdiction de Kabila offrit l'occasion d'élargir le programme iTSCi dans d'autres provinces du pays, y compris au Katanga (Diemel et Cuvelier, 2015:152).

Jusqu'au moment de la rédaction, iTSCi était la seule initiative contre les minerais de conflit mise en œuvre dans la région minière de Kalemie et Nyunzu. Après avoir établi son siège social à Kalemie au début de 2011 et deux bureaux de coordination de terrain à Manono et à Mitwaba, iTSCi fut lancée à Kisengo et Mai-Baridi en avril 2011 et à Kahendwa en janvier 2012. L'iTSCi a par la suite été élargie à d'autres provinces de la RDC, à savoir le Maniema (décembre 2012) et le Nord-Kivu (à partir de mars 2014), et repris à nouveau au Sud-Kivu (en octobre 2012). En 2014, l'iTSCi était active sur 471 sites miniers à l'est de la RDC, dont 232 dans l'ancienne province du Katanga[51].

6.3.1. Structure de gouvernance d'iTSCi

L'iTSCi comporte de nombreuses entités dans sa structure de gouvernance. Celles-ci peuvent se situer du niveau national au niveau des sites miniers. Cette section explique comment iTSCi est organisée et de quelle manière elle collabore avec ces entités.

[51] L'iTSCi est également mise en œuvre au Rwanda et au Burundi, où, en mars 2015, elle couvrait 815 sites miniers au Rwanda et 40 au Burundi.

Figure 4 : Figure 2. La structure de gouvernance de l'iTSCi

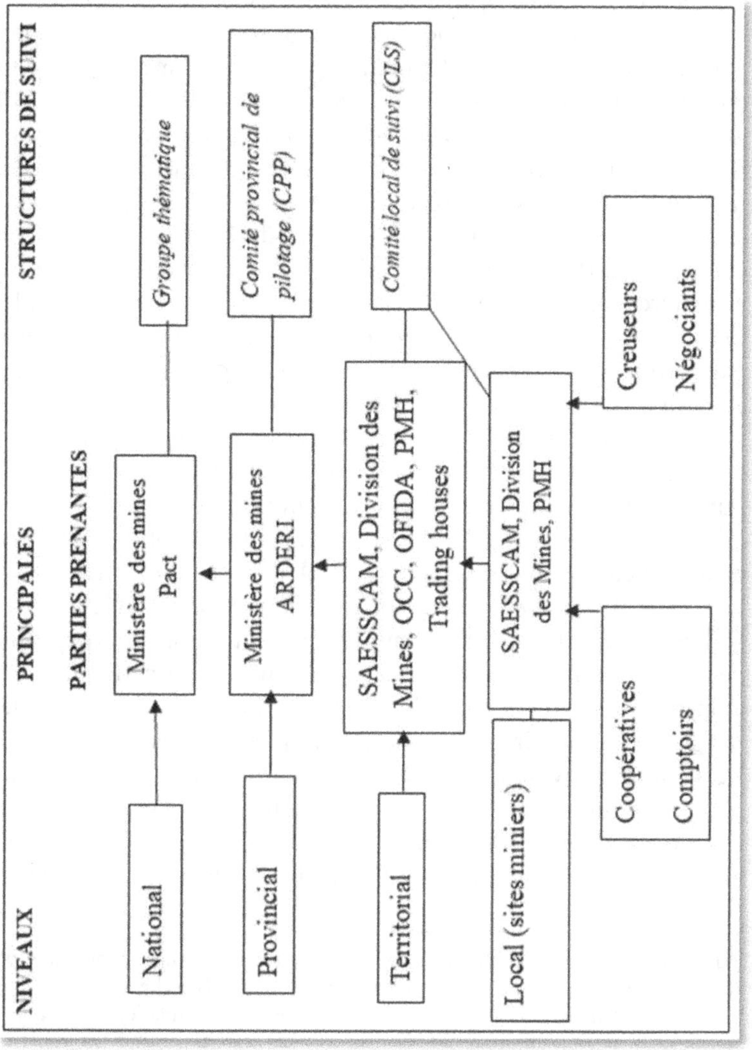

Comme le montre la Figure 2, quatre catégories d'entités forment les partenaires de l'iTSCi. La première catégorie regroupe les organismes étatiques. Citons les ministères national et provincial des mines à Kinshasa et Lubumbashi. À

Kinshasa, l'ITRI et Pact (une ONG américaine est l'agent d'exécution d'ITRI en RDC) signent un contrat annuel avec le ministère national des mines. Ce contrat (ou protocole d'accord) annuellement renouvelé donne un aperçu du mandat de mise en œuvre de l'iTSCi en RDC[52]. À Kinshasa fonctionne aussi un groupe thématique, une sorte de *think tank* réunissant un certain nombre d'intervenants participant directement ou ayant des intérêts économiques dans le secteur minier. Ces participants, à savoir des représentants de l'iTSCi et de Pact, les organismes étatiques (surtout le SAESSCAM, la Division des mines et le ministère national des mines), la Chambre des mines, les maisons de négoce, les coopératives minières et les entreprises extractives, discutent de la manière dont les réformes minières en cours sont conduites dans les sites miniers.

Au niveau provincial (à Lubumbashi), d'autres partenaires d'iTSCi sont présents. Le ministère provincial des Mines, ainsi que d'autres organismes publics, y compris le SAESSCAM, la Division des mines et le CEEC (Centre d'évaluation, expertise et certification de précieux et substances minérales semi-précieuses)[53] accomplissent un certain nombre de tâches. Ces tâches comprennent, par exemple, la taxation sur l'exportation des minerais. D'autres tâches administratives tournent autour du contrôle du commerce et de l'exportation de minerais par les maisons commerciales, les sociétés minières et les coopératives. Le Comité provincial de pilotage (CPP), créé sur l'instigation d'iTSCi, fonctionne également à Lubumbashi. Présidé par le ministre provincial des Mines, le CPP se réunit chaque année, avec plusieurs intervenants miniers basés dans la province du

[52] En 2012, ce contrat comprenait un certain nombre de points expliquant, par exemple, les objectifs de l'iTSCi, les provinces où l'iTSCi devait être mise en œuvre, les participants et la fréquence des réunions d'évaluation, ainsi que la stratégie de gestion de la base de données et des statistiques sur les minerais. Voir protocole d'accord entre le ministre des mines de la RDC et ITRI Ltd sur l'initiative iTSCi sur la chaine approvisionnement de l'étain, Kinshasa, janvier 2012.

[53] Le CEEC est un organisme étatique congolais chargée d'évaluer la teneur et la valeur économique des minerai. Le CEEC joue également un rôle dans la fixation des prix, en collaboration avec les maisons de négoce et les coopératives minières.

Katanga. Là, l'iTSCi collabore avec l'Association régionale pour le développement rural intégré (ARDERI), une ONG congolaise dont le siège social est à Kolwezi. Bien que nous n'ayons pas pu déterminer pourquoi iTSCi avait opéré ce choix, c'était remarquable parce qu'ARDERI était spécialisé en développement rural, alors qu'il y avait d'autres ONGs au Katanga spécialisées dans le secteur minier. Les employés d'ARDERI — également membres du personnel de terrain de l'iTSCi —supervisaient ainsi l'« étiquetage et emballage » sur les sites miniers où le programme était en vigueur.

Au niveau territorial (Kalemie et Nyunzu), fonctionne le Comité local de suivi (CLS). Présidé par l'administrateur du territoire, le CLS organise des débats sur les progrès et les défis rencontrés par le programme iTSCi — et le processus de réforme—dans le cadre de sa mise en œuvre. Les participants aux réunions CLS sont des représentants d'ONG locales et internationales travaillant dans la région, les membres des comités des creuseurs, les négociants, les fonctionnaires des sociétés minières ou des coopératives et, parfois, des chefs coutumiers des zones où les activités minières ont lieu. Enfin, sur les sites miniers, le personnel de terrain de l'iTSCi collabore avec les membres du personnel des maisons de négoce et des coopératives minières, par exemple lorsque le personnel d'iTSCi inspecte leurs dépôts de minerais ou élabore des rapports d'incidents[54].

6.3.2. Fonctionnement de l'« étiquetage et emballage »

Cette section décrit le travail quotidien de l'iTSCi sur les sites miniers. Elle commence par expliquer qu'avec l'« étiquetage et emballage » d'iTSCi, la chaîne d'approvisionnement du coltan fonctionnait comme une « une chaîne d'approvisionnement en cycle fermé ». Selon Jorns et Cishugi (2015:13), cette chaîne « implique un nombre limité et prédéterminé d'acteurs avec des relations directes entre eux, c'est-à-dire une seule mine, un seul exportateur, un seul négociant, le matériel étant vendu à un client déterminé et à un prix donné ».

[54] Ces rapports dénoncent les pratiques hostiles à l'iTSCi, comme la corruption, les taxes illégales et la contrebande minière.

La chaîne d'approvisionnement en cycle fermé d'iTSCi fonctionne techniquement comme suit : les creuseurs vendent le coltan à un nombre très limité de négociants connus, recrutés et affectés par les coopératives à des postes fixes d'achat (ou points de vente). Ces postes sont installés près des galeries des creuseurs. En septembre 2014, 28 négociants (dont 4 femmes) travaillaient à Kahendwa, Kisengo et Mai-Baridi. À chacun de ces postes d'achat, les colis de coltan sont pesés, munis d'étiquettes iTSCi et mis en sacs. Enfin, chaque coopérative remet ses sacs emballés au comptoir de la maison de négoce, avant qu'ils ne soient exportés au marché international.

Table 3 : Événements marquants liés à l'exploitation minière au Nord-Katanga et en RDC dans l'ensemble

Année	Événements
1906	Création de l'*Union Minière du Haut-Katanga*, renommée *générale des Carrières et des Mines* (Gécamines) en 1967.
1932	La compagnie géologique et minière des ingénieurs et industriels belges (Géomines) commence l'exploitation de l'étain (cassitérite) à Manono
1996	Début de l'exploitation artisanale de l'étain à Manono
2002	Publication du code minier
2003	Publication des règlements miniers
Mars 2007	L'exploitation du coltan est lancée à Kisengo et Mai-Baridi
26 Novembre 2008	Le gouverneur du Katanga demande à toutes les forces et services non autorisés de quitter les zones minières artisanales (note circulaire № 2631 du 26 novembre 2008)
Juillet 2009	L'iTSCi est lancée à Kalimbi/Nyabibwe (Sud-Kivu)
Septembre 2010– mars 2011	Le Président Kabila interdit les activités minières dans les provinces du Nord, Sud Kivu et Maniema (décret № 0705/cab./Min. Mines/01/2010 du 20 septembre 2010)
Avril 2011	L'iTSCi commence la mise en œuvre dans l'ancienne province du Katanga
Septembre 2011	L'exploitation du coltan débute à kahendwa
9 Mars 2009	Le gouvernement du Katanga octroie au MMR et à la coopérative des artisanaux miniers du Congo (CDMC) les mines de Katonge, Lunga, Mai-Baridi et Kisengo

7. Analyse et conclusion

Le but de ce chapitre était de fournir l'historique de l'exploitation minière artisanale et des réformes dans la région congolaise du Katanga, en particulier dans la partie nord de cette région. Le chapitre s'est inspiré des débats concernant les politiques et institutions d'origine externe dans un contexte post-conflit. Il montre comment l'exploitation minière artisanale a vu le jour en RDC et décrit comment le secteur minier a expérimenté les minerais de conflit. Il a ensuite présenté une série de mesures mises en œuvre et destinées à faire face à ces conflits. Le chapitre présente en détail l'une des initiatives de réforme, en particulier le programme iTSCi.

Une des principales conclusions présentées dans ce chapitre est que l'exploitation minière artisanale s'inscrit sur le long terme dans la région du Katanga. Par exemple, avant les réformes, les exploitants artisanaux étaient organisés autour des comités des creuseurs. Les chefs coutumiers fournissaient des galeries aux creuseurs et le commerce des minerais était organisé par et autour des négociants, quoique de manière informelle et très souvent dans la contrebande (Spittaels, 2010:17). Cela signifie que les réformes ne sont pas entrées dans une arène de totale anarchie ou de vide institutionnel. Pour être mieux comprises, les réformes devraient ainsi être considérées à la lumière du passé, parce que ces réformes ont ajouté une couche aux formes d'organisation qui existaient déjà.

Aussi, ce chapitre fait également observer une continuité historique importante incluant la délimitation des ZEA. L'établissement d'un ensemble de ZEA est une partie intégrante d'une initiative de politique de réforme générale adoptée pour formaliser l'exploitation minière artisanale et résoudre les problèmes des minerais de conflit (par exemple la contrebande), qui a entravé la gouvernance des activités minières. Ce chapitre a montré qu'au sud du Katanga, la puissance coloniale belge, et plus tard l'État congolais, ont alloué de vastes concessions minières privées aux grandes industries extractives, principalement la Gécamines. Ces entités ont géré leurs concessions comme des « enclaves », en d'autres termes, sous forme de territoires fermés et isolés. Dans la foulée des réformes en cours, l'État congolais a appliqué une politique similaire par le biais de la mise en place des ZEA. En mettant les ZEA sous la tutelle des maisons de négoce et des coopératives minières, l'État a favorisé les activités de ces entités, transformant le secteur minier artisanal en un secteur de plus en plus privatisé.

En outre, ce chapitre démontre que les maisons de négoce et les coopératives minières opérant sous la bannière d'iTSCi offre un nouveau répertoire de pratiques aux creuseurs et aux négociants. Ces pratiques ont trait, par exemple, à indiquer les lieux où les creuseurs devraient vendre leurs minerais (les postes d'achat) et avec qui ils devront effectuer les transactions. Tous ces changements sont organisés autour du système d'« étiquetage et emballage » iTSCi. L'introduction de ces nouvelles pratiques nous amène à conclure que les réformes du secteur minier, combinées aux interventions politiques externes et aux institutions, charrient de nouveaux défis. Ces défis découlent des tensions entre l'initiative nouvellement introduite (iTSCi), les institutions (coopératives minières et maisons de négoce) et les acteurs préexistants (creuseurs et négociants ainsi que d'autres détenteurs de pouvoir local tels que les chefs coutumiers) impliqués dans les activités d'extraction avant les réformes. Ainsi, les interactions entre tous ces acteurs signalent que « c'est ici [dans le domaine de l'intervention] que nous voyons plus clairement l'émergence de différents types d'ordres négociés, d'arrangements, oppositions, séparations et contradictions » (Long 2004 : 15).

Enfin, le présent chapitre a montré que l'exploitation minière artisanale est devenue l'une des activités importantes de survie des populations du Nord-Katanga, traditionnellement agraires. Étant donné que les creuseurs et les négociants étaient déjà établis dans les mines pour assurer leur subsistance, examiner comment les réformes minières en cours ont changé cette situation est un intéressant angle d'étude. Un tel sujet mérite d'être exploré dans une perspective ethnographique. Celle-ci consiste à étudier les pratiques et modes de vie des gens dans leurs propres contextes, tout en explorant leurs expériences historiques présentes et futures (Reimer, 2009).

Figure 5 : Village Benz, à 8 km de Mai-Baridi, anciennement 100 kg

Figure 6 : Pancarte indiquant la ZEA de Kahendwa

CHAPITRE III

Coopératives minières

« Les coopératives sont des étiquettes, des appendices, des enveloppes, des squelettes [...] Nous ne sommes pas informés lorsque les prix des minerais augmentent, mais seulement quand ils s'effondrent. » (Entretiens avec les mineurs de Kisengo, septembre 2013).

1. INTRODUCTION

Ce chapitre étudie les changements institutionnels en mettant un accent sur ce qui se passe lorsque de nouvelles institutions sont créées par les décideurs politiques et interagissent avec les institutions locales existantes. Il met l'accent sur la création de coopératives minières dans la région congolaise du Nord-Katanga et examine le fonctionnement de ces nouvelles institutions et les conséquences que celles-ci ont eu pour les petits exploitants dans la région.

Durant les années 2000, la communauté internationale a soutenu une série de réformes dans le secteur minier congolais. Ces réformes visent à briser les cycles d'un conflit dans lequel les ressources minières sont perçues comme jouant un rôle majeur (Autesserre, 2012). En outre, les réformes visent à formaliser le secteur minier informel en RDC. Le secteur minier est, jusqu'à présent, principalement organisé par le biais de l'exploitation minière artisanale où les mineurs creusent et exploitent leurs propres galeries en petites équipes. Le gouvernement congolais considère ainsi que les réformes sont un moyen de ramener l'exploitation minière artisanale sous son contrôle et améliorer sa gestion. Les réformes visent également à améliorer les conditions de vie des mineurs. Afin de lutter contre leur effroyable pauvreté et endiguer l'exploitation des mineurs par les détenteurs de pouvoir (appelés ici « grands hommes), le code minier de 2003 encourage les mineurs à créer ou à devenir membres des coopératives afin de protéger leurs intérêts. Conformément à la loi (règlements miniers, Art. 234), les coopératives devraient émaner des « groupements d'exploitants artisanaux », c'est-à-dire des organisations informelles préexistantes créées par des mineurs. L'initiative de former de nouvelles coopératives avec un rôle formel dans la chaîne des ressources peut être considérée comme une tentative pour « corriger un déficit institutionnel » (Cleaver, 2012:2), car elle est destinée à remodeler ces « groupements » en améliorant la vie et les conditions de travail des mineurs (Banque mondiale, 2008:5). Ce chapitre examine comment ces coopératives fonctionnent en pratique et soulève la question de savoir si elles représentent vraiment les intérêts des mineurs (comme elles le prétendent).

Par définition, les coopératives sont des « associations autonomes de personnes volontairement réunies pour satisfaire leurs aspirations et leurs besoins économiques, sociaux et culturels à travers une entreprise conjointement détenue et contrôlée » (Birchall, 2003:3). En Afrique, cependant, il y a une longue tradition de coopératives qui ont été lancées par l'État (en particulier par les puissances coloniales). Barry a conclu que « les tentatives de former des coopératives ont généralement échoué » (Barry, 1996 : 8), à cause de l'approche verticale dans laquelle elles ont été créées et d'un manque de savoir-faire parmi les décideurs politiques lors de la conception des coopératives. Néanmoins, les chercheurs et décideurs étaient convaincus que les coopératives minières en Afrique subsaharienne pourraient rendre l'exploitation minière artisanale économiquement viable et la rendre susceptible de contribuer à la lutte contre la pauvreté (Hoadley et Limpitlaw, 2004 ; Banque mondiale, 2008). Cependant, ce regard optimiste sur le potentiel des coopératives minières n'a pas été sous-tendu de grandes masses d'éléments de preuve. Sinding (2005:8) a fait observer que, mis à part un nombre très limité d'études documentant la mise en place de coopératives minières comme exemples d'interventions de politique réussie, pratiquement aucune recherche n'a été effectuée sur le rôle des coopératives minières dans la réforme du secteur minier artisanal. Anuarite et Geenen (2014) dans leur recherche sur les coopératives minières, n'ont trouvé aucune preuve de leur efficacité.

Ce chapitre se concentre sur les coopératives minières au Nord-Katanga. Il est basé sur près de deux ans de recherche qualitative en 2013/2014, dont huit mois passés dans le site minier de Kisengo. Depuis 2007, Kisengo est le site minier de coltan le plus peuplé et le plus productif de cette région. Dès le début, les mineurs étaient représentés par une association locale, l'Association des creuseurs de Kisengo (ACK). En 2009, Kisengo a été accordée à MMR, entreprise indienne d'achat des minerais ayant son siège social à Lubumbashi (chef-lieu de la province du Haut-Katanga, RDC). MMR collabore étroitement avec la Coopérative des Artisanaux Miniers du Congo (CDMC), une coopérative minière créée à Lubumbashi le 10 avril 2010. La reprise par MMR du site minier de Kisengo a donc également conduit à l'introduction du CDMC dans la région.

Ce chapitre analyse les interactions entre la CDMC et l'association des mineurs préexistante ACK, avec une attention particulière sur la question du rôle des élites et la manière dont les intérêts des mineurs, en particulier grâce à la négociation du prix des minerais, ont été représentés. Selon Cleaver (2002), il est important de comprendre les interactions entre les institutions nouvellement introduites et socialement intégrées lorsqu'on envisage à améliorer la gestion des ressources.

Le chapitre est organisé comme suit. Tout d'abord, nous présentons le cadre conceptuel. Ensuite, un contexte est fourni sur les coopératives en Afrique, en RDC et au Katanga, suivi d'une discussion de la méthodologie. Les quatrième et cinquième parties présentent l'étude de cas. La dernière section conclut le chapitre.

2. Institutions, politiques et « grands hommes »

Ce chapitre se concentre sur les interactions quotidiennes entre les coopératives et les organisations locales et examine l'approche institutionnelle face aux crises dans les zones post-conflit. Cette approche s'appuie sur l'idée que les processus institutionnels se forment et se déforment continuellement et sont en partie façonnées par la dynamique de la crise et les réponses à celles-ci (Hilhorst, 2013:9 ; Meagher et al., 2014). Ainsi, en cas d'ingénierie institutionnelle, telle que la formation des coopératives minières, il est important de comprendre que les nouvelles structures dans un contexte post-conflit ne commencent jamais sur une table rase (Cramer, 2006), mais interagissent avec les institutions locales et diverses formes d'autorités opérationnelles (Hilhorst et al., 2010).

Les institutions ne sont jamais statiques. Leur changement peut se produire de diverses manières, par le biais de conflits, le développement interne ou les politiques d'interventions d'origine extérieure. Dans ces processus, les règles, les normes et les nouvelles institutions sont introduites et sont négociées, contestées et créées par l'intermédiaire d'interactions humaines (Christoplos et Hilhorst, 2009 ; Hyden, 2008). À bien des égards, y compris par le biais d'interactions formelles et informelles, la violence coercitive, les ragots ou les écrits, les acteurs sociaux interprètent et donnent un sens aux règles et aux normes institutionnelles (Hilhorst et Serrano, 2010 ; Jutting et al., 2010). Les processus des politiques et les institutions qu'elles apportent ne peuvent pas être considérés comme fixes et planifiées. Elles sont mieux conçues comme émergentes et négociées. Les institutions sont façonnées par le mélange de l'ancien ordre et du nouveau, les coutumes et les innovations et les multiples stratégies des acteurs sociaux qui, chacun, apporte sa propre interprétation et intérêt à l'« arène » institutionnelle. Les institutions sont façonnées par les interactions entre tous ces acteurs et facteurs (Colebatch, 2009).

Dans ce chapitre, nous nous concentrons surtout sur le rôle de ce qu'on appelle « grands hommes », en d'autres termes les personnes dotées de la capacité et du pouvoir de commander (Utas, 2012:8). Les grands hommes peuvent aussi être considérés comme les « élites » (Platteau, 2004). Quelle que soit la portée et la nature de leur pouvoir, les « grands hommes » sont reconnus comme façonnant et influençant les résultats des politiques à bien des égards. Ils peuvent opérer ouvertement ou secrètement, constituer un obstacle au changement social et incarner le phénomène d'accaparement par l'élite (Blair, 2000). Ceci est particulièrement important dans des contextes de crise où les institutions officielles ont tendance à être faibles dans l'application des règlements. Ainsi, les « grands hommes » émergent et se disputent souvent le pouvoir et le contrôle des ressources et sont souvent perçus comme des catalyseurs dans la reproduction des conflits. En revanche, la présence des « grands hommes » peut être également favorable à la population locale, qui peut trouver une opportunité dans le régime des négociations pour leur protection (Garrett et al., 2009). Les « grands hommes » peuvent coupler leurs intérêts personnels avec l'extension de la protection et des services aux pauvres dans leurs communautés. Dans cet ordre d'idées, Kyamusugulwa et Hilhorst (2015) ont trouvé que les élites peuvent également tirer parti de leur position pour renforcer leur pouvoir à la base en façonnant le processus politique et obtenir des résultats dans un développement positif. La position et l'influence des « grands hommes » ne peuvent donc pas être supposées, mais doivent être établies empiriquement.

Dans le secteur minier, les « grands hommes » ont en effet été également observés par de nombreux chercheurs, étant donné que ces hommes recherchent des gains personnels au détriment des faibles. Fischer (2007:747), par exemple, a observé que la formalisation dans le secteur minier tanzanien a été bénéfique aux plus riches, capables d'acquérir des titres miniers, alors qu'elle a entraînant l'exclusion et/ou la marginalisation d'individus qui manquaient les moyens financiers et les connexions nécessaires. De même, Geenen a noté qu'en RDC, des réformes minières sont susceptibles de favoriser les acteurs les plus puissants et les mieux informés dans le secteur minier (Geenen, 2012). Enfin, au Ghana, Machonachie et Hilson (2011) ont souligné que les dirigeants des coopératives minières ont eu plus de facilité pour obtenir des licences d'exploitation que les mineurs artisanaux ordinaires.

Ce chapitre poursuit la discussion sur le rôle des « grands hommes » et la représentation des intérêts des mineurs, en mettant l'accent sur ce qui se passe autour de la transition des associations informelles des mineurs locaux vers des coopératives minières formelles induites par le gouvernement, dans le sillage des réformes minières au Nord-Katanga. Il se penche sur les relations entre ces coopératives et les organisations préétablies par des mineurs et observe comment les changements qu'elles ont provoqués ont aussi permis aux « grands hommes » de consolider leurs puissantes positions.

3. Coopératives dans une perspective historique

3.1. Coopératives en Afrique subsaharienne

Dans de nombreuses régions d'Afrique Subsaharienne, les coopératives sont nées dans les années 1920, pendant la période coloniale. Elles ont été introduites comme des organisations modernes qui remplaceraient les formes traditionnelles de coopération entre Africains, principalement dans le secteur agricole. En créant les coopératives, les gouvernements coloniaux ont voulu augmenter la production agricole et donner aux agriculteurs la possibilité de protéger leurs intérêts (Schwettmann, 1997). En réalité, les coopératives ont fini par contrôler les activités économiques dans les zones rurales. Comme l'explique Develtere (1994), plutôt que de servir les intérêts de leurs membres, les coopératives étaient devenues des instruments de contrôle entre les mains de l'administration coloniale.

Dans les années 1960, la période des indépendances, les coopératives ont continué à être contrôlées par l'État. Wanyama et al. (2009) ont constaté que les coopératives à l'époque avaient peu d'autonomie. De même, Holmen (1990) a observé que les coopératives ne provenaient pas d'en bas, mais leur développement était planifié par les ministères du gouvernement. En conséquence, la plupart des coopératives ont « servi comme instruments de mise en œuvre de politiques socio-économiques du gouvernement » (Wanyama et al., 2009 : 1). En fin de compte, elles n'ont pas satisfait aux besoins des membres et beaucoup d'entre elles ont disparu parce qu'elles étaient parrainées par l'État et « étaient devenues un lourd fardeau sur le budget de l'État » (Schwettmann, 1997:5).

Dans les années 1990, les coopératives ont été restructurées et libéralisées avec l'appui de la Banque mondiale. Depuis lors, on a vu des coopératives établies dans divers domaines de la lutte contre la pauvreté et pour le développement (Birchall, 2003). La plupart d'entre elles étaient actives dans le secteur agricole et dans les services financiers (Allen et maghimbi, 2009). Cependant, les pays riches en minerais ont également vu la création de coopératives minières. Au Mali, les coopératives minières ont été mises en place dans le but d'améliorer l'efficacité dans les mines (Keita, 2001:13). En Tanzanie, les associations minières ont été légalement reconnues depuis 1987. Pourtant, selon Fischer (2007:752), le gouvernement et les fonctionnaires qui ont encouragé leur création ont eu tendance à exclure les mineurs du processus décisionnel, conduisant ainsi à une incidence négative sur leurs vies et moyens de subsistance. Enfin, Hilson et al. (2007:422) ont examiné comment l'État ghanéen était désireux, quoique de manière infructueuse, de freiner l'exploitation minière illégale par le biais de la création de coopératives.

3.2. Coopératives en RDC

Le gouvernement colonial belge avait commencé à encourager la création de coopératives en 1921. Dans le secteur agricole, elles étaient structurées autour des paysannats dits indigènes, en tant que sites créés pour tester l'efficacité des techniques agricoles modernes. Dans les années 1960, les paysannats ont disparu en raison des contraintes économiques et de la mauvaise gestion (Mandjumba Mwanyimi-Mbomba, 2011). Bien que certaines coopératives aient survécu, Masudi (2014) fait remarquer que le manque de soutien financier de l'État avait aggravé leurs problèmes.

Dans les années 1970 et plus tard, d'autres formes de coopératives ont émergé. Contrairement au modèle colonial, un décret ministériel de 1972 (№ 72/004 du 4 janvier 1972) stipulait qu'elles devaient fonctionner comme une sorte de système bancaire alternatif. Comme dans d'autres pays africains, cette mutation de politique coopérative a eu lieu dans le cadre d'une stratégie de réduction de la pauvreté prise en charge par la Banque mondiale et le Fonds monétaire international (Birchall, 2003 : 17–19). En 2001, un autre décret (№ 004/2001 du 20 juillet 2001) a été promulgué en RDC, qui constitue, jusqu'à présent, le cadre juridique du fonctionnement des coopératives et autres organisations à but non lucratif.

La politique en matière de coopératives minières découle du code minier de 2002/2003 et ses règlements. Ces derniers fournissent deux procédures pour la création des coopératives. Tout d'abord, la délimitation d'une ZEA. La loi reconnaît qu'il peut y avoir des organisations informelles dans ces ZEA et stipule que ces soi-disant groupements de mineurs artisanaux peuvent demander d'être convertis en coopératives minières (Art. 235 et 236 du règlement minier). Deuxièmement, une fois que les coopératives sont légalement reconnues par décret ministériel, les mineurs peuvent demander un permis de recherche, valable pour quatre ou cinq ans (règlements miniers, art. 103-1010) ou obtenir un permis d'exploitation. Ce processus exige un montant total de 3 500 $ pour les frais administratifs versés au trésor public par le groupement de mineurs (décret № 0458 et 304 du 14 mars 2011).

À l'est de la RDC, les coopératives ont proliféré depuis septembre 2010, suite à l'interdiction présidentielle temporaire des activités d'exploitation minière artisanale au Nord-Kivu, Sud-Kivu et au Maniema (Geenen, 2012). Celle-ci visait à créer un espace politique favorable pour répondre à la dynamique de la pauvreté, de l'exploitation et des conflits dans les mines. Après la levée de l'interdiction, le gouvernement a indiqué clairement que seules les coopératives reconnues pourraient continuer à travailler dans les mines artisanales. Bien qu'elle ne concernait que les trois provinces précitées, l'interdiction éveilla d'autres provinces à créer rapidement des coopératives.

Dans la plupart des cas, certaines personnes ont profité de leur position pour créer des coopératives ou pour renforcer leur influence politique et économique, tout en prétendant représenter les intérêts des mineurs (Cuvelier, 2013 ; Geenen et Radley, 2014:61).

3.3. Coopératives au Katanga

Les coopératives ont existé au Katanga depuis l'époque coloniale. Dans le milieu d'étude, une coopérative a été fondée par des artisans de Nyunzu dès 1937. Une autre a été formée par des commerçants locaux et était basée à Kalemie (chef-lieu de l'ancien district de Tanganyika) depuis 1947. Aujourd'hui, ces coopératives n'existent plus et aucune d'entre elles n'a œuvré dans le secteur minier (Mwanyimi-Mbomba, 2011).

La première coopérative qui est apparue sur la scène minière katangaise était EMAK (Exploitants Miniers Artisanaux du Katanga). Elle a précédé la loi minière de 2003 et a été créée en 1999. Selon Global Witness (2006:22), EMAK était « comme une structure informelle de l'État » parce qu'elle était officiellement indépendante, mais agissait comme un organisme gouvernemental. Elle a été suivie par la Coopérative minière Madini kwa Kilimo (CMKK) en 2004. Global Witness (2006) a rapporté que l'EMAK et le CMKK ont extorqué les mineurs et les intermédiaires (les négociants) en imposant des taxes illégales sur eux.

Au Katanga, le nombre de coopératives a explosé depuis 2010. Aujourd'hui, il y a plus d'une cinquantaine de coopératives enregistrées dans la province. Plusieurs facteurs ont joué un rôle dans cette émergence. Tout d'abord, il y a eu l'interdiction de l'exploitation minière mentionnée ci-dessus. Deuxièmement, il y a eu un projet de grande réforme, l'iTSCi, qui a œuvré au Sud-Kivu, mais a été transféré au Katanga après l'interdiction du minage artisanal (chapitre 2). Le projet iTSCi vise à éviter la vente sur le marché international des minerais provenant de zones de conflit grâce à un « système d'étiquetage et d'emballage ». Dans ce système, les coopératives jouent un rôle clé dans l'organisation de l'achat de minerais sur les sites miniers. Elles travaillent à l'interface entre les mineurs et les maisons de négoce. Troisièmement, dans la foulée des réformes, le gouvernement provincial du Katanga a pris plusieurs mesures sur le commerce des minerais. En novembre 2008, Moise Katumbi, le gouverneur du Katanga, a exhorté tous les organismes de l'État non autorisés de quitter les zones minières (Note circulaire n° 263). Ceci a été suivi par d'autres règlements sur le commerce des 3T du Katanga vers d'autres provinces. En outre, certaines ZEA ont été délimitées et accordées aux sociétés coopératives. Enfin, le gouvernement katangais a attribué des concessions minières à des sociétés privées ou signé des contrats sur le commerce des minerais avec d'autres. Le 9 mars 2010, MMR a ainsi obtenu (décret № 06/1331/CABMIN/MAF/KAT/2009) les droits exclusifs pour acheter des minerais, en collaboration avec la coopérative CDMC, dans quatre mines artisanales situées au Nord-Katanga, à savoir Katonge, Kisengo, Mai-Baridi et Lunga. La grande majorité des coopératives existantes n'était donc pas initiée par les mineurs tel que prévu dans le code minier, mais a vu le jour à travers différentes autres forces, y compris l'État, le programme iTSCi, les maisons de négoce et les entreprises minières.

4. Zones d'étude et méthodes de recherche

Ce chapitre met l'accent sur les dynamiques locales des coopératives à travers une seule étude de cas. Une telle étude de cas approfondie a permis le jaugeage de différentes facettes des réalités locales. Elle concerne les interactions entre la coopérative CDMC et l'ACK, l'association locale des creuseurs de Kisengo. Ce cas a été choisi pour diverses raisons. Premièrement, l'auteur avait fait une longue immersion dans la région ce qui favorisa la mise en confiance avec beaucoup d'acteurs locaux impliqués dans l'exploitation minière et les réformes. La recherche préliminaire a révélé que le présent cas ressemble à beaucoup d'autres cas des coopératives minières ; mais beaucoup d'aspects sont plus prononcés dans le cas du CDMC/ACK que dans les autres. Le cas étudié était aussi particulier du fait que les troubles opposant les acteurs et les désaccords y relatifs ont permis à différents acteurs d'évoquer leurs points de vue de manière plus ouverte. C'était important, car normalement les processus de conflit, de cooptation, de corruption et de conflit sont, à tout le moins, en partie cachés.

Les données empiriques ont été recueillies à Kisengo avec quelques interviews supplémentaires à Kalemie. Kisengo peut être atteint par route à 115 km de Nyunzu-centre. Le coltan a été découvert à Kisengo en mars 2007. Depuis lors, il est devenu un site minier en plein essor avec environ 17 000 habitants, dont 1500 mineurs. La plupart des habitants appartiennent à l'ethnie Bakalanga. Au Katanga, Kisengo a été la première mine à accueillir l'initiative iTSCi en avril 2011. C'est aussi la mine de coltan la plus productive du nord Katanga. En 2014, 284 tonnes de coltan y ont été extraites par les mineurs et par des méthodes semi-industrielles mises en place par MMR. Depuis 2007, différents acteurs ont été impliqués dans la gouvernance des ressources dans et autour de Kisengo.

Sur une période de huit mois, les données ont été recueillies pour cette étude de cas par le biais de l'observation participante, d'interviews semi-structurées et de conversations informelles. Au total, 166 personnes ont été interviewées individuellement ou en groupes. Elles comprenaient des représentants de la CDMC et du MMR, d'anciens membres d'ACK et du comité des creuseurs, des autorités locales, des mineurs, des propriétaires de galeries et des négociants. L'auteur a participé à plusieurs réunions organisées par les organismes étatiques, à savoir le SAESSCAM et la Division des Mines. L'observation a eu lieu au cours de plusieurs visites dans les mines. À certaines de ces occasions, l'auteur a observé des émeutes impliquant des mineurs artisanaux. Enfin, il a accédé et analysé les lettres exprimant les préoccupations des membres du comité des creuseurs contre la CDMC et le MMR[55].

[55] Lettres du 3 et du 29 mars 2014 concernant 'demande de la hausse du prix ' et 'demande des accords sur la découverture'.

5. ORGANISATION DE L'EXPLOITATION MINIÈRE

À Kisengo, les mineurs étaient organisés en équipes de quatre à dix travailleurs, soi-disant mercenaires. Ces groupes ne fonctionnaient pas indépendamment parce qu'ils n'avaient généralement pas les moyens financiers pour acheter un puits minier ou pour assurer les opérations de creusage. Par conséquent, ils travaillaient manuellement pour les propriétaires des galeries qui fournissaient les rations alimentaires et l'équipement de base. Entre 2007 et 2009, les galeries étaient principalement situées près de la surface (à ciel ouvert), dans des dépôts alluviaux, qui donnaient plus facilement accès aux minerais que de nos jours. À cette époque, les opérations de creusage duraient deux à trois semaines ; les propriétaires de la galerie dépensaient environ 500 $ à l'appui des opérations de creusage. Une fois que la production était devenue disponible, le revenu était réparti entre les mercenaires et les propriétaires de la galerie. Pourtant, quand la galerie était improductive, la convention stipulait que : « son propriétaire perdait l'argent et les mercenaires perdaient leur énergie ».

5.1. Évolution de l'ACK : 2007 – 2010

L'association des creuseurs de Kisengo (ACK) a été créée en 2007 par le chef du groupement de Kisengo (Joseph Kisengo). Elle a été structurée autour d'un comité appelé comité de base (CB), qui était composé de douze membres et dirigé par un président, quatre conseillers et sept membres. Parmi les membres de ce CB, neuf étaient de l'ethnie Bakalanga et les autres étaient des gens du Sud-Kivu et du Maniema. Bien qu'il s'est avéré difficile de trouver des chiffres exacts et fiables, on estime qu'à la fin de 2009, Kisengo abritait environ 3 000 à 5 000 creuseurs et plus d'une centaine de négociants. La plupart des creuseurs provenaient de Nyunzu-centre, de Kalemie, des villages environnants, du Sud-Kivu et du Maniema, tandis que les négociants provenaient pour la plupart des provinces du Nord-Kivu, Sud-Kivu et Maniema.

Le chef de groupement, un membre de l'ethnie Bakalanga, a été très influent dans les activités quotidiennes de l'ACK. Bien que l'objectif principal de l'ACK ait été d'organiser les creuseurs autour d'activités de creusage. Il a nommé les membres du CB, beaucoup d'entre eux étant membres de sa famille. Comme l'a dit un propriétaire de mine lors d'une interview à Kisengo, le 15 mai 2014 : « lorsque l'ACK a été créée, la collaboration entre les autochtones [la population Bakalanga] et d'autres personnes a été difficile. Les premiers avaient la priorité pour accéder aux mines ». Cette déclaration révèle que les membres du CB avaient des droits plus élevés dans le contrôle des activités minières. Ils affectaient les galeries aux gens à 60 - 100 $/galerie, selon sa taille, l'emplacement et le potentiel de production. En outre, ils exigeaient aussi des redevances coutumières, le soi-disant *tozo* (un terme Bakalanga utilisé pour désigner cette taxe coutumière). Les creuseurs payaient le *tozo* en argent, l'équivalent de 2 $, payé deux fois par mois. Ils obtenaient ensuite un bon qui leur permettait l'accès à la mine. Pour leur part, les propriétaires de puits payaient le soi-disant *koroboi ya chef* lors de la phase de production (*Koroboi* est une boîte de tomates d'environ 25 gr). C'était généralement un paiement en nature, évalué à environ 50 $[56].

Quand ils s'apprêtaient pour le transport des minerais vers les maisons de négoce, les négociants payaient 3 $/kg au Comité de Base. De même, tous les commerçants locaux payaient aussi, sur une base mensuelle, un *tozo* au chef de village de Kisengo ou lorsqu'ils exerçaient des activités commerciales dans la mine. Le *tozo* variait proportionnellement au type et à la valeur des marchandises. Une dernière illustration de la forte influence du chef de groupement s'observa lors du boom minier à Kisengo en avril 2009, lorsque le commissaire par intérim du District de Tanganyika (Maurice Kyoni Ngoie) l'a promu de la position de chef de village au poste de chef de groupement.

Par conséquent, l'ACK est une association initiée par un « grand homme », le chef local, piloté par un groupe de personnes proches de lui, dont l'objectif principal semble être la

[56] Entretien avec le président du comité des creuseurs, Kisengo, avril 2014.

collecte de taxes informelles et autres formes de prélèvements sur les mineurs et sur les commerçants au profit personnel de ce groupe d'élite. L'ACK a également eu une fonction de gestion des conflits dans le bassin minier. Lorsque les conflits ont surgi entre les propriétaires des galeries, les mineurs, et les commerçants, l'ACK a assuré la médiation et imposé des sanctions.

5.2. ACK et acteurs étatiques

Entre 2007 et 2010, l'ACK a exercé un contrôle direct sur les activités minières, et pourtant il y avait également quelques agences du gouvernement congolais régissant l'exploitation minière. En particulier, les agences du SAESSCAM et de la Division des mines ont été localement installées en juillet 2007. SAESSCAM a collaboré avec le CB dans l'affectation des galeries. Il a également participé, ainsi que des agents de la Division des mines, en prélevant des taxes sur les mineurs et les négociants. Aux yeux des populations locales, la plupart de ces taxes étaient illégales, car ces agents avaient l'habitude de ne pas produire de reçus.

ACK interférait beaucoup dans les activités quotidiennes du SAESSCAM. Bien qu'étant un service public, le SAESSCAM était géré par le fils du chef de groupement qui déclarait avoir créé le SAESSCAM à Kisengo. Plus tard, en décembre 2010, il quitta le SAESSCAM après sa nomination comme chef de village. Enfin, cinq à dix soldats des FARDC (69e brigade) se trouvaient également à Kisengo entre 2008/2009. Eux aussi interféraient dans les affaires minières par le biais d'une « gouvernance coercitive », ce qui signifie qu'ils volaient et imposaient des taxes illicites (De Koning, 2010:12). Un négociant de Kisengo déclara que cette situation qui se poursuivit jusqu'à mi-2010 fut, dans une certaine mesure, tolérée par les membres de l'ACK qui craignaient d'être maltraités par les militaires. La section suivante décrit l'impact des réformes sur l'évolution de l'ACK et sur les activités minières à Kisengo.

5.3. CDMC : de Lubumbashi à Kisengo

La CDMC a été créée le 10 avril 2010 à Lubumbashi, loin des sites miniers. Son objectif était de « promouvoir les intérêts économiques et culturels de ses membres » (statut CDMC, Section 2, Art. 4). Son comité était composé de sept membres : cinq vivant à Lubumbashi et deux à Likasi et Kinshasa, respectivement. L'un des membres du comité était le frère du ministre national des Mines, Martin Kabwelulu. Le Président du Conseil d'Administration n'était pas un mineur, mais Serge Mulumba, un professionnel de la communication, qui avait auparavant dirigé plusieurs entreprises de radio et de télévision. Il dirigeait encore la CDMC au moment de la recherche sur terrain. Au Nord-Katanga, la CDMC est devenue la plus grande coopérative, prétendant représenter jusqu'à 13 000 mineurs.

La CDMC a étendu ses activités à Kalemie et Nyunzu en juin 2010. La coopérative a pris une décision stratégique en nommant un ancien prêtre catholique, l'Abbé Arnold Champo Mumba comme représentant. L'Abbé Champo est un homme de 50 ans de la même ethnie (Babemba) de Moise Katumbi Chapwe, gouverneur de la province. Comme ancien prêtre, Champo avait la visibilité et la capacité de mobiliser les communautés. En raison de son statut de « célébrité », les mineurs l'avaient surnommé Ronaldinho, du nom du célèbre footballeur brésilien. Néanmoins, les mineurs croyaient même que Champo utilisait plusieurs stratégies pour les tromper.

5.4. Mélanger les anciennes et les nouvelles cartes

Le MMR est arrivé en janvier 2010, et la CDMC avec Champo sont arrivés à Kisengo six mois plus tard. Comme son arrivée avait suivi celle du MMR, nombreux mineurs pensaient que Champo travaillait pour l'entreprise. Alors que la CDMC représentait officiellement les mineurs et leurs intérêts dans la négociation des prix des minerais et des installations (comme les motopompes) avec le MMR, les mineurs considéraient les deux entités comme appartenant à un même ensemble, qu'ils dénommaient souvent CDMC/MMR.

Lorsque les agents de MMR arrivèrent à Kisengo, ils utilisèrent différentes stratégies pour obtenir l'acceptation par la communauté locale. Ils s'étaient d'abord entretenus avec le chef de groupement. Comme l'a dit le représentant du MMR : « je l'ai informé que MMR prévoyait de construire des ponts, des écoles et des hôpitaux, etc. Il était très enthousiaste. Mais, en fin de compte, il m'a demandé : alors, que comptez-vous faire pour moi ? »[57] Ces propos indiquent que le chef de groupement avait des intérêts ancrés dans le secteur minier, et en dépit de l'intention du MMR de faire le commerce des minerais et réaliser des projets sociaux pour la communauté, il ne collaborerait pas à moins qu'il soit personnellement indemnisé pour ses intérêts. Après son hésitation initiale, le chef tomba d'accord avec le MMR pour un paiement en échange de sa redevance coutumière. Le montant a été gardé secret, mais il était censé être 3.000 $ par mois.

Les membres de l'ACK étaient également impliqués dans les pourparlers pour l'entrée du CDMC/MMR sur le site. La plupart d'entre eux furent d'abord réticents à collaborer avec le MMR. Toutefois, la compagnie avait promis une amélioration de leurs conditions sociales à travers un certain nombre de projets sociaux et la mise en place des cantines d'alimentation, les restaurants et bars à des prix réduits. Une première cantine appelée Mwayiseni Shop fut ouverte en avril 2010. Elle fut suivie, en octobre 2010, d'un bar-restaurant, Serata. Lorsque les membres de l'ACK ont également entendu que MMR prévoyait d'acheter des minerais à un prix équitable, les gens étaient devenus enthousiastes pour soutenir ses activités. La CDMC avait davantage attiré la sympathie de l'ACK lorsqu'il décida d'intégrer certains de ses membres dans sa structure organisationnelle. À la fin de 2013, la CDMC comptait neuf chefs de sites, 47 gardes de Site et 21 négociants, parmi lesquels des gens de la communauté locale.

Enfin, le MMR et la CDMC ont dû user du soutien politique pour faciliter leur acceptation à Kisengo. Un parlementaire national, Bienvenu Kalunga Mawazo, a rendu visite à Kisengo à

[57] Entretien avec le représentant de la CDMC, Kisengo, février 2014.

plusieurs reprises durant sa campagne électorale en 2011. Lors de ses visites, il appelait les gens à soutenir le MMR/CDMC. Pendant que la CDMC gagnait la confiance de nombreux acteurs dans la zone grâce, entre autres, à l'incorporation de huit des douze membres du CB, les membres restants ont décidé, en août 2010, de former un nouveau comité différent du comité des creuseurs existant. Ce nouveau comité était dirigé par l'ancien président du CB. Les gens interrogés à Kisengo croyaient vraiment que ce comité alternatif avait été formé à l'instigation du chef de groupement qui voulait garder le contrôle sur les activités minières. Ce chef a donné la preuve quand il a dit : « nous avons besoin de plus de contrôle sur notre richesse »[58]. L'existence de ces organisations multiples indique ainsi la contestation intra-élite pour le contrôle de l'exploitation minière.

6. Organisation minière et revendications

6.1. Activités minières et commerce du coltan

La présence du MMR et de la CDMC a influencé l'organisation des activités minières. Kisengo est maintenant subdivisé en secteurs, sous-secteurs et galeries. Chaque secteur a deux à cinq chefs de sites et ne peut être atteint qu'après franchissement de points de contrôle du MMR/CDMC. Cette organisation a également permis au MMR et à la CDMC de fournir un appui technique aux creuseurs, par exemple l'approvisionnement en eau et la découverture, un travail de pelletage où la couche supérieure des galeries est enlevée pour faciliter l'accès aux dépôts de minerais. En plus, le MMR et la CDMC ont également contribué à la création de différentes catégories de mineurs. Certains mineurs ont réussi à obtenir de la CDMC une *carte de creuseur,* qui leur autorise l'entrée à la mine. Les agents du SAESSCAM ont distribué des « calendres » (galeries) de 10 à 20 m² aux mineurs. Afin de prévenir les accidents, ils inspectent régulièrement les opérations de creusage dans et autour des galeries.

[58] Entretien avec le chef de groupement, Kisengo, juin 2014

En dépit de cette organisation technique avancée qui pourrait permettre aux creuseurs de produire plus, les disputes se produisaient souvent entre encadreurs et chefs de sites nommés par la CDMC. Comme l'a expliqué un chef de site, « nous appartenons à la CDMC et nous avons besoin d'augmenter la production. Quand les encadreurs inspectent les galeries et mettent un drapeau rouge pour prévenir les accidents, cette interdiction empêche aux mineurs de travailler »[59]. Ces types de litiges étaient réguliers.

Figure 7 : La filière minière des 3T

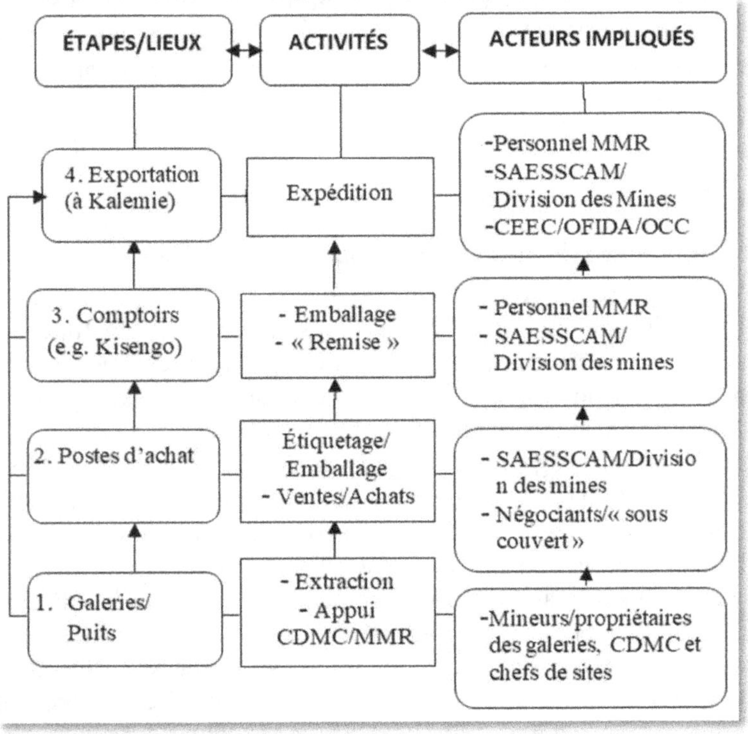

Source : travail de terrain (2013/2014).

[59] Entretien avec le chef de site, Kisengo, juillet 2014.

À Kisengo, le commerce de coltan est devenu plus formel à la suite des règlements introduits par le MMR, la CDMC et l'iTSCi. Comme le montre la Figure 3, la chaîne d'approvisionnement en coltan est organisée comme suit. À l'étape 1, les mineurs et les propriétaires de galeries, techniquement appuyés par la CDMC, MMR et SAESSCAM, extraient le coltan. À l'étape 2, les mineurs vendent le coltan à 21 négociants à des postes d'achat (11 au total). À chacun de ces postes est pratiqué un prix d'achat fixe. Toutefois, dans la plupart de cas, les négociants délèguent leurs « sous couvert » soi-disant associés pour acheter le coltan dans ces postes. Après avoir suivi l'étape d'« étiquetage et emballage » par des agents du SAESSCAM, toutes les transactions sont enregistrées par des agents de la Division des mines sur un formulaire de l'iTSCi (Fiche du site minier) et dans les journaux de bord. Puis, le personnel de la CDMC recueille les colis de minerais et procède à la « remise » (étape 3). Cette opération consiste à remettre les colis de minerais au bureau du comptoir MMR où ils sont traités et mis de nouveau dans des sacs. Enfin, là, le coltan est traité puis exporté à l'étape 4. Toutefois, à ce stade, d'autres organismes de l'État effectuent des procédures administratives. Ce sont respectivement le CEEC, l'administration fiscale (OFIDA) et l'Office congolais de contrôle (OCC). L'organisation de la chaîne d'approvisionnement parait ainsi très réussie sur le plan technique, pourtant différentes formes de tensions sont sous-jacentes au niveau local.

6.2. Des troubles croissants

Nous avons expliqué précédemment comment le comité des creuseurs s'était formé à l'encontre de l'adhésion des membres de l'ACK à la coopérative CDMC. Cependant, au fil du temps, des membres de ce comité étaient de plus en plus cooptés par la CDMC. Le comité a ainsi trouvé une certaine reconnaissance et le Président a participé, par exemple, à l'attribution des galeries aux mineurs. Cependant, aux yeux des mineurs, le comité a aussi de plus en plus favorisé les décisions du MMR/CDMC sur le prix des minerais et d'autres questions concernant le travail du minage. Ils ont en conclusion estimé que la CDMC s'était emparée de leur propre organisation, l'ACK. Affirmant que l'ACK n'avait pas cessé d'exister, un répondant a déclaré « nous étions presque légalement reconnus lors de l'arrivée de la CDMC. Mais, aujourd'hui, nous nous sentons marginalisés »[60].

Une illustration révélatrice a eu lieu le 29 septembre 2013, lors d'une réunion organisée par le personnel de la CDMC et l'ingénieur en chef de MMR. Ils ont informé les mineurs réunis qu'ils prévoyaient réduire considérablement le prix du coltan de 37,7 à 28,8 dollars par kilo. Ils ont promis aux mineurs qui aideraient à convaincre les autres mineurs à accepter cet accord qu'ils recevraient gratuitement des cartes de creuseurs. Bien que les mineurs se soient opposés avec véhémence à la réduction des prix, le comité a semblé être favorable au CDMC/MMR. Après un intense débat, certains propriétaires de puits ont été entendus dire que : « comité balishalambula chunvi », ce qui signifie que « le comité des creuseurs a déjà mangé du sel », en d'autres termes, le comité des creuseurs avait été corrompu. La réunion s'est terminée avec le personnel de la CDMC et l'ingénieur en chef du MMR en est sorti à couteaux tirés avec les mineurs.

Le président du comité des creuseurs a indiqué plus tard qu'il était convaincu que les mineurs accepterait finalement le prix fixé, « les mineurs ne peuvent pas supporter un seul jour sans manger. Ils seront enclins à vendre le coltan à n'importe quel prix »[61]. Il a également mentionné qu'il possédait personnellement 17 puits miniers et prévoyait voyager vers Dubaï grâce au produit financier de ses puits. Il n'a pas nié les rumeurs et cela a confirmé les soupçons qu'il avait été soudoyé par le MMR/CDMC.

Un autre événement qui a fait croire aux mineurs et aux propriétaires de puits que le comité des creuseurs avait été financé par le CDMC/MMR est leur expulsion de Bovu, en février 2014 (chapitre 4). Bovu était la carrière la plus

---

[60] Entretien avec un ancien membre de l'ACK, Kisengo, février 2014.

[61] Entretien avec le Président du Comité des creuseurs, Kisengo, juin 2014.

productive de Kisengo avec près de 250 kg de coltan extraits par jour. Il comptait environ 43 propriétaires de galeries et 450 mineurs. En décembre 2013, le MMR/CDMC convainquirent le comité des creuseurs pour lancer une campagne d'expulsion des mineurs et les propriétaires des galeries de Bovu où MMR prévoyait d'initier des méthodes semi-industrielles d'exploitation. Après résistance de mineurs, le MMR a imposé un paiement de 400 $ pour chaque galerie et, en fin de compte, a appelé la police pour les expulser en février 2014.

À cette époque, de nombreux mineurs percevaient la CDMC, le comité des creuseurs et MMR comme une seule entité, unie par des intérêts et le gain personnels. Leur colère contre ce bloc a pris différentes formes. Les mineurs ont été plus en colère au sujet des conditions de fixation des prix et de la manière dont l'ouverture de nouveaux puits et la découverture étaient organisées. Lors des interviews, ils ont utilisé des expressions comme « le CDMC est une étiquette, une appendice du MMR » ou « nous sommes esclaves » ; « le Président du comité des creuseurs est un fantôme » et enfin, « personne ne nous informe quand les prix de coltan monte sur le marché international, mais seulement quand il s'effondre ». Le 3 décembre 2013, un groupe de mineurs a incendié un poste d'achat de la CDMC et détruit deux autres. Lorsque la manifestation s'est rapprochée des bureaux du MMR, de SAESSCAM et de la Division des mines, 16 mineurs ont été arrêtés et amenés à Nyunzu-centre où ils ont été emprisonnés pendant un mois. Ils ont été libérés en échange de 500 $, après une intervention de la Commission diocésaine justice et paix (CDJP).[62] Lorsque le comité des creuseurs a écrit une lettre pour protester contre la découverture et les façons dont les prix étaient fixés, les mineurs et les propriétaires de puits interprétèrent cela comme un geste vide de sens.

La protestation des mineurs s'est encore exprimée dans le contournement du système de vente obligatoire. À bien des égards, les mineurs ont réussi à boycotter le monopole des prix fixés par le MMR et toléré par la CDMC. Certains mineurs ont

---

[62] Entretien avec un membre de la CDJP, Kisengo, avril 2014

expliqué à l'auteur qu'ils cachaient leurs minerais et les vendaient à des négociants clandestins, ceux qu'on surnomme *hiboux* (Chapitre 6). La protestation a, enfin, conduit à une initiative en juillet 2014, de mettre en place une nouvelle organisation des mineurs, dénommé le CDC « *Cadre de Concertation* ». C'était une branche locale de la Commission diocésaine justice et paix (CDJP) et était dirigée par un ancien membre influent de l'ACK. C'était un homme de 50 ans qui était aussi le Président de l'influente mutuelle du groupement Bakalanga à Kisengo. L'objectif du CDC était de créer une autre coopérative minière, en concurrence avec la CDMC.

7. Analyse et conclusion

Cette recherche ethnographique a suivi l'entrée en jeu du MMR, une société minière indienne, et de la CDMC, une coopérative minière à Kisengo, une zone d'extraction du coltan au Nord- Katanga. La CDMC était censée représenter les mineurs dans leurs négociations sur l'exploitation et la tarification du coltan. La recherche s'est focalisée sur l'interaction entre ces institutions (MMR et CDMC) et les organisations préexistantes autocréées par les mineurs, nommément l'ACK.

En RDC, les coopératives minières sont actuellement formées dans le but d'améliorer la position des mineurs dans les négociations. En partie, elles sont censées être une réponse à la domination des « grands hommes » dans les modalités de gouvernance préexistantes dans le secteur minier artisanal. Toutefois, la formation de nouvelles coopératives s'est faite sans grande sensibilité aux institutions et réalités préexistantes. La CDMC a soutiré sur le personnel de l'ACK pour sa composition initiale. Aussitôt, il s'est avéré que la CDMC agissait au nom du MMR et faisait partie de cette même société, aux yeux des mineurs. Un certain nombre de membres de l'ACK ont formé une autre organisation, le comité des creuseurs. Toutefois, le comité de creuseurs n'a même pas défendu les droits des mineurs. Créé à l'instigation du chef de groupement, ce comité a été coopté ou soudoyé pour collaborer avec la société. Le résultat fut que les mineurs n'avaient aucun pouvoir de négociation, mais ont été contraints d'accepter des prix fixes en échange de la facilitation de leurs exploitations. Une de leurs frustrations à cet égard était que ces prix descendirent toujours en deçà de ceux du marché mondial, mais ne connurent jamais de hausse quand le marché mondial remontait. En fin de compte, les mineurs exprimèrent leur frustration en mettant un poste de vente de minerai en feu. Aussi massivement, ils ont essayé de contourner les règles de la société en gardant certains minerais à vendre clandestinement, à un prix plus élevé. Enfin, un ex-membre de l'ACK mit en place une autre organisation pour défendre les droits des mineurs, cette fois liée à la Commission diocésaine justice et paix (CDJP).

L'une des principales conclusions de l'étude est que toutes les organisations des mineurs, créées avant et pendant les réformes, sont dominées par les « grands hommes ». Ceux-ci peuvent avoir à l'esprit les intérêts des mineurs, mais en réalité leurs propres gains viennent toujours à l'avant-plan. À Kisengo, l'ACK préexistant était dominée par le chef de groupement et servait de véhicule principal pour la fiscalité informelle, bien qu'elle fût aussi connue pour représenter les intérêts des mineurs dans une certaine mesure. La nouvelle coopérative CDMC était également contrôlée par les élites. Elle a été initiée et dirigée par des élites au niveau provincial. À Kisengo, la CDMC s'est frayée le chemin en soudoyant le chef de groupement avec une indemnité mensuelle, censé s'élever à 3 000 $. Le premier représentant de la CDMC était un prêtre venu d'ailleurs, qui faisait partie de l'élite politique. Enfin, le Président du comité des creuseurs était étroitement lié au chef de groupement, qui était censé être la force motrice derrière la formation de ce comité afin de maintenir son contrôle sur l'exploitation minière artisanale. Ainsi, si de nouvelles coopératives voulaient rompre les liens avec la politique des « grands hommes », elles étaient vouées à l'échec dès le départ. S'il y avait des changements de pouvoir, ils ne signifient pas que les mineurs étaient réhabilités. Par contre, le pouvoir s'est partiellement déplacé d'élite locales vers les élites provinciales.

Comme l'illustre le cas de la CDMC, la coopérative n'a été ni créée ni dirigée par les mineurs et pourrait être considérée comme une « institution bureaucratique », ce qui signifie un établissement soit fondé sur des contrats, soit instauré par le gouvernement (Cleaver, 2002:13) qui, en conséquence, est la proie d'élite politiques. La coopérative n'a pas répondu aux attentes et aux besoins des mineurs. Dans cette situation, les mineurs n'avaient aucun autre choix que d'organiser des émeutes, de se conformer aux règlements « imposés » ou de les contourner. Le chapitre met ainsi en évidence que les coopératives ne sont pas une solution efficace et durable aux problèmes des mineurs. Le cas de la CDMC, ses interactions entre le MMR, l'ACK et les mineurs artisanaux confirment l'observation générale que, dans de nombreux pays en développement, les mineurs subissent souvent une marginalisation et une exclusion dans leurs transactions avec les sociétés minières (Ballard et Banks, 2003:301). Les réformes des politiques sur la gouvernance du secteur minier artisanal ont mis l'accent sur l'établissement de la sécurité dans le secteur (loin des « minerais de conflit ») et sur la rationalisation des processus d'exploitation minière. Les intérêts des mineurs de classe inférieure, leur situation économique et les conditions de travail, n'ont pas été suffisamment prises en compte dans ces réformes. La formation de coopératives qui sont censées fournir aux mineurs le pouvoir de négociation s'est plutôt transformée en véhicule pour les contrôler et protéger les intérêts des sociétés minières et des élites locales et provinciales.

À l'est de la RDC, il semble y avoir un processus continu de création d'institutions nouvelles autour de coopératives minières. Comprendre ce processus servira à aller au-delà des solutions d'urgence pour concevoir un cadre de politique plus efficace et durable pour l'exploitation minière artisanale.

CHAPITRE IV

Accès aux mines de coltan

« Le business minier katangais peut être comparé à un match de football. Cependant, au cours du jeu, ce ne sont pas les joueurs — mais les arbitres — qui jouent sur le terrain ». [Interview avec un fonctionnaire de la division des mines, Nyunzu, mai 2014]

1. Introduction

Suite aux politiques nationales, régionales et internationales visant à mettre fin aux liens supposés entre les entreprises minières et les conflits violents, l'exploitation minière artisanale dans la région congolaise du Nord-Katanga est en cours de réforme. Inspirées par le discours international soutenant la commercialisation des « minerais exempts de conflits », les réformes minières en cours dans la région s'inscrivent dans un paysage conflictuel complexe (Autesserre, 2012 ; Vlassenroot et Raeymaekers, 2004). Ces réformes prennent de nombreuses formes, y compris des systèmes de certification, des mesures législatives et des interventions spécifiques en promouvant des modèles transparents de gouvernance des ressources minières (Verbruggen et al. ; Vogel et Radley, 2015).

Récemment, l'Est de la République démocratique du Congo (RDC) est devenu un terrain d'expérimentation de nombreuses initiatives de réforme. En 2014, 13 initiatives étaient actives dans cette région : 10 se concentrant sur les 3T et trois sur l'or (Cuvelier et al., 2014). En outre, en 2009, le gouvernement congolais avait commencé à délimiter un certain nombre de zones d'exploitation artisanale (ZEA), accordées aux coopératives minières avec les objectifs d'améliorer la gouvernance du secteur minier artisanal afin d'empêcher que les minerais ne tombent entre les mains de groupes armés ou d'autres entrepreneurs miniers inconnus. Pendant ce temps, de vastes concessions minières ont été allouées aux sociétés minières privées et, dans de rares cas, comme dans le territoire de Nyunzu — aux maisons de négoce.

Dans plusieurs régions d'Afrique subsaharienne, de nombreux chercheurs sont convaincus que les réformes du secteur minier ont été essentiellement effectuées de haut en bas, impulsées de l'extérieur et biaisées en faveur d'entreprises extractives à grande échelle. Cela a conduit à des tensions entre ces entreprises et les mineurs artisanaux, ainsi que d'autres intervenants locaux tels que les chefs coutumiers (Campbell, 2010 ; Cuvelier, 2011a ; Geenen, 2013 ; Machonachie et Hilson, 2011 ; Mazalto, 2009). Complétant cet ensemble de travaux, la présente étude examine comment les réformes ont alimenté les conflits sur les droits de propriété et l'accès aux sites de coltan dans la région congolaise du Nord-Katanga. Ces conflits ont opposé les coopératives minières et les maisons de négoce et entre ces deux entités et les mineurs.

Les décideurs (Nations Unies, 2015), les ONGs de lobby (Global Witness, 2009) et les observateurs bien informés (Garrett et Mitchell, 2009 ; De Koning, 2010) sont convaincus que le « nettoyage » du commerce des minerais par le biais de réformes peut mettre fin aux conflits armés qui entravent le secteur minier en RDC. Cette conviction — inspirée par « l'hypothèse de la cupidité »[63] — a été analysée comme un facteur explicatif de persistance des conflits armés (Le Billon,

[63] Cette hypothèse met en avant l'idée que l'avidité d'acteurs armés pour les ressources naturelles est un facteur clé pour expliquer l'apparition et la persistance des conflits armés. Lire par exemple, Collier, P. et Hoeffler, A., *Greed and Grievance in Civil War.* Oxford Economic Paper 56, Banque Mondiale, Washington, DC, 2001; Berdal, M. et Malone, D. (eds.) 2000. *Greed and Grievance: Economic Agendas in Civil Wars.* Boulder & London: Lynne Rienner Publishers.

2010 ; Ross, 2006), mais peu de recherches ont porté sur la nature d'interactions entre les acteurs et les entités impliquées dans le processus de réformes (maisons de négoce, coopératives minières et mineurs) ou comment ces interactions ont créé de nouveaux conflits. En analysant la façon dont les réformes en cours engendrent de nouveaux conflits, cette étude vise à contribuer aux débats sur la gouvernance minière à l'est de la RDC dans un contexte post-conflit. Ce chapitre fait valoir que la préoccupation généralisée concernant les « minerais sans conflit » comme un moyen de rendre le marché minier transparent et de réduire la pauvreté effroyable des gens tend à masquer la nature et les effets des « conflits de réformes », c'est-à-dire les disputes opposant les autorités politico-coutumières, coopératives, creuseurs, maisons de négoce et négociants autour des réformes. Pour que les réformes minières actuelles produisent des changements positifs, ces conflits doivent être démasqués et traités de manière adéquate.

Ce chapitre est basé sur les travaux de terrain menés à deux sites d'extraction du coltan du territoire de Nyunzu (Kahendwa et Kisengo) de mars 2013 à septembre 2014, avec des données supplémentaires récoltées en octobre 2014 à Lubumbashi. À Kahendwa et Kisengo, les réformes visent essentiellement à améliorer la commercialisation de coltan à travers « une chaîne d'approvisionnement en cycle fermé » organisée par iTSCi. Les réformes impliquent les coopératives minières, les maisons de négoce, les négociants et les creuseurs. La « chaîne d'approvisionnement en cycle fermé » est organisée afin que le flux de coltan soit suivi depuis les galeries jusqu'au point d'exportation à Kalemie.

Dans le reste de ce chapitre, nous commençons par expliquer le cadre théorique. Après avoir présenté les zones d'étude et les méthodes de recherche, la section suivante traite de l'évolution des modes de propriété et d'accès aux zones d'exploitation minière à l'est de la RDC, en particulier au Nord-Katanga. Ensuite, nous décrivons les deux études de cas. Brièvement, le premier cas se concentre sur les conflits d'accès au coltan à Kisengo et le second met l'accent sur les conflits suite à l'attribution des mines de Kahendwa à différentes coopératives et maisons de négoce. La dernière section examine les résultats et conclut le chapitre.

2. Perspectives théoriques sur la propriété et l'accès

La présente étude s'est approchée des conflits sur les droits de propriété et l'accès aux minerais (coltan) dans une perspective théorique sur les droits de propriété. Comme les réformes minières ont principalement tourné autour de l'octroi des ZEA aux coopératives minières ou aux maisons de négoce, cette perspective théorique permet une analyse fructueuse de ces attributions et des conflits connexes.

Les débats sur la propriété et l'accès sont inspirés par le domaine du pluralisme juridique. Celui-ci étudie la coexistence de différents systèmes normatifs ou régimes dans le même espace social (Griffiths, 1986). Faisant appel à la compréhension théorique du pluralisme juridique, Von Benda-Beckmann (1981), par exemple, a développé la notion de « forum-shopping » pour expliquer comment les gens utilisent plusieurs régimes juridiques et différents cadres institutionnels pour favoriser leurs revendications ou pour protéger leurs intérêts. Étant traditionnellement axé sur la résolution des conflits, la prestation des services publics et de gouvernance hybride, le pluralisme juridique aborde aussi des idées pertinentes pour l'étude de la manière dont les acteurs sociaux sont en mesure de poursuivre leurs revendications sur les propriétés en se fondant sur divers systèmes juridiques pour accéder aux ressources (Geenen, 2015).

Grosso modo, la propriété concerne les relations entre les acteurs sociaux en ce qui concerne les objets de valeur (Von Benda-Beckman et al., 2006, cité dans Sikor et Lund, 2009:4). En d'autres termes, la propriété est une relation non pas entre des individus et des biens, mais plutôt entre eux au sujet de ces biens. Comme l'affirment Sikor et Lund (2009:4) la propriété est en rapport avec toute forme de réclamation pour l'usage et le profit sur un objet. Une telle revendication pourrait provenir des conventions, des règles coutumières ou de la loi étatique. De ce point de vue juridique, la propriété contribue au maintien de l'ordre social et implique le règlement des droits et la répartition des richesses entre les acteurs sociaux (Peluso et Lund, 2011 ; Singer, 2000). Cependant, la propriété peut aussi entraîner des conflits entre individus. Blomley (2003) soutient que ces conflits peuvent être façonnés par les processus d'exclusion et de violence manifestes ou cachés.

L'accès se distingue de la propriété à bien des égards. En effet, avoir les droits sur une propriété ne signifie pas nécessairement que quelqu'un a la « capacité d'en profiter » (Ribot et Peluso, 2003:153). Ainsi, Ribot et Peluso (2003:160) définissent l'accès comme tous les « moyens, processus et relations que les acteurs activent pour gagner, contrôler et maintenir l'accès aux ressources ». Ils conceptualisent la notion de propriété comme un « ensemble de pouvoirs » au lieu d'un « ensemble de droits » (Ribot et Peluso, 2003:173). De plus, la compréhension des relations d'accès aide dans l'analyse de qui en fait peut tirer les avantages d'un bien et à travers quels mécanismes il/elle est en mesure de le faire. Dans leur étude sur la théorie de l'accès, Ribot et Peluso (2003 : 161 – 172) identifient trois mécanismes d'accès, notamment les mécanismes structurels (légal ou illégal), ceux fondés sur les droits d'accès et les mécanismes relationnels d'accès. Ces mécanismes facilitent, conditionnent ou restreignent l'accès des personnes aux ressources et aux avantages. Des mécanismes structurels et relationnels incluent l'accès à la technologie, au capital, aux marchés, aux opportunités d'emploi et au travail, aux connaissances et à l'autorité, ainsi que l'accès par le biais d'identités sociales et l'accès via la négociation d'autres relations sociales.

Sikor et Lund (2009) voient la propriété et l'accès comme étroitement liés au pouvoir et à l'autorité. Ils font valoir que, lorsque les gens essaient de poursuivre leurs revendications ou de transformer ces derniers en « propriété reconnue », le pouvoir et l'autorité sont étroitement liés (Sikor et Lund, 2009:9). Le pouvoir légitime les institutions autorisées à répondre à une telle revendication sur la propriété et donne une légitimité à leur réclamation. Comme Sikor et Lund (2009:2) soulignent, les « luttes pour la propriété concernent autant la portée et la constitution de l'autorité que l'accès aux ressources ». Cet argument est pertinent pour la présente étude, car, suite aux réformes de l'exploitation minière, l'octroi des ZEA aux coopératives minières et aux maisons de négoce a légitimé non seulement les réclamations de ces entités sur ces propriétés, mais cette légitimation a également conduit à la négation des droits de propriété aux utilisateurs des ressources locales, en particulier les creuseurs.

L'accès et la propriété sont dynamiques, avec des changements au fil du temps, sous l'influence de divers facteurs, qui déterminent « la nature du pouvoir et les formes d'accès aux ressources » (Ribot et Peluso, 2009:154), et positionnent l'accès des individus et des institutions aux propriétés. Ces facteurs comprennent le changement d'autorité, la compétition entre différents détenteurs de pouvoir (Van Acker, 2005), les changements des politiques, les nouvelles opportunités économiques et les changements d'idées et d'idéologies, et de l'environnement politique (Lund et Peluso, 2011 : 673-676). Tous ces facteurs affectent les conditions dans lesquelles les processus d'accès prennent place et influencent la manière dont les individus (p. ex., les autorités étatiques et les mineurs) ou les groupes d'intérêt (par exemple les coopératives minières et les maisons de négoce) élaborent différentes stratégies pour bénéficier des ressources. Les études de cas examinés dans ce chapitre concernent les changements dans les modèles d'accès introduits par des réformes minières ayant favorisé de nouvelles possibilités économiques pour les autorités étatiques.

La littérature décrite ci-dessus aborde les questions des droits de propriété et d'accès en rapport avec la formation de l'État, mettant l'accent sur la coexistence de l'autorité productrice de normes, la légitimation institutionnelle, le processus d'accès et la contestation des revendications. Cependant, bien que les acteurs sociaux utilisent diverses stratégies et mécanismes d'accès pour faire avancer leurs revendications, comme décrit dans l'idée de « forum shopping », les travaux existants ne nous disent pas beaucoup sur la façon, le pourquoi, ou en vertu de quelles circonstances, les mécanismes d'accès peuvent être instrumentalisés par des individus en position d'autorité ou sur la manière dont cette instrumentalisation affecte l'accès des individus aux ressources. En d'autres termes, l'autorité fait plus au-delà du pouvoir de produire des normes et d'autoriser, de nier ou de légitimer les revendications des gens à la propriété (Sikor et Lund, 2009:10). Dans des circonstances où l'État est inefficace dans l'application des règlements, il est possible que certaines autorités étatiques instrumentalisent les lois et les politiques à des fins privées. Comme le soutient Lund (2006:699), « tandis que la formalisation est souvent propulsée par des institutions gouvernementales et par des réformes, les règles formelles et les règlements sont également négociés et défaits par la corruption, les réseaux politiques et les puissantes alliances ».

Ainsi, ce chapitre explore étroitement les relations entre deux mécanismes d'accès, à savoir l'accès à la technologie et l'accès à l'autorité. Le premier d'entre ces mécanismes renvoie à l'idée que, bien que les outils et la technologie soient utilisés dans l'exploitation des ressources, il a été mis en évidence qu'une technologie plus avancée offre des avantages à ceux qui y ont accès (Ribot et Peluso, 2003:165). Le deuxième mécanisme d'accès est d'avoir « un accès privilégié aux personnes ou institutions ayant l'autorité de faire appliquer les lois » (Ribot et Peluso, 2003:179).

3. Milieux et méthodes d'étude

3.1. Milieux d'étude

Cette étude a été basée sur des données recueillies sur deux sites miniers de coltan, à savoir Kahendwa et Kisengo. Les deux sites sont situés dans la chefferie de Ntengu, à une distance de 49 km l'un de l'autre. Kahendwa et Kisengo sont à peu près à 115 km de Nyunzu-centre (le chef-lieu territorial). Les activités d'exploitation minière ont débuté à Kisengo en mars 2007 et à Kahendwa en septembre 2011. La majorité de la population appartient à l'ethnie Bakalanga.

Les sites miniers sélectionnés partagent des similitudes et des différences. Kahendwa et Kisengo sont les plus productifs des sept mines de coltan du territoire de Nyunzu, représentant ensemble une production de 286 tonnes de coltan en 2014, selon le rapport annuel de 2014 de la division des mines à Nyunzu. Dans les deux sites miniers, les creuseurs extraient du coltan dans des dépôts sédimentaires, dans des mines à ciel ouvert ou dans des galeries profondes. Le coltan extrait des deux sites est vendu au MMR, la seule maison de négoce établie dans la région.

Kisengo compte une population plus importante que Kahendwa. À la fin de 2014, Kisengo comptait 17 000 habitants, dont 1 500 creuseurs et 21 négociants. La population de Kahendwa a diminué de façon spectaculaire de 10 000 habitants en 2012 à environ 500 en décembre 2014. Ce déclin a été causé par la diminution de la production de coltan et l'interdiction des activités minières par le ministre national des mines en mai 2014, en raison de l'utilisation par les mineurs de techniques extractives dangereuses.

Kahendwa et Kisengo sont aussi intéressants pour l'analyse des cas en termes de différences des méthodes de production de coltan entre les deux sites. À Kisengo, MMR a commencé en février 2014, à utiliser des méthodes semi-industrielles d'extraction du coltan à Bovu, la plus peuplée et la plus productive des 11 carrières de Kisengo. En outre, le MMR a lancé la découverture — un travail de pelletage de la couche supérieure des galeries pour faciliter l'accès aux gisements minerais — à nombreuses autres carrières. MMR a également installé une laverie (sorte de machine de traitement) à Bovu. Fait intéressant, la laverie a opéré aux côtés de l'exploitation minière artisanale. À Kahendwa, où seulement trois carrières de coltan fonctionnaient, la plupart des creuseurs utilisaient des pioches et des pelles.

Finalement, Kahendwa et Kisengo diffèrent également en termes de droits. Kisengo est une concession minière privée de MMR. La mine n'a jamais été délimitée comme une ZEA. À l'inverse, Kahendwa a été établie comme une ZEA depuis le début d'octobre 2011, mais le site a été contesté entre diverses maisons de négoce et coopératives minières.

3.2. Méthodes

Cette étude a puisé des méthodes qualitatives, avec les données recueillies en 19 mois de recherche ethnographique sur le terrain. De mars 2013 à septembre 2014, nous avons effectué des visites régulières à Kahendwa et Kisengo. Ces visites nous ont permis d'observer à intervalles réguliers la façon dont l'accès aux carrières minières a changé au fil du temps, comment les maisons de négoce et les coopératives minières ont fourni un appui technique aux mineurs et ce que cela signifiait en ce qui concerne les interactions entre ces acteurs. Au total, 204 propriétaires de galeries et creuseurs ont participé aux interviews de groupe. Par ailleurs, 36 personnes, dont 12 creuseurs, ont participé à des entretiens approfondis et aux conversations informelles. Les entretiens individuels approfondis et les conversations informelles ont eu lieu avec les propriétaires de galeries et les creuseurs dans huit carrières de coltan (six à Kisengo) et deux à Kahendwa, sur un total de 14 carrières trouvées dans les deux sites d'extraction. Aussi, nous avons effectué une observation participante lors de neuf réunions rassemblant des représentants des comités des creuseurs, des propriétaires de galerie et des représentants du MMR, de la CDMC et de la coopérative minière maendeleo (CMMA).

Les entretiens individuels ont été également menés avec cinq fonctionnaires de MMR, l'administrateur des finances de Nyunzu, sept agents du SAESSCAM et la Division des mines. Par ailleurs, en octobre 2014, nous avons mené des entretiens individuels supplémentaires avec deux membres du personnel de la CDMC et CMMA à Lubumbashi. Enfin, pour avoir un aperçu sur l'évolution des droits de propriété et d'accès concernant les zones d'exploitation minière à l'est de la RDC, nous avons examiné plusieurs documents, à savoir des lettres des comités des creuseurs, des rapports officiels et mémos, des décrets ministériels et rapports d'ONGs sur les activités minières dans les milieux d'étude.

4. PROPRIÉTÉ ET ACCÈS AUX SITES MINIERS EN RDC

4.1. Situation générale

Geenen et Claessens (2013), dans leur étude sur l'accès aux sites d'or à l'est de la RDC, ont discuté de l'évolution de l'accès à la propriété minière. Depuis l'époque coloniale belge (1885-1960) à 1982 et après l'indépendance congolaise en 1960, le secteur minier a été largement dominé par des sociétés extractives privées et publiques sur de vastes concessions accordées par l'administration coloniale. Ces entreprises géraient leurs concessions à travers des modes privés de gouvernance, leur permettant de fournir des services sociaux et la sécurité à leurs employés, tout en limitant l'accès des étrangers à leurs « domaines miniers » (Hönke, 2013). En 1982, à la suite de l'intensification de la crise financière et socio-économique, le Président Mobutu libéralisa le secteur minier artisanal, en particulier l'exploitation et le commerce des minerais précieux (or et diamants) (Tshibanza, 1985). Par la suite, l'exploitation minière artisanale s'est accrue pour assurer la subsistance d'environ 200 000 – 550 000 mineurs et de 1 – 4 millions de personnes à leur charge (PACT, 2010).

La libéralisation de l'exploitation minière artisanale a apporté des changements dans les droits de propriété et dans l'accès aux zones d'exploitation minière. Celle-ci résulta en un double système de gouvernance des ressources. D'une part, les chefs traditionnels (*mwami*) étaient autorisés à exercer une influence considérable sur les activités minières sur la base des droits coutumiers sur la terre et ses ressources. Le *mwami* fournissait également des portions de terres aux creuseurs et il prélevait diverses taxes et redevances sur eux, ainsi que sur les négociants et les commerçants locaux. D'autre part, l'État contrôlait ces zones minières sur base de la loi foncière de 1973. Cette loi déclare tous les sols et sous-sols comme une propriété de l'État, indépendamment du statut d'occupation (Van Acker, 2005). Dans les années 1990, ce double système de gouvernance des ressources est devenu plus problématique en raison de plusieurs facteurs, notamment la croissance démographique, la militarisation, la manipulation et la concurrence entre élites sur les enjeux fonciers dans les zones minières à la suite de l'instabilité politique (Vlassenroot et Huggins, 2005).

Dans la première décennie des années 2000, l'intérêt grandit autour de la nécessité de réformer le secteur minier congolais dans l'ensemble. En 2002-2003, un nouveau code minier a été adopté. Considérée comme une stratégie pour attirer les capitaux étrangers (Mazalto, 2009), cette loi a largement favorisé les entreprises extractives multinationales à grande échelle en leur accordant de vastes concessions. La loi délimite également un certain nombre de ZEA, stipulant qu'une ZEA pourrait être fermée si « les facteurs justifiant sa création cessaient d'exister » ou si « un nouveau gisement nécessitant l'exploitation à grande échelle était découvert » (code minier, T. 4, Ch. 1, Art. 110). En outre, la loi exige aux mineurs artisanaux d'obtenir une carte d'exploitation artisanale, une autorisation spéciale d'accès à la mine, dans les limites d'une ZEA (code minier, T. 4, Ch. 1, Art. 111/112). Toutes ces mesures signifiaient que les creuseurs étaient de plus en plus confrontés à plusieurs restrictions.

4.2. Accès aux zones minières au Nord-Katanga

Au Nord-Katanga, les réformes ont changé les modes préexistants d'accès aux sites miniers. Avant les réformes, les creuseurs extrayaient déjà le coltan dans ces sites. À la fin de 2009, le ministère national des mines (Martin Kabwelulu) délimita certaines ZEA accordées dès lors par le gouvernement provincial du Katanga à des coopératives minières ou, parfois, à des maisons de négoce. En 2014, 77 ZEA existaient dans ce qui était alors la province du Katanga. Celles-ci ont été accordées à 34 coopératives minières. Pour être autorisés à la mine, les mineurs artisanaux ont été encouragés par le ministère des Mines à rejoindre ces coopératives (Wakenge et Hilhorst, 2017). Clairement, ces droits et ces exigences suggèrent la mise en place de nouveaux rapports de force entre les coopératives, les maisons de négoce et les mineurs, par exemple, en termes de définir quels mineurs étaient qualifiés pour accéder à la mine de coltan et comment, où et à qui ils ont été autorisés de vendre leurs produits.

En outre, les réformes minières ont changé fortement les mécanismes préexistants d'affectation des terres et la façon dont les mineurs devaient payer l'*itulo* ou *tozo* (termes Bakalanga utilisés pour désigner les taxes coutumières). Avant les réformes, les chefs coutumiers fournissaient des terrains (calandres ou galeries) aux mineurs, qui avaient payé le *tozo* en espèces — l'équivalent de 2 $ payés deux fois par mois. Ces mineurs obtenaient alors un bon leur permettant l'accès à la mine. De même, les propriétaires de galeries payaient le *koroboi ya chef* (une mesure en boite de tomate pour le chef) à la phase de production — un paiement habituellement effectué en nature, estimé à environ 50 $. Ce paiement était censé prévenir la malchance dans les puits miniers.

Suite aux réformes, les *calandres* sont accordées aux creuseurs par le SAESSCAM. Dans les zones d'étude, les membres du personnel SAESSCAM ont affirmé que les calandres sont attribuées sans paiement. En réalité, les mineurs sont facturés 15 – 30 $ pour obtenir les *calandres*. Ce qui est important, au lieu de percevoir le *tozo* auprès des mineurs individuels, beaucoup de mwami perçoivent une somme mensuelle auprès des coopératives minières ou des maisons de négoce. Ces versements varient proportionnellement à la production minière du site, au degré de légitimité du *mwami* et dans quelle mesure ce dernier était capable de négocier son paiement avec les responsables de la coopérative ou de la maison de négoce. À Kisengo, le MMR/CDMC payaient environ 3 000 $/mois au *mwami* (chef de groupement) de Kisengo (Joseph Kisengo). À Kahendwa, la CMMA payait environ 250 $/mois au chef de village de Kahendwa (Lwamba Kataki).

Les changements ci-dessus dans l'accès aux zones d'exploitation minière et au coltan, la répartition des *calendes* et le paiement du *tozo* suggèrent une reconfiguration des intérêts économiques de nombreux acteurs dans l'entreprise locale de coltan.

5. Conflits d'accès aux mines à Kisengo et Kahendwa

5.1. Cas d'étude 1 : Kisengo

À Nyunzu, Kisengo est une mine emblématique. C'est la première mine où le coltan a été découvert en mars 2007. Au début de 2010, Kisengo a accueilli la première maison de négoce (MMR) au Nord-Katanga. Après avoir signé un contrat de cinq ans avec le gouvernement provincial du Katanga le 9 mars 2009, MMR est arrivé à Kisengo au début de janvier 2010, suivi par la CDMC en juin 2010. Par la suite, le MMR et la CDMC ont collaboré pour l'achat de coltan. Kisengo a également été le premier site pilote de l'iTSCi au Katanga, à partir du 1er avril 2011. Peut-être plus intéressant encore, Kisengo est une rare mine artisanale où s'organise un mode hybride d'extraction minière. Comme noté plus haut, à part le fait qu'MMR a introduit des méthodes semi-industrielles (laverie) d'extraction du coltan à Bovu, les creuseurs continuent à extraire manuellement le coltan dans les autres carrières locales.

Bovu est la carrière de coltan la plus productive, la plus peuplée et la plus contestée à Kisengo. En juin 2013, elle abrite environ 43 propriétaires de galeries et 450 creuseurs, extrayant tous les jours environ 250 kg de coltan[64]. Avec une concentration de tantale de 30 %, le coltan de Bovu a la plus haute teneur en minerai trouvé à Nyunzu. Bovu est également en proie à des conflits entre MMR et les creuseurs concernant, par exemple, la découverture et le fait que MMR mit en place des méthodes semi-industrielles d'extraction. En effet, en juin 2013, MMR amorça la construction d'une laverie, changeant les modes d'accès et de traitement du coltan.

La laverie était installée à Bovu pour deux raisons. La première raison était juridique. Le 7 mai 2013, MMR acquit un permis d'exploitation valide pour 30 ans, confirmant ses droits sur Kisengo comme sa concession privée. En outre, comme dit précédemment, le code minier stipule qu'une compagnie

[64] Entretien avec un groupe avec les fonctionnaires de la Division des mines, Kisengo, juillet 2013.

minière peut transformer une ZEA en concession industrielle si elle estime qu'elle est appropriée pour une exploitation industrielle (code minier, T. 4, Ch. 1, Art. 110). Bien que Bovu n'ait jamais été déclarée ZEA, cette disposition légale permit au MMR de semi-industrialiser cette carrière parce qu'elle faisait partie de sa concession. La loi est cependant muette sur le sort des mineurs dans une telle concession après que les méthodes d'extraction changent de purement artisanales à (semi) industrielles.

La deuxième raison poussant MMR à installer la laverie est économique. Sur une base quotidienne, MMR et la CDMC préfinançaient 21 négociants un montant allant de 160 à 1 500 $ par négociant, leur permettant d'acheter 5 – 50 kg de coltan. Bien que le système de préfinancement autorisait le MMR/CDMC d'obtenir le coltan, ce système a également créé un dilemme managérial. Le système augmenta les frais de gestion du MMR/CDMC, parce chaque négociant recevait un incitatif de 2,2 $/kg de coltan acheté auprès des creuseurs. En outre, MMR/CDMC fournissait un appui technique aux creuseurs, y compris la découverture et les motopompes. De juin 2012 à mai 2013, peut-être la plus importante contrainte pour les activités du MMR/CDMC eut lieu lorsque, après que le prix du coltan soit passé de 48,8 à 28,8 $/kg, la production du coltan à Kisengo baissa de 20 tonnes à environ 12 tonnes par mois après que beaucoup de creuseurs aient réagi à cette baisse de prix en se déplaçant vers les mines d'or (par exemple à Musebe dans Nyunzu Nord), abandonnant leurs activités minières à Kisengo. Le bureau principal de MMR à Kalemie, a expliqué cette contrainte comme suit :

> « Notre entreprise dépend de l'exploitation minière artisanale. Nous fournissons différents types d'appuis aux creuseurs, par exemple en installant des motopompes dans presque chaque carrière à Kisengo. Cela leur permet d'accéder facilement et d'utiliser l'eau nécessaire pour laver les sables minéralisés. Cependant, notre soutien ne fonctionne pas comme prévu, parce que nous ne pouvons pas tout contrôler. Non seulement nous suspectons les creuseurs et les négociants de voler le coltan, mais,

récemment, le nombre des creuseurs est passé de 1 500 à environ 800, rendant difficile pour notre entreprise de prospérer »[65].

Cette déclaration exprime l'idée qu'il y avait au départ coopération, dépendance mutuelle et réciprocité entre MMR/CDMC, les creuseurs et les négociants. Cependant, cette relation fit place à la suspicion croissante et à l'insatisfaction. La production du coltan implique un coût élevé pour MMR tout au long du processus — par exemple, par le système de préfinancement mentionné ci-dessus — et la compagnie avait du mal à contrôler cette production entièrement. Au moins pour le coltan, la production dépendait de la volonté des creuseurs de rester dans les mines ou de vendre le coltan aux négociants. Les creuseurs pouvaient cacher une partie du coltan, et souvent, ils se plaignaient qu'en raison du monopole du MMR et de la CDMC et leurs coupes de prix souvent imposées, ils étaient tentés de voler ou de dissimuler une partie de la production du coltan (voir aussi les chapitres 3 et 6)[66].

Ribot et Peluso (2003:157) postulent que certains acteurs ont la possibilité de choisir les aspects de la loi, de la coutume ou d'une convention qui favorisent leurs objectifs. Dans le même ordre d'idées, MMR/CDMC, confrontés aux défis décrits ci-dessus et inspirés par certaines dispositions du code minier (par exemple la possibilité de changer les méthodes d'extraction utilisées), ont mis au point diverses stratégies pour s'accaparer de Bovu[67]. Premièrement, lorsque le MMR/CDMC initia la découverture, elle était gratuite, sans aucune couverture légale. La découverture était en effet une convention mutuelle et verbale entre le MMR/CDMC et le comité des creuseurs. Cependant, en juin 2013, MMR/CDMC a commencé à facturer les creuseurs pour leur procurer le sable brut minéralisé extrait, localement appelé *remblais*. Comme un membre du personnel de MMR l'a signalé, la facturation des creuseurs devrait contribuer à compenser les coûts financiers de la

65 Entretien avec le chef du bureau du MMR, Kalemie, juillet 2014.
66 Conversation informelle avec les creuseurs, Bovu (Kisengo), décembre 2013.
67 Voir aussi Geenen et Claessens (2013) sur des dynamiques similaires au Sud-Kivu.

découverture[68]. Suite à cette idée, MMR/CDMC a convenu avec le comité des creuseurs que la moitié du remblai non encore traité appartenait au MMR/CDMC et l'autre moitié aux creuseurs. Après trois mois, cette convention a de nouveau changé en octobre 2013, lorsque MMR/CDMC a décidé que les creuseurs avaient le droit à seulement un cinquième du *remblai,* le reste devant être traité par les « *shayeurs* » du MMR/CDMC (sorte de travailleurs journaliers). En réaction à cette décision, un membre du comité des creuseurs a fait la réclamation suivante :

> « La décision prise par MMR/CDMC dépasse les limites, violant les termes de notre convention antérieure. Soit dit en passant, quand ils partagent le *remblai* avec nous, nous recevons le « *marouge ou bibembele* », c'est-à-dire la partie la plus pauvre et sans valeur du *remblai.* Ils [MMR et CDMC] gardent la portion la plus prometteuse. *Iyi ni uvamizi tu ya coltan yetu na hatuta itika tena* [Ceci est simplement une confiscation de notre coltan et nous ne tolérerons plus ça] »[69].

Cette plainte implique que, bien que techniquement organisée, la découverture, qui devrait permettre aux creuseurs d'améliorer leurs conditions de travail, devenait un nouveau fardeau. En fait, l'organisation de la découverture et les avantages qu'en tirait le MMR/CDMC confirment la notion que « beaucoup de ressources ne peuvent être extraites sans l'utilisation d'outils et de technologie, une technologie plus avancée bénéficie à ceux qui y ont accès » (Ribot et Peluso, 2003, p. 165). Beaucoup de creuseurs se sont senti frustrés suite à la procédure de partager du remblai. Un propriétaire de galerie a exprimé son mécontentement de la manière suivante :

> « Par rapport à notre dernière convention de partage du remblai avec MMR/CDMC, notre revenu a diminué considérablement. Avant cette nouvelle convention, nous étions capables de produire 10 à 12 kg de coltan par benne de remblai, ce qui donne environ 350 $ de gains pour l'équipe de creuseurs. Aujourd'hui, nous

[68] Entretien avec un membre du personnel du MMR, Kisengo, juillet 2014.

[69] Entretien de groupe avec les propriétaires de galeries à Bovu, novembre 2013.

produisons seulement environ 5 kg [ce qui vaut environ 150 $], rendant difficile de joindre les deux bouts du mois »[70].

En décembre 2013, le MMR/CDMC a élaboré une nouvelle stratégie pour s'accaparer de Bovu. Après un tour de négociations sans succès avec le comité des creuseurs et SAESSCAM/Kisengo, MMR/CDMC décida d'acheter tous les puits miniers des creuseurs. Pourtant, ces derniers avaient déjà investi entre 500 et 1500 $ dans chacun de ces puits. MMR/CDMC fixa un prix de 400 $ pour chaque puits. Comme l'on pouvait s'y attendre, aux yeux de nombreux creuseurs, cette décision et l'ensemble des prix étaient partiaux. Par conséquent, ils ont violemment protesté en érigeant des barrages sur les routes menant aux mines et en mettant le feu à un poste de vente de coltan. En outre, bien que le SAESSCAM ait promis aux creuseurs qu'il leur serait attribué de nouveaux puits ailleurs, cette promesse ne fut pas tenue, conduisant de nombreux creuseurs à croire que SAESSCAM et leur comité avaient été corrompus par MMR/CDMC.

En février 2014, le MMR/CDMC recourut à une stratégie plus radicale combinant la destruction des camps de mineurs après le soutien de cette opération par les autorités étatiques. Avant cette destruction — craignant probablement la protestation — MMR/CDMC fit appel au soutien de l'administrateur du territoire de Nyunzu (Etienne Mwamba Kamasonga). À plusieurs reprises, ce dernier visita Kisengo et tint de nombreuses réunions avec le comité des creuseurs, les propriétaires des puits et les agents de SAESSCAM et de la Division des mines, leur exhortant de convaincre les creuseurs de quitter Bovu. L'administrateur promit de lancer des projets de développement pour les creuseurs et leurs familles une fois qu'ils acceptaient de se déplacer et s'installer en permanence dans les villages, loin de Bovu. Selon les dires de l'administrateur, la demande faite aux creuseurs faisait suite à une décision administrative (№ 3072/418/BUR/CDD/DT/2013), publiée le 10 mai 2013 par Maurice Kyoni Ngoie, le commissaire par intérim du district du Tanganyika. La décision

---

[70] Entretien à Kisengo, novembre 2013.

déclarait que Bovu était une zone interdite — en d'autres termes, une région où les gens n'étaient autorisés ni à vivre ni à mener des activités minières pour raison de leur propre sécurité (code minier, T. 1, Ch. 1, Art. 6). Étant donné que ces arguments étaient loin de convaincre les creuseurs, le 7 février 2014, MMR/CDMC fit appel à la Police des mines et hydrocarbures (PMH) de Kisengo. Celle-ci détruit au total neuf camps et expulsa 526 ménages de mineurs. En contrepartie, MMR/CDMC alloua deux tôles et 50 $ par ménage. Toutefois, à Kisengo, les rumeurs se sont propagées que l'administrateur de Nyunzu avait détourné une partie des fonds destinés à fournir cette compensation. En fin de compte, certains ménages déplacés n'avaient pas reçu leurs compensations.

Deux éléments de la loi minière sont importants à mentionner. Tout d'abord, les zones interdites à l'exploitation minière ne peuvent être déclarées que par décret présidentiel et non par un commissaire de district comme Maurice Kyoni Ngoie (code minier T. 1, Ch. 1, Art. 6). En plus, dans ces zones, le code minier (T. 1, Ch. 3, Art. 17) stipule qu'aucune activité minière ne peut y avoir lieu. Toutefois, les activités minières ont continué à Bovu. Bien que nous n'ayons pas pu trouver des évidences que MMR/CDMC ait soudoyé les autorités étatiques (le commissaire de district de Tanganyika ou l'administrateur de Nyunzu), l'administrateur des finances à l'intérim de Nyunzu, un sexagénaire, qui occupait ce poste administratif depuis 2002, a exprimé des soupçons :

> « Personne ne sait ce qui se passe au sujet des activités minières à Nyunzu. Quelqu'un qui veut en savoir plus sur ce qui s'est passé, par exemple à Bovu, comme dans beaucoup d'autres cas similaires où les conflits ont éclaté entre les maisons de négoce, les coopératives et les creuseurs, subit l'intimidation des autorités de haut rang basées à Lubumbashi ou à Kalemie ».

Cette déclaration révèle que, même si les pratiques de corruption sont souvent cachées, certaines personnes en position d'autorité sont soupçonnées de manipuler la loi dans les coulisses, parce qu'elles ont des intérêts dans le secteur minier. En ce qui concerne le cas de Bovu discuté ici, cette déclaration signifie également que certaines autorités étaient soupçonnées de soutenir les opérations du MMR/CDMC, tandis que probablement elles bénéficiaient financièrement de ce soutien.

Cependant, les conflits pour l'accès au coltan qui ont provoqué l'expulsion de mineurs de Bovu ont donné quelques avantages économiques. Grace au changement de méthodes de production de l'artisanal au semi-industriel, MMR/CDMC obtint une production plus accrue. En 2014, la production de Kisengo était passée à 127 tonnes pour la laverie de Bovu seule — cela égalait presque les 157 tonnes extraites par les creuseurs dans toutes les autres carrières combinées. Ainsi, Kisengo peut être considéré comme un exemple intéressant où les méthodes d'extraction minière semi-industrielles coexistent avec l'exploitation artisanale. Cette coexistence a contribué à la professionnalisation d'environ 40 « *shayeurs* » engagés par MMR/CDMC à Bovu. Ces travailleurs journaliers sont régulièrement payés 100 $ par mois, les faisant passer pour des travailleurs quasi-salariés. Certains « *shayeurs* » ont reconnu que leurs conditions de travail devenaient meilleures, comparées à leurs activités de mineurs indépendants[71]. Enfin, la production accrue signifiait aussi que MMR/CDMC devait payer plus d'impôts aux organismes étatiques[72].

5.2. Cas d'étude 2 : Kahendwa

Kahendwa est une mine artisanale située à l'Est du territoire de Nyunzu. Quand le coltan fut découvert ici en septembre 2011, des populations de différentes régions affluèrent à Kahendwa, augmentant sa taille d'un petit village d'environ 200 personnes à plus de 10 000 habitants, dont 6 000 creuseurs. Pendant l'âge d'or de productivité minière, les creuseurs extrayaient environ 300 kg de coltan par jour[73]. L'extraction eut lieu dans les trois principales carrières — Maendeleo 1, 2 et 3. Parmi les sites miniers des 3T en territoire de Nyunzu,

[71] Entretien de groupe avec les *shayeurs*, Kisengo, juillet 2014.
[72] Par exemple, l'autorisation de sortie de carrière, une taxe équivalent à 1% du prix réel des minéraux dans les mines.
[73] Entretien avec le chef du bureau du SAESSCAM/Kahendwa, juin 2014

Kahendwa était parmi les plus productifs. De janvier 2011 à décembre 2013, ce site produisit 227 tonnes de coltan[74].

Les droits de propriété sur Kahendwa ont changé à plusieurs reprises. Suite à une décision ministérielle (№ 10,7/00418) signée le 1er octobre 2011 par la ministre katangaise des mines (Thérèse Lukenge Kapwibwe), Kahendwa fut concédée à Volcano Mining, une entreprise minière basée à Lubumbashi. Cependant, pour des raisons inconnues, Volcano Mining n'entama pas d'activités d'extraction à Kahendwa. Plus tard, le 3 janvier 2012, la même ministre accorda (Decree 107/00504/CAB/MIN.PROV./MINESJ.GEF/KAT/2011) quatre autres mines artisanales, à savoir Kankwala, Kampulu, Maende et Mungaza, à Minserve, une autre entreprise minière ayant son siège social congolais à Kalemie. En février 2012, un groupe de membres du personnel de Minserve arriva à Kahendwa, bien que ce site ne figurait pas parmi les mines octroyées à l'entreprise. Ce personnel commença la construction de plusieurs installations, y compris leur bureau et un dépôt de minerais. Il promit également aux creuseurs qu'ils achèteraient le coltan de Kahendwa à des prix plus élevés (environ 60 $/kg) doublant le prix de 30 $ fixé par MMR/CDMC à Kisengo.

Comme résultat, la présence de Minserve à Kahendwa suscita la controverse. Selon les membres du personnel de Minserve, la mine de Maende qui avait été accordée à Minserve n'etait qu'un abrégé de « *maendeleo* » (le nom des trois carrières de Kahendwa). Cependant, les autorités territoriales de Nyunzu étaient convaincues que Maende n'avait jamais existé à Nyunzu et que Minserve, comme une entreprise ayant le statut d'entité de traitement ne pouvait s'établir dans une ZEA comme Kahendwa. Conformément à la loi minière (T. 1, Ch. 2, Art. 81), une entité de traitement peut seulement transformer les minerais et non-être directement impliquée dans l'extraction. Ainsi, les autorités basées à Nyunzu s'inquiétaient du fait que le décret ministériel (0562/CAB.MINES/01/2012) autorisant Minserve à s'établir au Katanga était trop ambigu. À leurs yeux,

---

[74] Division des mines, Kahendwa, rapport 2013.

ce décret n'indiquait pas clairement où exactement Minserve devait mener ses activités[75]. Pourtant, malgré ces interprétations controversées, les membres du personnel de Minserve restèrent à Kahendwa pendant sept mois, jusqu'en septembre 2012.

Plus important, les conflits autour de Kahendwa concernaient aussi les coopératives minières. En octobre 2011, la CDMC fut la première coopérative à tenter de s'installer à Kahendwa. Bien que basée à Kisengo (à 49 km de Kahendwa) et sans aucun droit de propriété sur Kahendwa ; la présence de la CDMC dans Kahendwa était pourtant tolérée par les autorités provinciales et celles de Nyunzu. Un représentant de la CDMC à Kisengo l'a confirmé :

> « La CDMC n'avait aucun droit de propriété sur Kahendwa, mais y était arrivée sur demande du gouvernement provincial katangais et de l'administrateur de Nyunzu. Comme la CDMC était proche de Kahendwa, les autorités lui demandèrent de les aider à contrôler le commerce du coltan extrait à Kahendwa, parce que ce dernier était totalement informel »[76].

Bien qu'il soit plausible que les autorités étatiques aient demandé à la CDMC d'acheter le coltan à Kahendwa, aucune preuve n'étayait cette affirmation. En réalité, la CDMC avait des raisons économiques pour s'engager dans l'achat du coltan à Kahendwa. Contrairement à Kisengo où l'iTSCi, la CDMC et le MMR supervisaient cet achat, la situation était largement informelle à Kahendwa, où une centaine de négociants indépendants s'étaient installés. Ainsi, pour les membres du personnel de la CDMC, l'achat du coltan à Kahendwa était probablement exercé parallèlement à leurs activités à Kisengo. Par exemple, au début d'octobre 2011, les négociants de Kahendwa achetaient le coltan à 65 $/kg, alors qu'il coûtait 35 $ à Kisengo[77]. Ces différences de prix entre Kisengo et Kahendwa firent croire au personnel de la CDMC que le coltan exploité à

---

[75] Entretien avec l'administrateur des finances de Nyunzu, avril 2014.

[76] Entretien avec l'administrateur du MMR et le personnel de la CDMC, Kisengo, avril 2014 et juin 2014.

[77]Entretien avec le Président du comité des creuseurs, Kahendwa, septembre 2013.

Kisengo était acheminé en contrebande au marché de Kahendwa pour la vente.

Les tentatives de la CDMC de s'établir en permanence à Kahendwa — de septembre 2011 à début 2012 — n'ont pas abouti. À plusieurs reprises, par exemple le 25 octobre 2011, les creuseurs protestèrent violemment contre sa présence. En plus, le fait que Kahendwa était déjà proclamé ZEA rendit difficiles les prétentions de la CDMC de justifier les droits de propriété sur ce site minier[78].

En février 2012, la confusion sur les droits de propriété sur Kahendwa s'amplifia. Minserve était déjà présent sur le site et considérait la série des *maende* (les carrières locales) comme ses propriétés. Cependant, Thérèse Lukenge Kapwibwe (la ministre provinciale des mines) signa une autre note (№ 107/00651/CAB/MIN.PROV.MINES/Kat/2012) stipulant qu'elle concédait Kahendwa et Kankwala à la CMMA. Ce nouveau droit signifie que les droits de Minserve sur Kankwala et sa réclamation à Kahendwa étaient totalement déniés. Créant de nouvelles tensions entre CMMA et Minserve en accordant les mines « contestées » de Kahendwa et Kankwala à CMMA, cela conduit les gens à croire que CMMA était une coopérative intentionnellement créée par la ministre comme une stratégie pour obtenir des avantages économiques des mines[79]. Après l'arrivée des membres du personnel de CMMA à Kahendwa au début de février 2012, les tensions ont augmenté entre eux, le personnel de Minserve et les autorités basées à Nyunzu. Un fonctionnaire de la division des mines interviewé à Nyunzu le 13 avril 2014 soupçonnait les autorités de l'État de manipuler ces tensions :

> « À Nyunzu, notre agence n'est jamais informée sur quand et comment une ZEA a été accordée à des maisons de négoce ou aux entreprises minières comme Minserve. Dans de nombreux cas,

---

[78] Kahendwa a été délimitée comme une ZEA (№ 238), le 10 octobre 2011 par Martin kabwelulu, le ministre national des mines. Toutefois, ce décret n'est entré en vigueur qu'au début de 2012, lorsque l'équipe de la CMMA est arrivée à Kahendwa.

[79] Entretiens avec les membres du personnel de la Division des mines et les creuseurs, Kahendwa, avril 2014.

nous voyons arriver des membres de leur personnel en provenance de Lubumbashi ou de Kalemie. Ensuite, ils parlent à l'administrateur basé à Nyunzu et se rendent dans les zones minières pour démarrer leurs activités. C'est lorsque des différends éclatent entre eux et les creuseurs que ces autorités nous demandent d'assurer la médiation ».

Cette déclaration montre que certains fonctionnaires de haut rang, tels que l'administrateur de Nyunzu et le ministre provincial des mines, ont utilisé leurs positions de pouvoir pour favoriser l'installation d'une maison de négoce ou d'une coopérative. En d'autres termes, ces fonctionnaires étaient également en mesure de faire obstruction aux activités d'autres entités. Un autre exemple apporte de nouvelles preuves de cette situation. Bien qu'en mars 2012, la ministre katangaise des mines (Thérèse Lukenge Kapibwe) désigna une commission d'enquête pour déterminer l'existence et l'emplacement exact du « *maende* » ou *maendeleo*, sans surprise, cette commission confirma les droits exclusifs de CMMA sur les mines de Kahendwa[80].

6. Analyse et conclusion

Suite aux réformes introduites dans les mines des 3T en RDC, ce chapitre examine comment ces réformes ont été une force motrice derrière de nouveaux conflits sur les droits de propriété et l'accès aux minerais (coltan). Au Nord-Katanga, les réformes minières étaient destinées à organiser les activités minières artisanales et le commerce du coltan autour des modèles transparents de gouvernance des ressources. Elles visaient surtout à briser les liens supposés entre les conflits violents, l'exploitation minière et le commerce des minerais. Concrètement, le gouvernement congolais a alloué les zones minières artisanales — ZEA — aux coopératives minières et aux maisons de négoce aux fins de l'organisation de l'exploitation minière artisanale. Cependant, ces attributions ont

80 Entretien avec un membre de CMMA, Lubumbashi, octobre 2014.

également introduit des changements dans les droits de propriété minière et les modes d'accès au coltan.

Cette étude se construit sur l'évidence que la théorie sur les droits de la propriété est très utile pour expliquer le processus de formation de l'État, qui fournit une meilleure compréhension de la manière dont les gens accèdent aux ressources et les mécanismes qu'ils utilisent à cette fin. Cependant, la théorie ne nous dit pas grand-chose sur la façon dont les acteurs sociaux peuvent tirer parti de leurs positions de pouvoir leur permettant d'instrumentaliser des politiques spécifiques sur la propriété minière, par exemple celles en rapport avec les réformes en cours. La présente étude révèle qu'une telle instrumentalisation peut se produire de diverses façons et prendre différentes formes, du local jusqu'au niveau provincial Katangais. Tandis que le pouvoir exercé par les autorités sert comme un véhicule pour des intérêts personnels, une telle instrumentalisation peut également être considérée comme un « accaparement par des élites », ce qui signifie que le pouvoir peut être exercé pour des intérêts individuels plutôt que ceux de la communauté (Platteau et Gaspart, 2003).

Un des principaux résultats de cette étude est qu'à différents niveaux, les autorités étatiques ont profité de leurs positions de pouvoir pour influencer la politique sur la propriété minière. Comme soutient Hilhorst (2013:8) sur les interventions des politiques dans les situations post-conflit, « les politiques sont le résultat d'interactions entre les différentes parties prenantes, qui tentent de faire valoir leurs propres perspectives et objectifs [...] selon leur propre compréhension, intérêts et ambitions ». Pour diverses raisons, le ministre national des mines à Kinshasa, la ministre provinciale des mines à Lubumbashi, le commissaire de district du Tanganyika à Kalemie et l'administrateur du territoire de Nyunzu ont décrété, modifiées ou toléré des décisions prises permettant à certaines entités d'avoir accès aux propriétés minières ou pour nier les droits d'autres entités à la fois à Kahendwa et Kisengo. Ainsi, l'implication d'élite dans les « politiques locales des ressources » confirme l'existence d'un lien intime entre la propriété et l'autorité étatique (Sikor et Lund, 2009:7).

Bien que les autorités étatiques aient visé l'organisation des activités minières artisanales, elles étaient également dotées d'un « faisceau de puissance » pour nier, légitimer et influencer les micro-politiques des droits de propriété et l'accès au coltan au niveau local. Par exemple, Kisengo n'était pas officiellement déclaré comme une ZEA malgré le fait que le site était en réalité une mine artisanale. Bien qu'MMR/CDMC ait introduit des méthodes semi-industrielles à Bovu (Kisengo), les méthodes artisanales de production de coltan ont prévalu. Donc, l'octroi de Kisengo à une maison de négoce (MMR) peut être considéré comme un privilège accordé par les autorités provinciales du Katanga à cette entreprise (Diemel et Cuvelier, 2015:156). Ce droit a donné au MMR le quitus d'exercer plus de pouvoir sur les creuseurs dans l'application de ses revendications de propriété, en particulier dans la carrière de coltan la plus productive de Bovu.

Une série de décisions politiques instrumentalisées illustrent l'influence des autorités étatiques sur les propriétés minières. À Kisengo, le commissaire de district de Tanganyika déclarait que Bovu était une zone interdite. Pourtant, cette décision devait être prise uniquement par le Président congolais par ordonnance. Ensuite, au lieu d'arrêter les activités minières, tel qu'il est clairement stipulé dans le code minier pour une zone interdite, l'exploitation minière à Bovu s'est poursuivie — menée par MMR/CDMC et non par les creuseurs. Les autorités étatiques n'ont pas sanctionné le MMR/CDMC pour la poursuite de ces activités. En outre, dans un contexte d'exacerbation des différends entre les creuseurs, le MMR/CDMC, les autorités basées à Nyunzu ont toléré (et semblaient apprécier) la démolition des camps de mineurs et leur éviction. Les autorités ont déclaré que cela aurait des effets positifs sur la sédentarisation des populations minières. Toutefois, il a été également signalé que l'administrateur de Nyunzu avait détourné une partie des fonds destinés à indemniser les ménages expulsés. À Kahendwa, les autorités étatiques ont également abusé de leurs positions de pouvoir. À travers les attributions concurrentielles, les appuis, les approbations et les dénégations des revendications de propriété de plusieurs maisons de négoce et coopératives minières, ces autorités ont noyauté les uns contre les autres. Tous ces éléments conduisent à la conclusion que les réformes minières sont devenues une arène de conflits.

L'étude a également démontré que les réformes minières inspirées par le discours sur les « minerais sans conflit » et basées sur des idées fixes sur la manière d'organiser l'activité de l'exploitation minière artisanale ont conduit à un renouvellement des « minerais de conflit ». Ces conflits ont vu des coopératives minières, des maisons de négoce et des creuseurs en situation d'adversité. La comparaison des deux études de cas présentés ici révèle des similitudes importantes dans la manière dont les conflits autour des droits de propriété affectent négativement l'accès des mineurs aux minerais. À Kisengo (Bovu), MMR/CDMC a utilisé diverses stratégies pour accéder à des ressources minières, au détriment des mineurs artisanaux. Au fil du temps, les stratégies du MMR/CDMC lui ont permis de s'emparer progressivement de Bovu en passant par le partage du remblai avec creuseurs. Initialement, à parts égales, mais cela a finalement évolué vers l'achat des galeries des mineurs par MMR/CDMC, puis leur expulsion. L'accès du MMR/CDMC aux autorités a joué un rôle crucial à cet égard, étant donné que ces dernières ont par exemple fermé les yeux sur l'expulsion des mineurs de Bovu. Cela appuie l'idée que, dans les pays en développement, la violence est de plus en plus une pratique utilisée par les gouvernements et les investisseurs privés pour consolider l'accès et le contrôle des terres et des ressources (Ballard et Banks, 2003 ; Geenen et Claessens, 2013 ; Lund et Peluso, 2011 : 675-676). À Kahendwa, la coopérative CMMA a également réussi à établir un contrôle presque monopolistique sur les ressources locales. Bien qu'aucune expulsion massive ne se soit produite, les conflits impliquant des creuseurs persistent entre les maisons de négoce et les coopératives dans leurs tentatives de régir les mines de Kahendwa.

En bref, les « minerais de conflit » ont donné naissance à de nouveaux types de conflits, dénommés ici « conflits de réformes ». On peut donc conclure que, bien que la « cupidité » face aux ressources minières soit au cœur de la persistance, de l'intensité et de la durée des conflits, car elle offre des possibilités économiques pour les groupes armés (Ballentine et Sherman, 2003), la résolution de la question des « minerais de conflit » par le biais des réformes offre aussi des possibilités économiques pour des personnes en position de pouvoir, y compris les autorités étatiques. Cette constatation corrobore les observations de certains auteurs qui sont convaincus que les élites africaines profitent de la reconstruction post-conflit — dans laquelle les réformes minières jouent un rôle intégral — comme une opportunité d'optimiser leurs pouvoirs politiques et se disputer les ressources par le biais de nouveaux mécanismes (Englebert et Tull, 2008 ; Trefon, 2011).

Bref, la lutte contre les « minerais de conflit » ne peut pas être unidimensionnelle (Radley et Vogel, 2015:407). Il serait utile pour les décideurs politiques de prêter attention aux « conflits de réformes », qui ont jusqu'ici été auxiliaires aux débats sur la réforme minière congolaise. Prendre au sérieux les « conflits de réformes » aidera à comprendre les micro-dynamiques et implications de ces nouveaux types de conflits sur la situation vulnérable des mineurs artisanaux.

Figure 8 : Mineurs extrayant le coltan au site 4 (à Kisengo)

Figure 9 : L'achat du coltan à un point de vente à Mai-Baridi

CHAPITRE V

Moyens de subsistance des Négociants

« À plusieurs reprises, les négociants ne paient pas les mineurs comme moi, en espèces. Lorsque des problèmes de trésorerie surviennent, ils nous donnent des bons. Toutefois, nous ne pouvons pas manger des bons. Nous attendons ensuite une ou deux semaines avant d'être payés. Mais nous comprenons ce problème, parce que les négociants aussi se plaignent du manque d'argent liquide dans les maisons de négoce et dans les coopératives. Le problème est que, quand nous nous plaignons de ces retards de paiement, nous sommes vus comme des rebelles contre les réformes minières et sommes soupçonnés de collaboration avec les contrebandiers du coltan. [Histoire de Mwamba, Kisengo, juin 2014] »

1. INTRODUCTION

Depuis le début des années 2000, la République démocratique du Congo (RDC) a entrepris une série de réformes du secteur minier. En 2002-2003, un nouveau code minier a été voté (Mazalto, 2005). Ces réformes se conforment largement au discours que l'on appelle « minerais de conflit », suite à l'idée que les minerais ont alimenté la violence et les conflits (Autesserre, 2012) et que la bonne gouvernance de l'exploitation minière a le potentiel de couper les liens entre l'exploitation des ressources et les conflits (Verbruggen et al. ; Banque mondiale, 2008). Pour atteindre cet objectif, une attention particulière a été consacrée à l'application des normes internationales de diligence, qui sont une série de règlements exigeant que les sociétés minières assurant l'approvisionnement en minerais (dont le coltan) respectent les droits de l'Homme et évitent de contribuer aux conflits (OCDE, 2013). L'objectif de stimuler l'économie congolaise tout en améliorant la gouvernance et la transparence dans le commerce des minerais se trouve ainsi au cœur des réformes minières en RDC (Banque mondiale, 2008:29). En outre, ces réformes peuvent contribuer à améliorer les moyens de subsistance de millions de personnes (Garrett et Mitchell, 2009:12). Les réformes visent également à renforcer la supervision des activités économiques commerciales d'acheteurs intermédiaires de minerais dans la chaîne de vente minière (OCDE, 2013:59), y compris les négociants, c'est-à-dire des personnes recrutées par les maisons de négoce et les coopératives minières. Ces personnes agissent comme intermédiaires en achetant le coltan pour les coopératives auprès des mineurs.

Basée essentiellement sur dix-neuf mois de travail de terrain mené dans trois mines de coltan au Nord-Katanga, cette étude ethnographique vise à fournir une profonde compréhension de la manière dont les réformes du secteur minier artisanal ont affecté les moyens de subsistance et la situation socio-économique des négociants. Elle examine également l'expérience vécue par les mineurs face aux négociants. Ceci est très important, parce que les négociants sont des acteurs clés dans le secteur minier. Bien qu'ils jouent un rôle crucial dans le commerce de coltan (De Failly, 2001:20 ; Kilosho, 2011), leurs expériences face aux réformes et les efforts visant à diversifier leurs portefeuilles de subsistance ont souvent été esquissées de manière superficielle ou simplement exclus de nombreuses études. Cet oubli est le résultat d'une tendance à considérer les activités de subsistance des négociants indépendamment de celles des mineurs (Geenen, 2011 b ; Maconachie et Hilson, 2011 b).

Les négociants sont souvent dépeints comme des acteurs économiquement puissants qui abusent et dupent les mineurs, car jouissant d'une position d'intermédiaire sur le marché minier. Par exemple, en 2008, la Banque mondiale (2008:8) a conclu que « l'artisan minier est souvent engagé sous contrat par des intermédiaires et acteurs financiers qui, tout en jouant un rôle majeur dans le secteur, souvent pratiquent des taux usuraires ou ne parviennent pas à donner la pleine valeur marchande aux minerais ». De même, dans sa dissertation de Maîtrise sur la position des artisans miniers de la partie orientale de la RDC dans la chaîne globale de la cassitérite (ou étain), Kilosho (2011:15) a fait valoir que le commerce de l'étain sur le marché intérieur est dominé par de « grands marchands », qui donnent des ordres. Ce portrait est conforme avec celui dressé par Global Witness (2006:20) affirmant que, dans les secteurs du cobalt et du cuivre katangais, bien que les négociants soient également exploités par les maisons de négoce, ils mènent une vie assez aisée et payent aux mineurs « des prix très bas ». Une observation similaire a été effectuée dans le secteur aurifère en Afrique de l'Ouest, où Maconachie et Hilson (2011b : 296) font observer que « les intermédiaires abusent des artisans miniers et négligent leur bien-être ».

Ainsi, il semble exister une conviction largement répandue selon laquelle les négociants occupent une position économique puissante. Peu d'attention a été cependant accordée à la façon dont les contraintes économiques introduites par les réformes ont remanié cette position et affecté à la fois les moyens de subsistance des négociants et des mineurs. C'est cette lacune que le présent chapitre vise à combler. Il aborde la manière dont les réformes en cours ont modifié les relations entre les maisons de négoce, les coopératives minières, les négociants et les mineurs. Le chapitre explore les effets de ces changements sur les actifs et les moyens de subsistance des négociants. Les résultats indiquent qu'au Nord-Katanga, les réformes ont laissé de nombreux négociants exposés à des « menaces externes et internes à la sécurité de leurs moyens de subsistance » (Ellis, 2000:298). En réponse, ils ont utilisé leurs réseaux sociaux comme stratégies pour diversifier leurs portefeuilles de subsistance ; ce qui a également touché les mineurs dans leurs expériences et rapports avec les négociants.

Le reste de ce chapitre commence par la présentation du cadre théorique. Elle est suivie d'une description du rôle des négociants dans le secteur minier informel avant les réformes. Les méthodes utilisées sont ensuite décrites brièvement, avant de passer aux résultats. La présentation des résultats se focalise sur la façon dont les réformes ont affecté la situation socio-économique des négociants, les répercussions de ces changements sur leurs activités et leurs moyens de subsistance, comment et pourquoi ils ont opté pour la diversification. La dernière section analyse et conclut le chapitre.

2. CONCEPTUALISATION DES MOYENS DE SUBSISTANCE

Depuis les années 1990, des débats théoriques sur le cadre d'analyse des moyens de subsistance ont considérablement évolué. En réponse à l'approche conventionnelle au développement qui expliquait principalement la pauvreté en termes de faible revenu, ce nouveau cadre d'analyse a généralement été utilisé comme une approche de développement holistique, centrée sur l'éradication de la pauvreté (Chambers et Conway, 1992). Elle repose sur l'hypothèse qu'un moyen de subsistance est plus large que le revenu monétaire (De Haan, 2000) et que les institutions formelles ou informelles peuvent permettre aux gens la quête de leurs moyens de subsistance (Christoplos et Hilhorst, 2009). Ainsi, Ellis (2000:291) a affirmé que l'on doit analyser les questions de subsistance en termes d'actifs (naturels, humains, financiers, sociaux et physiques), d'activités et la manière dont les gens accèdent à ces biens, par le biais de « relations sociales et d'institutions qui influencent l'accès aux différents moyens et sources de revenus ».

La notion de « relations sociales » est théoriquement importante pour comprendre comment les négociants diversifient leur portefeuille de moyens de subsistance. Bebbington (1999) et Krantz (2001) ont tous deux fait valoir que les moyens de subsistance sont façonnés par des éléments non économiques, tels que les aspects culturels ou les « structures informelles de domination sociale et de pouvoir au sein des communautés elles-mêmes » (Krantz, 2001:4). De même, dans leur ouvrage sur les dynamiques de conflits à l'est de la RDC, Vlassenroot et Raeymaekers (2004:17) ont mis en avant l'idée que les liens sociaux sont indispensables pour permettre l'accès des gens aux ressources et aux marchés. De toute évidence, il est important d'examiner comment, en plus d'utiliser le marché « formalisé » de coltan, les négociants peuvent également s'appuyer sur leurs sphères sociales pour diversifier leurs portefeuilles de moyens de subsistance.

De nombreux auteurs se sont inspirés d'une perspective d'économie politique pour discuter des moyens de subsistance et de la situation économique des négociants. Par exemple, Maconachie et Hilson (2011b : 296) ont signalé, dans leur étude sur la formalisation de l'exploitation minière artisanale en Afrique de l'Ouest, que les intermédiaires du commerce de l'or abusent des artisans miniers, les laissant « dans l'extrême pauvreté ». De même, dans leur étude sur l'exploitation minière artisanale de l'étain au Nigeria, Mallo et al. (2011) ont conclu que les mineurs ont été exploités par les intermédiaires parce qu'ils manquaient d'informations sur les prix des minerais. D'autres études, menées à l'est de la RDC, sont arrivées à des conclusions similaires. De Failly (2001:20) a considéré que les négociants ont été les « vainqueurs » durant le boom du coltan de 2001 au Sud-Kivu. En outre, D'Souza (2007:6) a fait valoir que les négociants ont un intérêt direct dans le contrôle des mineurs vulnérables à travers les différents types d'organisations créées par eux, tels que les coopératives. Dans son étude novatrice sur le commerce de l'or à Kamituga (Sud-Kivu), Geenen (2011:431) a également indiqué que l'accès à l'information sur les prix « a considérablement renforcé la position des négociants quand ils ont à marchander sur le prix de l'or », résultant en un ensemble particulier de relations de pouvoir entre négociants et mineurs.

Dans la présente analyse, la conceptualisation des moyens de subsistance offre un double avantage. Tout d'abord, suite à Mallett et Slater (2012:61) qui prétendent que les choix « des politiques gouvernementales sont susceptibles de contraindre et/ou de permettre la poursuite des stratégies de subsistance efficaces », ce chapitre analyse les facteurs qui influencent la diversification du portefeuille de subsistance par les négociants dans un contexte où le gouvernement a pris une série de mesures pour réformer le secteur minier artisanal et d'organiser le commerce du coltan. L'étude examine si les décisions des négociants de diversifier leurs moyens de subsistance ont été influencées par ces mesures, au-delà de la nécessité (involontaire ou désespée) et/ou suggérée par des choix (pour des motifs volontaires et proactifs) (Ellis 2000:291).

Deuxièmement, l'adoption d'une approche des moyens de subsistance a également facilité l'analyse de la façon dont les négociants, lorsqu'ils sont confrontés à des contraintes économiques, des risques et incertitudes, se sont appuyés sur leurs relations sociales informelles dans leurs efforts visant à diversifier leurs activités. Il est particulièrement important de prendre en compte les aspects sociaux des activités de subsistance dans un contexte où les réformes minières ont tendance à privilégier un commerce « formalisé » de coltan au lieu de prêter attention à comprendre les relations sociales entre les mineurs et les négociants. Une grande partie des travaux précédents décrits ci-dessus manquait une analyse approfondie des activités de subsistance des négociants. En intégrant une analyse minutieuse de cela, la présente étude vise à contribuer à l'ensemble de la littérature sur la diversification des moyens de subsistance dans les sites miniers artisanaux dans un contexte de réformes. Elle répond aux questions de savoir pourquoi et comment les négociants s'engagent dans la diversification des moyens de subsistance en jetant aussi un regard sur l'expérience des mineurs avec ce groupe.

3. Méthodes

Cette étude a utilisé principalement des méthodes ethnographiques, consistant à étudier les pratiques des gens selon leur propre perspective et dans leurs propres contextes (Hammersley et Atkinson, 2007). Les données de cette étude ont été recueillies au cours de sept mois (février-août 2014) de recherche de terrain menée dans trois mines de coltan — Kahendwa, Kisengo et Mai-Baridi — situées dans les territoires de Kalemie et à Nyunzu, à environ 200 km à l'ouest de Kalemie, la ville chef-lieu de la province de Tanganyika.

La collecte de données pour cette étude a combiné l'observation, les interviews individuelles et les interviews de groupes, les histoires de vie et un questionnaire d'enquête. Ces diverses méthodes ont été utilisées pour vérifier l'exactitude des données recueillies, les recouper et valider les conclusions (Reimer, 2009). L'observation est une méthode clé en recherche ethnographique (Campbell et Gregor, 2010). Tout d'abord, nous avons observé comment les négociants achètent le coltan auprès des mineurs et leurs interactions avec les maisons de négoce et les coopératives. Nous avons mené des entretiens approfondis avec 20 des 28 négociants et recueilli leurs histoires de vie, basées sur leur expérience à long terme dans les activités minières. Nous avons aussi mené des interviews auprès de 133 exploitants miniers individuels et 16 membres de leurs comités, recueillant 12 histoires de vie de ces groupes. En outre, nous avons effectué 14 interviews avec le personnel des maisons de négoce et des coopératives minières. Les interviews avec les mineurs et le personnel des institutions ont aidé à comprendre l'expérience qu'ils ont vécue avec les négociants et comment ils ont interagi avec eux.

Le questionnaire d'enquête a été principalement orienté vers l'évaluation des activités des négociants vivant à Kahendwa, Kisengo et Mai-Baridi. L'enquête, qui portait sur 25 des 28 négociants vivant dans le milieu d'étude, s'est articulée autour de différents thèmes au niveau des ménages des négociants. Des informations ont été recueillies sur leurs zones d'origine, la durée de leur expérience en exploitation et commercialisation du coltan, les types d'activités de subsistance autres que l'achat du coltan et les acteurs avec lesquels ils s'engagent dans ces activités. L'enquête a permis d'identifier les principales activités menées par ces négociants quand ils cherchent à diversifier leur portefeuille de moyens de subsistance.

Parmi les négociants étudiés, seules quatre étaient des femmes, compte tenu du fait que les activités des femmes dans le secteur minier artisanal sont souvent blâmées pour leur statut social et cela reflète la division du genre typique dans les collectivités minières (Bashwira et al., 2013). Deux parmi ces négociants-femmes ont été recrutées en 2012 à Kisengo par la

CDMC et les deux autres en 2013 à Kahendwa par la CMMA. L'analyse des activités des négociants ne reposait pas sur le montant des revenus générés, qui déborde le cadre de cette étude. Au lieu de cela, l'analyse a porté sur l'explication de la nature de leurs activités, découvrir ce qu'elles représentaient pour leurs ménages et les mineurs, ainsi que les raisons pour lesquelles les négociants ont opté pour ce type de diversification. Toutes les données ont été transcrites, organisées par voie électronique et codées à l'aide du logiciel d'analyse de données qualitatives NVivo.

4. Exploitation du coltan et négociants à Kalemie et Nyunzu (2007 – 2009)

Avant l'extraction du coltan, l'économie rurale de Kalemie et Nyunzu était principalement agraire (Mbomba, 2011 ; Omasombo, 2014). Nombreux agriculteurs cultivaient des portions de terrain d'environ 0,4 hectare pour la consommation locale. Les terres étaient régies par le régime foncier coutumier et de la lignée, comme cela a été observé dans d'autres régions de la RDC, notamment du Nord et du Sud-Kivu (Van Acker, 2005 : 81-82). En outre, les arrangements du régime foncier coutumier étaient dirigés par des chefs traditionnels locaux (*bami*, *mwami* au singulier), qui attribuait les terres qu'ils se transmettaient d'une génération à l'autre.

En 2007, cette situation a changé considérablement, suite à la découverte de plusieurs gisements de coltan, principalement à Kisengo et Mai-Baridi (2007) et Kahendwa (2011). En réponse à l'appauvrissement de la population après l'effondrement du secteur agricole dans les années 1990, les mines de coltan ont fourni aux gens des possibilités de chercher de nouveaux moyens de subsistance et de gains économiques (Omasombo, 2014)[81]. L'exploitation minière est ainsi devenue une source importante pour le flux financier dans les collectivités locales.

---

[81] Le déclin du secteur agricole résultait d'une série de facteurs, notamment l'effondrement des infrastructures de base (routes et chemins de fer ruraux), les deux guerres congolaises (1996; 1998-2003) et les conflits armés, qui

Jusqu'en 2010, le commerce de coltan était contrôlé par les négociants. Certains étaient des commerçants indépendants, n'appartenaient pas aux coopératives minières et ne recevaient pas de préfinancement à travers elles. D'autres négociants achetaient le coltan pour les maisons de négoce situées en villes (Kalemie, Bukavu et Uvira au Sud-Kivu et Goma au Nord-Kivu). Ces négociants organisaient leurs activités via de petits groupes appelés « comités des négociants », constitués de 5 à 10 personnes. Ces « comités » aidaient les négociants à recueillir des informations sur les prix. Outre l'organisation de l'« expédition » du coltan vers les comptoirs, les « comités » transféraient également l'argent aux mines. Selon de nombreux négociants[82], les « problèmes de trésorerie » étaient rares étant donné le nombre élevé de négociants, qui avoisinait 100 et le caractère concurrentiel de leurs activités. La concurrence entre négociants permettait ainsi aux mineurs de négocier les prix et de choisir les plus offrants.

Durant cette période, en l'absence de marchés économiques efficaces et compte tenu de la faiblesse des structures de gouvernance, le commerce du coltan reposait sur des réseaux informels. Cela rendait difficile de contrôler ce commerce et encourageait la contrebande (Spittaels, 2010). Ce commerce était organisé comme suit : les négociants collaboraient avec des intermédiaires (appelés convoyeurs). Ces convoyeurs stockaient et transportaient le coltan vers les négociants ou fournissaient des espèces aux autres intermédiaires dans les zones minières. Pour réaliser des bénéfices supplémentaires, de nombreux négociants associaient l'achat des minerais à la fourniture des biens de consommation qui étaient difficiles à trouver pour les mineurs et les membres de leur communauté. Les négociants s'appuyaient également sur une économie de troc, d'échange de marchandises pour les paiements en nature du coltan, une pratique que Garrett (2008) observa aussi au Nord-Kivu.

---

provoquèrent la chute de la production agricole et compliquèrent l'accès aux marchés.

[82] Entretiens avec négociants, Kahendwa et Mai-Baridi, août 2014.

De nombreux négociants de coltan appartenaient aux groupes ethniques Bashi et Nande, originaires du Sud et du Nord-Kivu. Ils avaient été établis au Nord-Katanga (pour la plupart à Kalemie) depuis le début des années 2000, avant la découverte du coltan, et ils étaient pour la plupart impliqués dans le commerce de l'or. À ce moment-là, ils collaboraient avec les autorités politico-militaires du Rassemblement congolais pour la démocratie (RCD), un mouvement rebelle basé aux Kivus et qui contrôlait militairement le Nord-Katanga entre 1998 et 2003 (Spittaels 2010:17)[83]. Selon une source bien informée, ces autorités offraient des capitaux de démarrage ou des conditions de « protection sécuritaire » pour assurer les activités des négociants. Depuis ce temps, des réformes minières ont introduit des changements significatifs dans la situation économique de ce groupe, comme l'indique la section suivante.

5. Réformes minières

5.1. Mesures administratives

Depuis 2009, l'exploitation minière des 3T a subi une série de mesures politiques. Ces mesures ciblaient tous les participants dans le secteur minier, y compris les négociants. Des mesures ont été prises au niveau national et au niveau du gouvernement provincial katangais suite à la pression internationale mise sur le gouvernement congolais pour faire appliquer des lignes directrices claires concernant l'exploitation et le commerce des 3T (Radley et Vogel, 2015) et d'autres ressources minières. En 2009, le gouvernement congolais prit ainsi une série de mesures. Parmi elles, il délimita huit zones d'exploitation artisanale (ZEA) des 3T dans Kalemie et Nyunzu. Ces ZEA étaient accordées aux coopératives minières, principalement la CDMC.

En outre, le gouvernement katangais prit sa première mesure ciblant les mines de coltan du Nord-Katanga. Le 9 mars 2009, il

[83] Entretien avec Boniface Kyungu, chef du bureau de la Division mines/Kalemie, juin 2014.

accorda un monopole d'achat des 3T dans quatre zones minières du Nord-Katanga au MMR. Ce monopole fut confirmé après que le MMR acquit les droits officiels du cadastre minier en décembre 2011 (CAMI, 2012). La décision susmentionnée et le monopole accordé au MMR ont conduit beaucoup de négociants de coltan à abandonner leurs activités au milieu de tensions avec cette maison de négoce. Certains négociants furent même arrêtés. Spittaels (2010:20) a fait remarquer qu'à Kisengo, « trois commerçants frondeurs du Sud-Kivu [...] ont été détenus jusqu'à ce qu'ils aient accepté de vendre au MMR les 11 tonnes de coltan qu'ils avaient prévu de transporter à Bukavu ». L'arrivée du MMR a également coïncidé avec la mise en place de coopératives minières au Nord-Katanga (cfr. chapitre 3).

Le gouvernement provincial du Katanga a également décidé d'arrêter le flot de coltan vers d'autres provinces, en particulier le Nord et le Sud-Kivu. Après avoir observé que, depuis 2007, les minerais échappaient systématiquement au contrôle administratif, économique et fiscal par les autorités (Spittaels, 2010:17), en octobre 2009, le gouverneur katangais d'alors, Moise Katumbi Chapwe, avait augmenté sensiblement les frais administratifs pour le transport de la cassitérite et du coltan, de 0,10 $ à 5 $ par kilogramme pour tout transit de l'étain, de ses dérivés et du coltan de la province du Katanga vers toutes les autres provinces.

Parallèlement à ces mesures, les réseaux politiques katangais ont joué un rôle central dans la stratégie de lutte contre les minerais de conflits au Katanga (Diemel et Cuvelier, 2015). Cela a encouragé la mise en œuvre du projet de l'iTSCi dans la plupart des zones des 3T. Comme nous l'avons déjà mentionné, l'iTSCi avait été conçue par l'Institut international de recherche sur l'étain (ITRI) en 2009. Elle offre un moyen de déterminer les origines des 3T et de documenter la chaîne commerciale des minerais, via l'« étiquetage et emballage » des colis de 3T sur les sites miniers ou aux postes d'achat, aux bureaux des comptoirs et dans les dépôts miniers. La présence de l'iTSCi a eu pour effet d'introduire de nouveaux modèles d'organisation du commerce du coltan en collaboration avec les maisons de négoce, les coopératives et les négociants.

5.2. Organisation du commerce de coltan

Dans la foulée des réformes, le commerce de coltan a impliqué cinq acteurs-clés dans les sites miniers : l'iTSCi, les maisons de négoces (comptoirs), les coopératives minières, les négociants et les mineurs. L'initiative iTSCi a encouragé ces maisons à collaborer avec les coopératives minières. À de rares exceptions, par exemple à Manono au Katanga central, où certains négociants ont continué d'acheter indépendamment le coltan, dans la majorité des cas, les maisons de négoce et les coopératives ont réduit le nombre de négociants qu'elles avaient trouvé dans les zones minières, recrutant certains d'entre eux et éliminant d'autres de la chaine commerciale des 3T. Cela visait à organiser le commerce du coltan plus efficacement.

5.2.1. Recrutement des négociants

La taille des sites miniers, leur potentiel de production, le nombre de mineurs travaillant dans les mines et le nombre de postes d'achat disponibles, tout cela avait une incidence sur le recrutement des négociants. Les maisons de négoce et les coopératives considéraient quatre séries de facteurs dans le recrutement des négociants.

Les premiers négociants à être recrutés étaient ceux qui avaient vécu dans les sites miniers pendant une longue période, environ quatre ans. On croyait qu'ils avaient une bonne connaissance de coltan. En second lieu, les maisons de négoce et les coopératives sélectionnaient les négociants sur base de leur propre politique de gestion. En 2012, à Kahendwa, par exemple, les représentants de la CMMA, la seule coopérative établie sur place, facturait comme frais d'adhésion, entre 500 et 1500 $, aux négociants qui voulaient travailler avec le CMMA. Ce montant était considéré comme illégal par beaucoup de négociants[84]. En outre, les maisons de négoce et les

---

[84] Entretien avec les négociants, Kahendwa, mai 2014.

coopératives recrutaient des négociants qui avaient des maisons dans les sites miniers ou qui y avaient investi. Bien que les biens matériels, par exemple les maisons ne servaient pas comme « garantie » en tant que telle, elles étaient considérées comme une preuve que ces négociants ne seraient pas tentés d'abandonner leurs activités ou de s'enfuir avec les fonds que les coopératives leur fournissaient. Néanmoins, l'abandon des activités par les négociants a eu lieu à plusieurs reprises, principalement en raison de dettes dues aux coopératives.

D'autres négociants étaient recrutés sur la base de leurs liens sociaux, des réseaux de favoritisme au sein des coopératives et des rôles dans l'entreprise minière locale. Enfin, certains négociants ont été pris comme membres des communautés locales (« *batoto ya mungini* »). Ces gens étaient pour la plupart de l'ethnie Bakalanga et ont été soit recommandés ou avaient des liens de parenté avec le *mwami* (chef de groupement) des sites d'extraction de coltan. Pour ce *mwami*, recruter les négociants dans sa communauté était une stratégie pour renforcer sa position de pouvoir parmi les parties prenantes locales tout en conservant une influence sur l'activité minière dans son milieu[85].

Enfin, selon les représentants de la CDMC et de la CMMA, les négociants-femmes, comme les négociants masculins, ont été recrutés selon leur expérience, l'intégrité morale et les relations familiales. Bien que beaucoup de négociants étaient présents dans les zones minières, parmi les négociants femmes recrutées à Kisengo (Maman Henriette Kabala), par exemple, était l'épouse du Président du comité des creuseurs.

5.2.2. Interactions entre maisons de négoce, coopératives et négociants

Les relations entre les maisons de négoce, les coopératives et les quelques négociants recrutés et qualifiés pour l'achat de coltan peuvent être caractérisées comme du type « patron-client » et interdépendantes (voir tableau 4). Après la signature des contrats de collaboration avec elles, les maisons de négoce

[85] Entretien avec le chef du village de Kisengo, juillet 2014.

préfinancent les coopératives sur une base quotidienne ou hebdomadaire. Les montants varient, notamment suivant la production potentielle de la zone minière. Par exemple, à Kisengo, où la production s'approche d'une tonne de coltan/jour pendant la période de pointe, le financement fourni par le MMR à la CDMC est estimé à 25 000 $/jour.

Table 4 : Le système de préfinancement du commerce du coltan

	Maisons de négoce	**Coopératives**	***Négociants***	**Creuseurs**
Fonctions	Préfinancement des coopératives	Préfinancement des *négociants,* Nomination de *négociants* aux *postes d'achat,* Remise du coltan aux maisons de négoce	Achat de coltan aux *postes d'achat,* Souvent remplacés par les '*sous couverts'*	Creusent dans les galeries, Vendent le coltan aux *négociants* aux *postes d'achat*
Fréquence des transactions	Quotidienne ou hebdomadaire	Quotidienne	Quotidienne	Quotidienne
Types de Relations	Basés sur des contrats écrits		Acheteurs–vendeurs	

À Kisengo par exemple, ce système de préfinancement fonctionne comme suit : MMR fournit des fonds à la CDMC. Cette dernière préfinance 21 négociants nommés à 14 postes d'achat. Le montant journalier par négociant varie entre 160 et 1 500 $; ce qui leur permet d'acheter 5 – 50 kg de coltan. Lorsque ce régime de préfinancement fonctionne correctement, il nourrit l'économie locale avec une circulation constante d'argent. Le système ci-dessus fonctionne de la même façon à Kahendwa et à Mai-Baridi, mais avec seulement cinq négociants basés à Kahendwa et deux à Mai-Baridi (voir tableau 1).

6. Effets des réformes

6.1. Effets sur les moyens de subsistance des négociants

Cette section s'appuie sur une histoire de vie pour examiner les conséquences des réformes sur les moyens de subsistance des négociants. Mallett et Slater (2012:56) ont souligné que l'environnement où les moyens de subsistance prennent place et où le business est organisé compte énormément pour comprendre comment les réformes économiques affectent les activités des gens. Cela vaut aussi dans les zones post-conflit comme Kalemie et Nyunzu, où les rôles joués par différents groupes d'acteurs dans les processus de maintien des moyens de subsistance méritent d'être explorées (Christoplos et Hilhorst, 2009). Cette section montre que, bien que les réformes aient donné certains avantages aux négociants, ils en ont également subi des effets négatifs. Ces effets s'expliquent au regard des politiques en place concernant l'organisation du marché du coltan.

Histoire de Mwamba

Mwamba était un jeune homme de 35 ans, vivant à Kisengo depuis 2008. Il possédait une galerie de coltan avant son mariage en 2010. Le MMR et la CDMC sont arrivés respectivement en janvier et juin 2010, suivis de l'iTSCi en avril 2011. Selon lui, les conditions de travail à Kisengo ont profondément changé. Le MMR/CDMC a fixé un prix unique d'achat du coltan, rendant difficile de négocier des prix avec d'autres négociants indépendants. En septembre 2011, le coltan a été découvert à Kahendwa. Mwamba s'y installe et y travaille d'abord comme mineur. Il est ensuite recruté par Wasolela Divin (le négociant principal local), comme négociant de la CDMC. Mwamba recevait des fonds de Wasolela Divine et était payé 2,2 $ par kilogramme de coltan remis à la CDMC. En janvier 2012, la CDMC fut remplacée par la CMMA. Mwamba avait alors accumulé des dettes auprès des mineurs — estimée à 1 200 $, en raison des problèmes de trésorerie. Incapable de payer ces dettes, il était régulièrement en conflit avec ces mineurs. En octobre 2012, il en paya la moitié, mais décida de retourner à Kisengo, où il devint un mineur ordinaire. En janvier 2013, il possède une galerie à Bovu et est nommé par les mineurs comme membre de leur comité. Cependant, comme plusieurs autres mineurs interrogés, le 12 juillet 2014, Mwamba a décrit les problèmes suivants :

> « Lorsque nous vendons le coltan aux négociants nommés par la CDMC à Bovu [Dunia Véronique Mokili et Maman Henriette Kabala], ils nous payent rarement en espèces en raison de problèmes récurrents de trésorerie. Nous et nos familles vivons comme des oiseaux. Nous comptons sur les petits prêts et utilisons nos objets de valeur tels que les radios, les chaussures, etc. comme dépôts de garantie pour obtenir de la nourriture ou des médicaments auprès des commerçants ou des pharmaciens. D'autres négociants peuvent nous donner des prêts, aussi, mais beaucoup d'entre eux sont également redevables à des commerçants locaux et imposent aussi bien des délais que nous pouvons rarement supporter ».

L'histoire de Mwamba met en lumière deux éléments importants. Tout d'abord, elle révèle la trajectoire complexe d'un négociant, changeant fréquemment de statut jusqu'à devenir un simple mineur, car confronté à des difficultés financières. Deuxièmement, cette histoire met en évidence l'expérience vécue par les mineurs face aux négociants. Ce qui est important, dans les conditions décrites dans sa déclaration, il est clair que les deux groupes ont été confrontés aux mêmes types de problèmes.

Les politiques de réforme ont eu d'autres incidences sur les négociants. Étant en dispute avec MMR et compte tenu du doublement des coûts administratifs associés au transfert des cargaisons des 3T du Katanga vers d'autres provinces ; tout cela a rendu difficile le maintien des activités de nombreux négociants dans le milieu. Ils ont été expulsés soit de la chaîne des produits miniers ou n'avaient aucun autre choix que de travailler avec et pour les maisons de négoces et les coopératives minières. En outre, selon le responsable du Bureau de la Fédération des entreprises du Congo (FEC/Kisengo), un homme de 45 ans qui s'était établi à Kisengo depuis 2007, de nombreux négociants furent arrêtés par la PMH parce qu'ils n'étaient pas disposés à collaborer avec le MMR et la CDMC[86].

Table 5 : Nombre de négociants dans le milieu d'étude, 2009 – 2014

	Sites miniers			
Année	Mai-Baridi (Kalemie)	Kahendwa (Nyunzu)	Kisengo (Nyunzu)	Total pour tous les sites
2009	41	0	64	105
2010	9	0	17	26
2011	6	67	21	94
2012	5	15	22	42
2013	2	8	21	31
2014	2	5	21	28

Source : Données primaires collectées en 2014

Le tableau 5 montre que le nombre de négociants a diminué au fil du temps. Bien que le tableau ne présente pas de données pour toutes les zones d'exploitation minière actives en 3T au Nord-Katanga, il révèle une tendance générale indiquant que le commerce du coltan a cessé d'être une activité indépendante.

6.2. Achat de coltan pour les maisons de négoce et les coopératives

Opportunités

Travailler avec les maisons de négoce et les coopératives a offert plusieurs avantages aux négociants. Ni les agences de l'État ni d'autres personnes en position d'autorité (p. ex. le *mwami*) n'étaient plus en mesure de percevoir directement des taxes ou des frais auprès d'eux. Par exemple, la « carte de négociant » (l'autorisation officielle pour le commerce des minerais) était désormais payée par les coopératives. Toutefois, cela ne signifie pas que les taxes illégales avaient complètement disparues, comme l'illustre le montant de 500 – 1 500 $ payé par les négociants à Kahendwa. Un autre avantage est que les

[86] Entretien de groupe avec les négociants, Kisengo, mai 2014.

coopératives payaient aux négociants un incitatif de 2,2 $ par kilogramme de coltan acheté, quelles que soient les baisses du prix du minerai sur les marchés internationaux.

Toutefois, les sommes gagnées par le biais de ces mesures incitatives variaient considérablement d'une région minière à l'autre et entre les négociants eux-mêmes. Bien que la rémunération incitative était estimée entre 10 et 25 $/jour dans l'ensemble, cela dépendait d'un certain nombre de facteurs. Par exemple, lorsque les galeries entraient en phase productive, les négociants dans les postes d'achat du voisinage étaient en mesure d'acheter plus de coltan que ceux dans d'autres endroits. C'est ce qui explique pourquoi d'autres négociants étaient parfois en mesure de fournir des prêts aux mineurs, comme suggéré par Mwamba.

Les incitations gagnées aussi dépendaient de la qualité et de la quantité de coltan produit. Quand une zone d'extraction était moins productive ou bien si son coltan avait une teneur pauvre en tantale (comme ce fut le cas, par exemple, à Kilunga, une autre mine de coltan à Nyunzu), la coopérative (dans ce cas, Vimated) avait des difficultés à obtenir un préfinancement d'une maison de négoce. Ceci a directement touché les négociants de la coopérative.

Les négociants utilisaient leurs rémunérations pour effectuer un certain nombre de dépenses. Par exemple, ils payaient la ration alimentaire, les frais de transport et une sorte de salaire (100 $/mois) à leurs « sous couvert » — des gens nommés à des postes pour acheter le coltan au compte des négociants. Dans certains cas, les mineurs vendaient du « faux coltan » aux « sous couverts » (Wakenge, 2014). Ces facteurs démontrent que, même si les négociants semblent être favorisés par le système de préfinancement, en réalité, beaucoup d'entre eux avaient plusieurs coûts à couvrir, ce qui implique qu'il serait trop simpliste d'affirmer qu'ils sont les « grands gagnants » dans le jeu de ressources.

Finalement, le travail avec les maisons de négoce et les coopératives a permis et forcé de nombreux négociants à subir un processus de sédentarisation. Bien qu'ils aient été connus comme des gens qui se déplacent fréquemment d'un site minier à l'autre, toujours en quête d'endroits où ils pensent trouver les minerais avec les plus hautes teneurs, beaucoup de négociants sont devenus sédentaires dans une zone minière spécifique. En outre, comme ils risquaient de perdre leur appartenance à une coopérative donnée et se retrouver exclus du processus d'achat, la sédentarisation est devenue un facteur de diversification des moyens de subsistance des négociants à travers d'autres activités en plus du commerce de coltan.

Contraintes

Les effets négatifs sur les négociants de travailler avec les maisons de négoce et les coopératives ne doivent pas être négligés. Ces maisons et coopératives ont fait, à plusieurs reprises face à des problèmes de trésorerie. Ces problèmes de trésorerie (localement dénommées coupures de fonds) étaient souvent causées par des difficultés logistiques inhérentes à l'éloignement des sites miniers situés dans des zones rurales où aucune banque n'était disponible. Elles résultaient aussi des fluctuations des prix des minerais sur le marché international. Dans les mines, tous les paiements devaient être effectués en espèces. Cet argent devait être transporté physiquement d'une banque jusqu'aux mines. Les succursales de banques se trouvent seulement à Kalemie, et celles-ci dépendent aussi des envois d'argent des banques de Lubumbashi. Ces expéditions sont habituellement effectuées au rythme hebdomadaire par des lignes aériennes commerciales irrégulières. Comme on pouvait s'y attendre, ces problèmes de trésorerie présentent de nombreux défis pour les activités de subsistance des négociants. Sans argent, les négociants ne pouvaient pas payer le coltan aux mineurs, renforçant les profils des dettes, comme en témoigne l'histoire de Mwamba.

En outre, dans le milieu d'étude, les négociants ont été en mesure d'utiliser la soi-disant « Banque Lambert » pour maintenir à flot leurs activités. « Banque Lambert » (le surnom de l'ancienne Banque belge Lambert de Bruxelles) désigne le prêt d'argent par des mineurs ou des négociants à des conditions particulièrement strictes, y compris les taux d'intérêt allant jusqu'à 50 % et un remboursement rapide de la dette. En outre, de nombreux négociants ont fait face à des pertes financières substantielles. Cela s'expliquait par la mobilité des creuseurs migrant d'une mine à l'autre, laissant derrière eux leurs dettes contractées auprès des négociants. À Mai-Baridi et Kahendwa, les négociants interviewés ont décrit ce genre de contrainte :

> « L'achat du coltan dépend de la manière dont nous organisons notre « campagne » — autrement dit, le fait d'établir des relations de confiance avec les mineurs. Nous leur fournissons des micro-prêts, achetons des cigarettes ou des rations alimentaires pour eux individuellement ou pour leurs équipes. Nous achetons ces biens en espèce ou bien nous contractons des crédits auprès d'autres commerçants locaux. Cependant, souvent, nous sommes incapables de recouvrer ces dettes, parce que de nombreux mineurs quittent les zones minières ou sont incapables de nous rembourser, nous rendant redevables vis-à-vis de nos coopératives »[87].

Dans cette déclaration, il est clair que les relations de confiance jouent un rôle clé dans les échanges en termes de réciprocité et de marché, comme cela a été noté dans une étude antérieure (Grätz, 2004 ; Hart, 1988). Cependant, elle révèle également que les relations entre les négociants et les mineurs n'ont pas toujours produit des résultats positifs. En conséquence, de nombreux négociants sont lourdement endettés envers leurs coopératives. Ils sont devenus incapables d'acheter la quantité de coltan pour lesquels ils avaient reçu des fonds. De 2012 à 2014, ces dettes s'élevaient à 25 000 $ pour un groupe de cinq négociants de la CDMC. Comme ils ne pouvaient pas payer leurs dettes, certains de ces négociants étaient radiés de la CDMC, d'autres ont pris fuite[88]. Le fait d'opérer sous la couverture des coopératives avait des implications pour les négociants et les mineurs. Toutes les contraintes mentionnées ci-dessus — les problèmes de trésorerie, les tendances au surendettement et les pertes financières ont fait de la diversification des moyens de subsistance un impératif pour beaucoup de négociants.

---

[87] Entretien de groupe avec les négociants, Mai-Baridi et Kahendwa, mars 2014.

[88] Entretien avec des membres du personnel du MMR, Kisengo, juin 2014.

6.3. Diversification de moyens de subsistance des négociants

Le tableau 6 ci-dessous montre comment, de diverses manières, les négociants ont diversifié leurs portefeuilles de moyens de subsistance. Les activités de subsistance pour eux et leurs ménages montrent que, lorsqu'ils sont confrontés aux risques, les négociants peuvent répondre à bien des égards aux menaces contre leur bien-être par d'autres activités (2000:294). Le tableau montre également que les activités spécifiques choisies n'étaient pas les mêmes. Plutôt, ces activités variaient d'une région minière à l'autre et entre différents négociants. Les zones d'extraction diffèrent en termes de taille de la population, d'accessibilité et d'opportunités d'affaires. Ces facteurs déterminent en grande partie le choix que les négociants font pour s'engager dans des activités particulières. Par exemple, à Kisengo, où il y a relativement plus d'habitants (17 000), ce village étant par conséquent susceptible d'offrir de nombreux clients potentiels, 2 des 21 négociants ont investi dans l'hôtellerie.

Table 6 : autres activités de 25 négociants en plus de l'achat du coltan

	Zone d'exploitation minière				
Activités	Kisengo (n = 19)	Kahendwa (n = 4)	Mai-Baridi (n = 2)	Total de tous les sites (n = 25)	%
Fourniture de microcrédits aux ménages des mineurs	12	3	1	16	64
Vente de bière/alcool	3	2	2	7	28
Activités agricoles	6	1	0	7	28
Fourniture de transport par motos	6	1	0	7	28
Vente de carburant	2	2	1	5	20

Investissement dans les cinémas	4	1	0	5	20
Participation à d'autres activités (p. ex., petit commerce ou boutiques)	5	1	0	6	24
Investissement dans le commerce hôtelier	2	0	1	3	12
Abattage/vente de planches	3	0	0	3	12

Source : Données primaires collectées en 2014

En outre, comme indiqué ci-dessus, les négociants ont différents niveaux d'actifs financiers et revenus. Certains sont financièrement mieux lotis que d'autres et sont en mesure d'investir, par exemple, dans les salles de cinéma ou les motos pour le transport en commun. Les activités agricoles ne figurent pas en bonne place dans les stratégies de diversification des moyens de subsistance des négociants. Comme le montre le tableau 6, sur un total de 25 ménages, seuls 7 (28 %) sont engagés en agriculture. Dans ces cas, les activités agricoles sont effectuées par les épouses des négociants. Ces ménages ont indiqué que l'agriculture était quelque chose de normal parce qu'ils étaient « autochtones » — des gens qui vivaient dans ces villages avant le début de l'exploitation minière. Une discussion avec les épouses des négociants qui n'étaient pas impliqués dans l'agriculture a révélé qu'elles n'avaient pas beaucoup d'intérêt en agriculture, car elles considéraient qu'il s'agit d'une activité qui prend trop de temps, génère peu de revenus et ne parvient pas à les aider, elles et leurs conjoints, à faire rapidement face aux problèmes financiers. Nos résultats sont conformes aux dernières preuves de liens entre l'exploitation minière et les activités agricoles dans d'autres régions d'Afrique subsaharienne (Hilson, 2011). Cependant, nos résultats ont également montré que l'agriculture ne peut être considérée comme une option de moyens de subsistance viable pour les négociants que s'ils s'attendent à des avantages rapides. Or, l'agriculture rarement – voire jamais – ne produit des bénéfices à très court terme.

Le Tableau 6 révèle également que la fourniture des prêts a été l'activité de subsistance la plus répandue, exercée par 16 des 25 négociants interrogés (64 %). Les prêts ont été accordés principalement aux ménages de mineurs. Comme cela a été trouvé ailleurs à l'est de la RDC, bien que les tendances de la dette et du crédit avaient précédé les réformes, les changements dans l'organisation du marché du coltan ont introduit des nouveaux types de relations entre les négociants et les mineurs. Avant les réformes, les dettes étaient principalement contractées dans le but de produire des minerais (Geenen, 2011a). Cette situation a profondément changé. Par exemple, le système de « Banque Lambert » mentionné précédemment, qui était le fondement des micro-crédits, accordait des prêts entre 20 - 50 $, non dans le but de produire de coltan, mais plutôt de permettre aux ménages de mineurs de démarrer une activité de subsistance. Après un mois, le créancier d'un prêt de 50 $ recouvrait 75 $. Cela suggère aussi que beaucoup de négociants et de ménages de mineurs étaient confrontés à beaucoup de dettes.

6.4. Expériences des mineurs face aux négociants

Histoire de Kissamba

Kissamba est un originaire du Sud-Kivu d'une cinquantenaire d'années. Il vit à Kahendwa depuis décembre 2011 avec sa femme et ses trois enfants, un fils et deux filles, tous entre 11 et 16 ans. Quand Kissamba est arrivé à Kahendwa, il était un mineur ordinaire. En octobre 2012, il est nommé au comité des creuseurs, une position qui lui permettait de posséder cinq puits. À plusieurs reprises, Kissamba a observé que les conditions de vie et de travail des mineurs ne se sont pas améliorées malgré les réformes. Il dit que, bien que la CMMA prétende soutenir les mineurs, ces derniers continuent à porter de lourds sacs de remblais (kabondema) sur leurs têtes. Il a ajouté que les « problèmes de trésorerie » sont récurrents, et les mines n'ont pas un équipement adéquat comme les pompes à moteurs. Il se demande : « Comment les négociants de la CMMA continuent-ils à acheter le coltan « à crédit » quand les mineurs vivent de leurs revenus au jour le jour et ne sont pas autorisés de vendre coltan à quelqu'un d'autre ? » Comme beaucoup d'autres mineurs, Kissamba, a exprimé sa déception avec les réformes :

> « Les maisons de négoce et les coopératives opérant au Nord-Katanga sont assimilables à une voiture sans chauffeur, sans freins ni phares, qui roule dans l'obscurité, sur des routes cahoteuses, sans que personne n'ait le pouvoir de l'arrêter ».

Pour les mineurs, les acteurs des réformes, à savoir les maisons de négoces, les coopératives minières et les négociants sont considérés comme une seule entité, tandis que ces réformes sont presque toujours décevantes.

L'épouse de Kissamba vend des arachides et de la farine de manioc au marché de Kahendwa. Avant de travailler au marché, elle ne possédait aucune activité lucrative propre. Elle trouvait que son mari gagnait suffisamment d'argent de ses cinq puits. Cependant, en mai 2014, le ministère national des mines interdit les activités minières à Kahendwa (№ 0143/CAB. MIN/mines/01/2014, Article 3) parce que les mineurs de coltan creusaient de galeries excédant 30 m, une profondeur interdite par la loi (code minier, titre I, Ch. 1, Art. 1). Privée de l'activité minière comme principale source de revenu, l'épouse de Kissamba n'avait aucun autre choix que de se livrer au petit commerce. Elle a obtenu un microcrédit de 50 $ comme capital de démarrage auprès d'un négociant basé à Kahendwa qui était aussi originaire du Sud-Kivu, sa région natale. Après un mois, elle a remboursé 75 $. L'argent qu'elle a obtenu a permis de payer la scolarité de ses enfants et de joindre les deux bouts du mois.

Comme le révèle l'histoire de Kissamba, bien que les ménages de mineurs aient été accusés de pratiquer un taux d'intérêt élevé, la dette n'était pas seulement utile pour la création de richesses. Elle était devenue le principal moyen de survie. À la suite de Van Dijkhorst (2011:113), qui avait trouvé qu'une activité menée dans un contexte de nécessité peut devenir une base de subsistance, la présente étude a révélé que les dettes peuvent illustrer des motifs d'adaptation et de résilience dans les moments difficiles. Plus important encore, les prêts et dettes ont également servi à construire la cohésion sociale et la « solidarité de groupe » comme l'affirme Mauss (cité dans Peebles, 2010:226). Les ménages de nombreux mineurs ont contracté des prêts auprès des négociants qui provenaient de la même zone géographique qu'eux. Ainsi, ces prêts n'étaient pas seulement des transactions économiques génératrices de revenus pour leurs activités. Un négociant établi à Kisengo depuis 2009, a fait remarquer que « lorsque vous accordez un prêt ou quand vous avez besoin d'argent, la seule personne qui peut vous aider 'ni wako wa ndani kabisa', ce qui signifie une personne qui sait qui vous êtes, ce que vous faites et d'où vous êtes venus ».[89] Les relations sociales et les pratiques officieuses des ménages des mineurs ont permis à de nombreux négociants de faire face aux problèmes financiers. De même, Knowles et Weatherston (2006) avaient trouvé que les relations informelles sont un facteur déterminant de génération des recettes.

7. ANALYSE ET CONCLUSION

Cette étude examine les incidences des réformes minières artisanales sur les moyens de subsistance des négociants. Acteurs-clés dans le secteur minier en RDC, les négociants sont généralement considérés comme jouissant, voir abusant, de leur position de courtiers. Le fait d'étudier leurs moyens de subsistance à la suite des réformes a fourni une meilleure compréhension de leur rôle dans l'économie locale socialement enracinée et de la manière dont cela a profondément changé au fil du temps.

Nos résultats indiquent que les changements dans les modes de commerce du coltan ont remanié localement la situation économique des négociants. Avant les réformes, les négociants étaient pratiquement des commerçants indépendants, connectés

[89] Entretien avec un négociant, Kisengo, avril 2014.

et travaillant en collaboration avec des comptoirs urbains. À cette époque, les négociants contrôlaient en grande partie le commerce informel du coltan. À la suite des réformes visant l'assainissement du secteur minier, leur situation économique a changé. Une série de mesures ont été prises par le gouvernement national de RDC et par le gouvernement provincial du Katanga, y compris l'octroi de zones minières artisanales aux coopératives minières (et parfois à des maisons de négoce). Les maisons de négoce et les coopératives, à leur tour, ont agi pour exclure certains négociants, tout en recrutant et en préfinançant d'autres pour acheter le coltan auprès des mineurs.

Cette étude a montré que les réformes minières ont créé de nombreuses opportunités économiques pour les négociants. Les maisons de négoce et les coopératives minières ont préfinancé leurs activités, leur ont versée une prime incitative de 2,2 $ par kilogramme de coltan acheté et poussé de nombreux négociants à s'installer définitivement dans les régions minières. Toutefois, ces opportunités ont été tempérées par plusieurs contraintes et un certain nombre de restrictions. Par exemple, les négociants recrutés n'ont pas pu parfois acheter du coltan pour les maisons de négoce et les coopératives, suite aux conditions fixées par ces entités. En plus, ces maisons et ces coopératives ont souvent fait face à des difficultés financières qui ont touché à plusieurs reprises les négociants. Ces derniers ont fait face à des pertes financières dans leurs relations avec les mineurs et ont été souvent embourbés dans les profils de crédits et de dettes avec les commerçants locaux ou avec les coopératives. Comme les histoires de vie de Mwamba et Kissamba l'ont démontré, ces contraintes et ces restrictions ont également affecté les mineurs. Ainsi, il n'est pas évident que les réformes minières augmentent la durabilité des moyens de subsistance des gens. Les conclusions de cette étude contrastent avec l'opinion largement répandue selon laquelle les négociants sont économiquement puissants et exploitent les mineurs. En réalité, ils ne bénéficient pas toujours d'une position économique aisée ou stable.

Ce chapitre a montré que les négociants ont diversifié leur portefeuille de subsistance à bien des égards, confirmant l'idée que l'exploitation minière artisanale offre aux personnes des opportunités de trouver facilement une option de subsistance (Hilson, 2011:1033 ; Maconachie, 2011 : 1056). Toutefois, cette étude a également révélé que ces activités n'étaient pas uniformes. Certains négociants sont mieux lotis que d'autres, maniant un pouvoir économique considérable qui semble avoir été déclenché par les réformes. D'autres négociants ont perdu leur capital, ont été expulsés des coopératives, ont pris fuite ou n'ont pas pu investir dans le petit commerce. Bien d'autres ont survécu en gérant leurs problèmes financiers grâce à des investissements dans les activités non agricoles telles que l'hôtellerie, ou en fournissant des prêts aux ménages de mineurs, comme dans l'histoire de Kissamba. De même, Barrett et al., (2001) ont montré que les riches en Afrique subsaharienne sont capables de diversifier leurs activités, en profitant des opportunités lucratives génératrices de revenus « non agricoles ».

Un résultat essentiel de la présente étude est que beaucoup de négociants se sont appuyés sur leurs sphères sociales, les relations de confiance et les systèmes de financement informels pour faire face aux problèmes financiers. Cette dépendance vis-à-vis des réseaux sociaux s'explique par un certain nombre de contraintes susmentionnées. En somme, les institutions officielles (coopératives et maisons de négoce) ont connu des difficultés pour impulser plus facilement l'accès aux moyens de subsistance par les négociants, surtout le régime de préfinancement. Ainsi, à côté du marché « formalisé » du coltan, des relations sociales d'échange ont prédominé. Le système de « Banque Lambert », qui a aidé également les ménages de nombreux mineurs à joindre les deux bouts, illustre ce point. Malgré ces contraintes, cette « banque » a permis à de nombreux négociants d'apporter un capital de démarrage à ces ménages sur la base des liens sociaux et des relations de confiance. Le fonctionnement de ce système pourrait également être vu dans le cadre des « règles du jeu informel » (Helmke et Levisky, 2004), par l'intermédiaire desquelles les gens ont affronté les difficultés de subsistance au sein de leurs réseaux sociaux (Ilda, 2002). De cette façon, les gens peuvent s'appuyer sur la parenté, la confiance et la réciprocité pour diversifier leurs possibilités en moyens de subsistance (Vlassenroot et Raeymaekers, 2004:17).

Dans l'ensemble, les conclusions présentées dans ce chapitre signifient que les réformes minières ne peuvent pas se limiter à « formaliser » le marché du coltan. En effet, les réformes de ce genre créent souvent l'exclusion et la marginalisation de certains groupes de personnes (Fischer, 2007). Par conséquent, nos résultats montrent que les futures réformes devraient s'inspirer des modèles existants de diversification des moyens de subsistance. Cette approche permettrait de mettre en œuvre des programmes efficaces inspirés d'une telle diversification. Au Nord-Katanga, où ces programmes n'existent pas actuellement, il sera nécessaire d'approfondir les analyses empiriques explorant quelles structures institutionnelles peuvent mieux prendre en charge ces types de programmes.

CHAPITRE VI

Contrebande de coltan

« De nos jours, la contrebande du coltan est comme de la sorcellerie[90]. On ne peut pas s'y engager avec des inconnus. » (Interview avec un contrebandier de coltan, Kalemie, janvier 2014)

1. Introduction

Durant les crises et les situations d'après-crise, les gens affichent diverses réactions face aux institutions et aux politiques. Sur fond de leurs propres intérêts, ils font leurs propres interprétations pour se conformer, contourner ou protester contre ces entités (Christoplos et Hilhorst, 2009 ; Colebatch, 2009 ; Mosse, 2004). Alors qu'il se réfère parfois à des pratiques trompeuses similaires, ce chapitre vise avant tout à examiner le trafic du coltan. Bien que la contrebande de marchandises — surtout des minerais — ait caractérisé le secteur économique informel en RDC pendant des décennies (MacGaffey, 1991), cette étude revisite ce phénomène, en tant qu'une importante réaction primaire qui contourne la politique de l'iTSCi en place au Nord-Katanga. Revisiter cette pratique de contrebande de longue date est très utile aujourd'hui pour fournir une analyse approfondie et contextualisée des façons

---

[90] La sorcellerie réfère à des pratiques malveillantes et magiques faites secrètement. Voir, par exemple, Geschiere, P. (2003). Witchcraft as the Dark Side of Kinship: Dilemmas of Social Security in New Contexts. *KINSHIP* (2003), 16(1):43–61.

dont les politiques sur les minerais de conflit, comme l'iTSCi prennent place et sont confrontés à des défis dans l'est du Congo.

Le programme iTSCi s'aligne avec la politique internationale sur les minerais sans conflit appliquée à l'est de la RDC. Depuis le début des années 2000, la communauté internationale a en effet exhorté le gouvernement de la RDC à réformer son secteur minier, vu comme un terrain favorable encourageant différents types de « réseaux d'économies de conflit » (Utas, 2012:11), soutenant la guerre en facilitant les acteurs armés à tirer des bénéfices du secteur minier artisanal (Global Witness, 2009).

Au Nord-Katanga, l'iTSCi a pour but de freiner la contrebande de l'étain, du tungstène et, surtout, du tantale (coltan) (collectivement appelés « les 3T »). Étant donné que l'activité minière a considérablement été militarisée (Global Witness, 2009), l'objectif principal de l'iTSCi est d'améliorer la transparence du commerce du coltan (iTSCi, 2011). En outre, le coltan est un des minerais congolais les plus associés aux débats sur les « minerais de conflit » dans les médias, les campagnes de plaidoyer et les rapports d'ONGs (Nest, 2011 : 105 – 159). Rendre le commerce du coltan plus transparent « ferait une contribution importante à l'évolution vers une meilleure gouvernance du secteur, y compris son commerce » (Spittaels, 2010:62) et aider les mineurs artisanaux et les négociants à exercer efficacement leurs activités en toute sécurité. Alors, pourquoi ces mineurs et négociants collaborent-ils avec les contrebandiers de coltan, portant atteinte à l'objectif principal de l'iTSCi ? Comment la fraude est-elle organisée, qui sont les acteurs impliqués et quelles sont leurs motivations ?

En examinant cette question, ce chapitre s'appuie sur la perspective de la sociologie de la vie économique, qui explique l'action économique comme enracinée dans les réseaux sociaux (Granovetter, 2005 ; Swedberg, 1991). Sur base de 12 mois de terrain, principalement sur trois sites d'exploitation minière artisanale au Nord-Katanga (Kahendwa, Kisengo et Mai-Baridi), l'étude analyse comment les réseaux sociaux dans lesquels les mineurs et les négociants sont insérés ont facilité la contrebande. Plus important encore, comment ces réseaux ont changé et adapté leurs stratégies en réponse à l'iTSCi comme une politique extérieure de réforme. Ainsi, le chapitre s'appuie sur l'argument que les gens adaptent leurs stratégies de négociation des résultats des politiques dans une tentative « de rendre la politique conforme à leur propre compréhension des problèmes et objectifs de cette politique » (Hilhorst, 2013:8).

Ce chapitre est organisé comme suit. Les deux prochaines sections discutent du cadre théorique et des précisions méthodologiques de collecte et d'analyse des données. Puis, nous présentons brièvement l'historique des mines des 3T et du commerce de coltan au Nord-Katanga. Ceci est suivi d'une ébauche des politiques de lutte contre la contrebande. La section suivante traite du *modus operandi* des mineurs et des négociants dans leur collaboration avec les contrebandiers et comment ils les dupent. Elle est suivie d'une explication de la manière dont iTSCi a affronté la contrebande et son importance dans le milieu d'étude. La dernière partie traite des principaux résultats de ce chapitre.

2. Économie informelle et réseaux sociaux

La théorie de la sociologie de la vie économique se fonde sur l'hypothèse que l'action économique est liée à/ou dépend des actions et des institutions qui sont non économiques dans leur contenu, objectifs et processus (Granovetter, 2005:35). Cette théorie est importante pour comprendre comment les débats sur l'économie informelle, dont la contrebande fait partie intégrante, ont évolué en Afrique subsaharienne.

L'économie informelle consistant en des « activités économiques qui se déroulent en dehors du cadre étatique » (Meagher, 2010:12) a été largement documentée dans de nombreuses régions d'Afrique subsaharienne depuis la fin des années 1980 (MacGaffey, 1991). Plusieurs études sur l'économie informelle ont enquêté spécifiquement sur la contrebande des minerais (Deardorff et Stopler, 1990 ; Hilson et Potter, 2003 ; Vocke et Oomes, 2003). Les chercheurs ont montré que le développement d'une économie informelle ou une « économie invisible » (Meagher, 2010:6) permet aux individus de répondre aux défaillances étatiques dans la prestation de services.

Dans les années 1990, les réseaux sociaux ont gagné en importance dans la recherche en Sciences Sociales. Le fait de travailler avec ce concept permet de tracer les processus organisationnels informels (Meagher, 2010:23), et il a depuis été utilisé pour examiner la contrebande (Meagher, 1990) et d'autres formes de comportements (y compris la corruption) qui violent les lois ou les règlements de l'État. De nombreux auteurs ont fait valoir qu'en l'absence de marchés économiques efficaces, les relations entre personnes de confiance — en particulier les acheteurs et les vendeurs — et leurs réseaux jouent un rôle clé dans la vie économique (Granovetter, 1985 ; Hart, 1988 ; Nordstrom, 2004 ; Titeca et De Herdt, 2010).

Les opinions divergent sur la question de savoir si les réseaux sociaux sont bénéfiques dans le contexte du développement économique. Certains auteurs ont affirmé que les gens utilisent des liens sociaux ou des réseaux de soutien pour accéder aux ressources et favoriser une « logique d'autoprotection » (Vlassenroot et al., 2016:17). D'autres chercheurs ont souligné que certains types de réseaux sociaux sont néfastes au développement économique, arguant que ces réseaux favorisent des contraintes sociales et encouragent des activités prédatrices ou criminelles comme la mafia, le trafic de la drogue et la contrebande (Bayart, 2000 ; Reno, 2000 ; Roitman, 2001).

La contrebande et les comportements frauduleux peuvent être abordés de plusieurs façons en ce qui concerne la façon dont ils sont perçus par les acteurs sociaux. Olivier de Sardan (2015), par exemple, a fait valoir que ces pratiques ont des légitimités variables. Elles peuvent avoir lieu de manière cachée ou ouverte « sans que personne n'y trouve une infraction » (Olivier de Sardan, 2015:26). Dans leur étude novatrice sur les échanges transfrontaliers et les règles pratiques dans la région du Nil occidental de l'Ouganda, Titeca et De Herdt (2010:582), ont mentionné une sorte d'« économie morale de contrebande » qui est fortement légitime aux yeux des populations locales en réaction à l'abandon de la région par l'État central. Kibreab (2004), dans son étude sur les comportements parmi les réfugiés dans la corne de l'Afrique, a constaté que les réfugiés avaient une double norme morale, dans laquelle la tricherie qui est normalement considérée comme une pratique malhonnête était devenue acceptable aux yeux des réfugiés vis-à-vis d'organismes d'aide humanitaire.

La littérature ci-dessus pointe vers différents types de réseaux, créés dans des contextes différents et à des fins diverses, y compris aux fins de contrebande. Bien qu'elle n'explique pas suffisamment comment les réseaux de contrebande peuvent s'adapter et modifier leur stratégie en réponse à une intervention extérieure (par exemple une politique de réforme), la tendance est de se focaliser à l'analyse de la manière dont les pratiques de contrebande violent les « règlements formels », principalement celles de l'État ou ceux établis par les institutions « formelles » tels que les organismes d'aide (p. ex. Kibreab, 2004). La présente étude montre que les mineurs et les négociants utilisent des réseaux sociaux pour enfreindre les règlements « formels » de l'iTSCi, mais également dans leurs rapports avec des contrebandiers « informels » (*les hiboux*).

Dans ce chapitre, le recours à une approche fondée sur la sociologie de la vie économique pour enquêter sur la contrebande du coltan est utile à deux égards. Tout d'abord, cette approche facilite l'analyse en détail du pourquoi et du comment les réseaux s'articulent autour d'acteurs sociaux spécifiques et quels facteurs non économiques aident ces réseaux à émerger et à persister. Deuxièmement, cette perspective est utile pour situer la contrebande et les pratiques de fraude de coltan dans le contexte local, en examinant le sens de ces pratiques pour les personnes impliquées.

D'un point de vue analytique, ce chapitre s'aligne avec le concept de « réseaux d'économies de conflit », inventé par Utas (2012). Dans son étude sur les conflits en Afrique subsaharienne et les réseaux transfrontaliers, Utas a soutenu que ces réseaux sont très larges, allant des zones urbaines jusque dans les régions rurales et embrassant les niveaux national et transnational. Ces réseaux opèrent souvent, mais pas toujours, dans la clandestinité, si pas dans l'illégalité (Utas, 2012:11). Utas a décrit les réseaux transfrontaliers comme des groupes d'acteurs connectés pour des objectifs économiques, politiques ou des projets de guerre avec une forte et complexe extension géographique, opérant sous le contrôle des « grands hommes » et basés sur les « relations sociales » (Utas, 2012:8).

Bien qu'Utas ait principalement étudié les dynamiques transfrontalières, son concept de réseaux d'économies de conflit est utile pour la présente étude. En plus d'examiner les réseaux « dans une perspective centrée sur les acteurs » (Utas, 2012:11), son approche est conforme à celle de la sociologie de la vie économique, qui met l'accent sur l'analyse des activités économiques comme étant culturelles, contextuelles et politiques plutôt que d'être purement basées sur des décisions économiques d'acteurs rationnels (Beckert, 2007 ; Granovetter, 1985). En outre, il est intéressant d'étudier comment les réseaux autour de la contrebande du coltan se sont adaptés à l'iTSCi. Ceci est très important, étant donné que les réseaux ne sont jamais statiques, stables ou monolithiques et peuvent se former à différents niveaux de la société (c.-à-d. le local, provincial, national, régional et international) (Diemel et Cuvelier, 2015 ; Twijnstra et al., 2014 ; Taylor, 2003).

Utas (2012 : 13 – 14) identifie quatre facteurs à considérer lors de l'étude de réseaux d'économies de conflit : i) le degré de pouvoir que les « grands hommes » mettent en jeu et les ressources qu'ils possèdent ; ii) le caractère clandestin et instable de réseaux qui peut les rendre efficaces, souples et adaptables à de nouvelles fonctions ; iii) le fait que les réseaux recoupent les groupes sociaux et économiques, mais aussi des zones géographiques ; et iv) le fait que ces réseaux peuvent comporter des « acteurs criminels ».

Dans ce chapitre, nous discutons seulement les deuxième et troisième parmi ces facteurs : l'adaptation des réseaux et le fait qu'ils recoupent les groupes économiques et sociaux. La discussion de ces deux facteurs met en lumière la contribution de ce chapitre à la littérature de la sociologie de la vie économique. Nos résultats démontrent que les mineurs et les négociants ont changé et adapté leurs stratégies de contrebande en réponse à l'iTSCi. Cependant, contrairement à l'argument d'Utas, ces réseaux n'étaient pas uniquement sous le contrôle des « grands hommes » ou d'« acteurs criminels », mais aussi d'acteurs moins puissants, tels que les mineurs ordinaires.

3. Méthodes

Ce chapitre s'inspire d'un travail qualitatif de terrain entrepris entre juin 2013 et mars 2014, puis poursuivi au début de 2015. Ce travail s'est inspiré d'une approche ethnographique multi-sites (Marcus, 1995) et a été mené au Nord-Katanga (mines de Kahendwa, Kisengo et Mai-Baridi), dans la ville de Kalemie et au Sud-Kivu dans la ville d'Uvira et à Misisi. Les données ont été recueillies principalement par le biais de l'observation de la manière dont les mineurs extraient le coltan, le traitent et le vendent à des négociants. Aussi, nous avons organisé des entretiens individuels approfondis, des interviews de groupe et des conversations informelles avec les mineurs, les négociants et les « négociants clandestins » (contrebandiers) du coltan surnommés « hiboux »[91].

La collecte de données fiables sur la contrebande est souvent difficile, étant donné l'absence de données sur cette pratique, la corruption et la dissimulation des renseignements à ce sujet. Heemskerk (2005:84) a affirmé qu'« en raison de leur manque de confiance dans les bonnes intentions du gouvernement et des chercheurs, les mineurs peuvent ne pas révéler qu'ils vendent leurs produits en dehors des voies légales et violent les règlements ». Pour cette raison, gagner la confiance pour la collecte de données empiriques précises parmi cette population nécessite une approche à facettes multiples (Ellis et MacGaffey, 1996:25) et une longue période de travail sur terrain dans les zones minières, les zones urbaines et les zones où les négociants clandestins se rendent.

[91] Plus tôt, ce terme a été utilisé dans la province du Nord-Kivu pour désigner les mineurs qui, selon Pole Institute (2010:15), étaient des « experts en détection et en extraction de cassitérite (étain) ».

Cette étude à combiné diverses méthodes de collecte des données sur fond de défis. Nous avons recueilli des données sur les pratiques de la contrebande grâce à des entretiens approfondis avec près de 300 mineurs artisanaux et 21 négociants, ainsi que des conversations informelles avec ces personnes lors des visites régulières dans les zones minières étudiées. Marcus (1995 : 106 – 108) propose que, lorsqu'on adopte une ethnographie multi-sites, on peut être en train de « suivre des personnes et des choses ». Conformément à cette approche, nous avions suivi les trajectoires de 11 négociants clandestins du coltan (hiboux) dans divers endroits. Cependant, ceci ne pouvait pas s'effectuer facilement. La contrebande se caractérise par le grand secret. D'autres défis sont liés à l'espace géographique couvert par cette étude et à la dispersion de ces personnes sur l'ensemble de cet espace. En outre, comme l'ont noté les études connexes (Titeca et De Herdt, 2010:574), interviewer des gens tels que les hiboux au sujet de leurs activités peut mettre les chercheurs dans une position de traiter des questions cachées et très sensibles, telles que les pots-de-vin. Lors de la recherche de ces données, nous avions à plusieurs reprises expliqué aux participants les objectifs de la recherche et le type de questions auxquels ils allaient répondre (Kumar, 2005:213). Par la suite, nous leur avions promis de garder confidentielles les informations pour protéger la vie privée des participants, tout en martelant que les données ont été recueillies à des fins académiques et qu'elles ne seraient pas partagées avec des tiers.

Avec l'aide d'assistants de recherche locaux, nous avons d'abord identifié et contacté des hiboux à Uvira, Misisi et Kalemie. Avant l'iTSCi, ces gens commercialisaient du coltan du Nord-Katanga vers d'autres régions et étaient basés dans les villes, situées respectivement à peu près à 180 - 250 km des mines. On a demandé à ces hiboux s'ils avaient toujours des activités ou des personnes de contact (ou « antennes ») dans les zones minières et s'ils pouvaient nous recommander à ces gens. Après avoir expliqué les objectifs de recherche, et rencontré ces hiboux à plusieurs reprises et, sans doute, aidé par le fait que bon nombre de ces négociants provenaient du Sud-Kivu, ma province natale, nous avions progressivement acquis leur consentement et confiance afin de recueillir des informations sur leurs activités. Ils ont ainsi commencé à nous fournir des données essentielles de manière franche. Sur 16 anciens négociants rencontrés à Uvira et Misisi, 11 acceptèrent de fournir des informations sur leurs « antennes » parmi lesquels 9 étaient basées dans les mines de coltan et 2 à Kalemie. Une fois dans ces zones, nous avions recherché ces gens et réalisé plusieurs interviews avec eux. Nous avons ensuite comparé les données en alternant entre les « antennes » et les hiboux initiaux basés à Uvira et Misisi.

D'autres personnes interviewées incluaient 5 membres du personnel de terrain de l'iTSCi à Nyunzu et Kalemie, 7 agents de la division des mines et 12 agents de l'Agence nationale de renseignements (ANR) et du service de détection d'activités militaires anti-patrie (DEMIAP), les inspecteurs de la division des mines au Nord-Katanga et de la police des mines et hydrocarbures (PMH). Beaucoup de ces fonctionnaires avaient travaillé dans les régions minières, le long de routes utilisées par les hiboux ou en zones urbaines hébergeant le marché noir du coltan.

4. Contexte local des mines des 3T et du commerce de coltan

Tel que mentionné plus haut (cfr chapitre 2), au Nord-Katanga, l'exploitation des 3T — surtout l'étain — a commencé en 1932, à l'époque coloniale. Jusqu'en 1960, Géomines était la seule société industrielle établie sur le territoire de Manono (partie centrale du Katanga). Après que le Congo belge (maintenant République démocratique du Congo) ait obtenu son indépendance en 1960, Congo-Etain (rebaptisé Zaïre-Etain en 1973) remplaça Géomines jusqu'en 1996, quand l'entreprise cessa ses activités (De Koning, 2011) à la suite du déclenchement de la première guerre congolaise. Plus tard, en 2007, plusieurs gisements de coltan furent également découverts dans les territoires de Manono, Kalemie et Nyunzu. En décembre 2014, le Bureau de la Division des mines à

Kalemie estima qu'il y avait presque 6 000 mineurs artisanaux travaillant à Nyunzu et Kalemie[92]. Parmi ces mineurs, environ 2 390 extraient du coltan dans huit sites miniers (iTSCi-Katanga ; liste/8 avril 2013).

Après 2007, le commerce du coltan est devenu essentiellement informel et opaque. De nombreux négociants de coltan provenaient du Nord-Kivu et du Sud-Kivu. Par le biais de divers intermédiaires, ils transportaient leurs colis de coltan par voies aériennes, routières ou par bateaux vers les villes d'Uvira, Bukavu et Goma. À cette époque, leurs activités étaient étroitement imbriquées avec une toile de cartels et divers commerçants qui se livraient à la contrebande des minerais, une activité dont les racines historiques s'inscrivent sur le long terme en RDC en général (MacGaffey, 1991), et entre le Nord-Katanga et le Sud-Kivu (Spittaels, 2010:17) en particulier.

5. Politiques de lutte contre la contrebande minière

5.1. L'iTSCi dans un cadre régional anti-contrebande

Bien qu'elle ait été conçue par l'industrie minière, l'iTSCi fait partie d'un cadre gouvernemental régional visant à enrayer la contrebande minière dans la région des Grands Lacs Africains, en particulier à l'est de la RDC. Ce cadre est dans la ligne droite des politiques de lutte contre les minerais de conflit, s'inspirant de l'argument selon lequel les minerais congolais sont contrôlés par des réseaux criminels transfrontaliers (Tailor, 2003) et financent des conflits violents (Autesserre, 2012). Jusqu'à ce jour, certains négociants — au Nord-Kivu, par exemple — continuent de vendre illégalement des minerais (ONU, 2015:35). Pour améliorer la situation sécuritaire à l'est de la RDC et contribuer à l'édification de l'État, l'amélioration de la transparence dans le commerce des 3T (et de l'or) devrait couper les liens présumés entre les mines, les conflits violents et

[92] Entretien avec Boniface Kyungu, chef du bureau de la Division des mines/Kalemie, juin 2013.

l'implication des fauteurs de guerre dans le secteur minier (Vogel et Radley, 2015).

Dans la poursuite de cet objectif, des efforts pour contrôler la contrebande minière ont été fournis aux niveaux régionaux et nationaux. Tout d'abord, cela a pris forme à Lusaka le 15 décembre 2010, lorsque 11 Présidents des États membres de la Conférence internationale de la région des Grands Lacs (CIRGL) ont signé la déclaration de Lusaka lors d'un Sommet spécial de lutte contre l'exploitation illégale des ressources naturelles dans la région des Grands Lacs. En outre, le 20 octobre 2010, le gouvernement de la RDC créa une commission nationale contre la contrebande minière[93]. En novembre 2013, la CIRGL créa un Comité régional de lutte contre la fraude minière. Récemment, une première réunion de ce comité s'est tenue à Kinshasa le 17-18 avril 2015, réunissant les organismes étatiques des États de la CIRGL traitant de la fraude et de la contrebande minière dans tous les pays membres. L'iTSCi a également été élargie aux pays voisins de la RDC, à savoir le Rwanda (juin 2011) et le Burundi (mai 2014).

5.2. Mesures provinciales de lutte contre la contrebande

Au Katanga et au Sud Kivu, la lutte contre la contrebande minière a été une priorité officielle des gouvernements provinciaux depuis la fin de 2009. En octobre 2009, le gouverneur du Katanga, Moise Katumbi Chapwe, instaura des frais administratifs de 5 $/kg sur le transit de la cassitérite et de ses dérivés, y compris le coltan, de la province du Katanga vers toutes les autres provinces en RDC. Cette mesure visait à augmenter les impôts sur l'exploitation minière au chef-lieu provincial de Lubumbashi, tout en insistant aussi sur le « caractère pacifique » de la province du Katanga (Diemel et Cuvelier, 2015:155). De même, le 15 août 2013, Marcellin Chishambo, le gouverneur du Sud-Kivu, augmenta les frais rémunératoires, une taxe payée par les négociants du Sud-Kivu, de 0,20 $ par kilo à 3 $/kg de coltan et de 0,01 $ à 0,50 $/kg

[93] Décrets № 0719/CAB.MIN/MINES/01/2010 et 140/CAB.MIN/INT.SEC/2010.

d'étain (décret № 13/030/GP/SK). Bien qu'également destiné à contrôler la contrebande minière, l'objectif principal de cette mesure était d'augmenter les revenus de la taxe provinciale de l'industrie minière.

En raison des mesures ci-dessus, combinées à des facteurs supplémentaires, y compris une interdiction d'activités minières au Nord-Kivu, Sud-Kivu et Maniema en 2010 et 2011 (Geenen, 2012) et le rôle de premier plan joué par le réseau politique katangais (Diemel et Cuvelier, 2015:154), l'iTSCi a été l'initiative la plus concrète mise en œuvre dans les mines des 3Ts à aborder la contrebande depuis 2011. À la fin de 2014, l'iTSCi était mise en œuvre sur 471 sites miniers à l'est de la RDC, dont 232 situés au Katanga. Ainsi, l'iTSCi a apporté une énorme contribution à l'amélioration du commerce des 3Ts en termes de stimulation des exportations de minerais. De 2011 à 2013, 1 000,5 tonnes de coltan et 15 561,99 tonnes d'étain ont été exportés du Katanga (Diemel et Cuvelier, 2015:158). En 2014, Kisengo seul a produit 284 tonnes officiellement exportés à Kalemie par MMR[94].

5.3. Commerce du coltan sous l'iTSCi

À partir d'avril 2011, l'iTSCi transforma les zones minières du coltan, d'espaces jadis relativement libres pour tout marchand, en ce qui peuvent être considérées comme des « enclaves réglementées ». Ces dernières font référence ici aux « procédures et structures organisationnelles » (Olivier de Sardan, 2015 : 1) du marché de coltan mises en place par l'iTSCi. En pratique, l'iTSCi travaille main dans la main avec les entreprises ou maisons de négoce (par exemple, MMR) et les coopératives minières (cfr chapitre 3). Bien que ces entités aient eu des droits sur les mines des 3T, elles pouvaient seulement acheter du coltan qu'en vertu des règlements de l'iTSCi. De ce fait, le personnel de terrain de l'iTSCi a subdivisé chaque zone minière en secteurs, sous-secteurs et sites comptant plusieurs galeries, ce qui leur permet d'établir des points de vente (postes d'achat) au sein de chaque site. Les

[94] Rapport de la Division des mines, Kisengo, janvier 2015.

minerais d'un autre site ne peuvent pas entrer dans un site ou y être échangés. Ensuite, le personnel de terrain de l'iTSCi surveille, sur une base quotidienne ou hebdomadaire, la vente du coltan sous le régime d'« étiquetage et emballage » de l'iTSCi. Ils aident aussi les fonctionnaires de la division des mines à enregistrer les statistiques. Toutes ces mesures étaient destinées à briser les réseaux existants du commerce informel du coltan. Cependant, malgré ces mesures, les mineurs et les négociants collaboraient avec les « hiboux ».

6. CONTREBANDE DE COLTAN : PRATIQUES, ACTEURS ET AMPLEUR

Utas (2012:13) a fait valoir que, compte tenu de leur caractère clandestin et instable, les réseaux d'économies de conflits sont efficaces et flexibles et peuvent s'adapter à de nouvelles fonctions. Un examen actuel de l'utilisation de faux minerais et du trafic du coltan est très pertinent, parce que ces pratiques ont été les plus signalées dans d'autres régions minières des 3Ts. À la suite d'Utas, nous accordons une attention particulière pour expliquer comment ces pratiques, ainsi que les acteurs et les réseaux impliqués, se sont adaptés aux règlements de l'iTSCi.

6.1. Le vragage

En examinant la pratique dite vragage, il devient évident que l'idée selon laquelle le commerce du coltan peut être parfaitement « nettoyé » ressemble à un vœu pieux. Étymologiquement, vragage vient du terme français vrac, en d'autres termes quelque chose laissée pêle-mêle. Ainsi, les mineurs et les négociants utilisent le terme vrages pour désigner les faux minerais, des pierres sans valeur (parfois appelées fausses matières ou matières faibles) et les sous-produits de coltan ou minerais semblables, tels que l'étain, qui étaient souvent utilisées pour la tricherie ou la contrebande.

Fondamentalement, les vrages se retrouvaient seulement à des endroits spécifiques. Ils entraient dans les zones minières de coltan par deux sources principales. Tout d'abord, les hiboux transportaient les vrages des mines des 3T souvent éloignées, surtout ceux-là où iTSCi n'était pas encore implémentée ou avait été suspendue. En collaboration avec les chauffeurs ou les motocyclistes locaux, les *hiboux* dissimulaient des colis de vrages dans les camions commerciaux, les réservoirs des motos, les bidons d'huile ou les sacs de charbon de bois ou de maïs transportés dans les sites miniers. Deuxièmement, les vrages provenaient des *mamans muturuse*, un groupe de femmes traitant (par chauffage) le coltan avant qu'il ne soit vendu par les mineurs aux postes d'achat. Après avoir réchauffé le coltan, les *mamans muturuse* séparaient le coltan authentique des sous-produits. Ces derniers étaient rarement jetés, conduisant les gens à croire que les mineurs et les négociants s'en servent ensuite comme vrages.

La vente des vrages était savamment organisée. Elle eut lieu dans des maisons privées ou en brousse, plutôt qu'aux postes d'achat installés par iTSCi. Plusieurs hiboux avaient des clients locaux des vrages — principalement des mineurs ou des négociants basés dans la mine. Ces clients n'étaient pas choisis par hasard. Au cours de plusieurs conversations informelles avec les hiboux établis à Kalemie depuis 2011, ils ont déclaré que leurs clients n'étaient pas seulement liés par des relations économiques[95]. Au contraire, leurs relations étaient, d'une manière ou d'une autre fondées sur des liens de parenté et/ou basées sur la confiance (Hart, 1988).

Ces clients remplissaient diverses tâches et utilisaient les vrages à des fins diverses. Ils étaient en mesure d'informer les hiboux sur l'évolution des activités minières, les prix actuels du coltan dans la mine et la situation sécuritaire locale — par exemple, les endroits où la police des mines avait érigé des points de contrôle. Les clients achetaient aussi les vrages eux-mêmes et aidaient également les hiboux à les vendre à d'autres mineurs ou aux négociants basés dans la mine. Dans la seconde moitié de 2013, un kg de vrage coûtait environ 15 $ à Kisengo et Kahendwa, environ la moitié du prix du coltan véritable fixé

[95] Conversation informelle avec les hiboux, Misisi, février 2014

par la CDMC et la CMMA, qui était de 40 $ à Kisengo et 28,80 $ à Kahendwa, respectivement.

Les vrages servaient aussi dans la production et le commerce de coltan. Les mineurs introduisaient les vrages dans leurs galeries pendant la phase de production. Ils mélangeaient ces vrages avec le remblai (sable minéralisé) pour gonfler le potentiel de production de la galerie. Les mineurs mélangeaient aussi les vrages au coltan vendu aux négociants. En outre, les « sous couverts » (acheteurs locaux souvent recrutés par les négociants aux postes d'achat pour la plupart sur la base de relations de confiance) utilisaient les vrages pour augmenter la quantité de minerais achetés et introduisaient ces vrages dans les stocks achetés par les négociants. Cela implique que les négociants utilisaient également les vrages avant qu'ils remettent leurs colis de minerais aux coopératives. Même si le vragage était interdit par iTSCi, aucun des informateurs dans la présente étude ne l'a dénoncé.

Trois raisons peuvent expliquer pourquoi le vragage était pratiqué. Tout d'abord, cette pratique découle de l'organisation locale du marché du coltan, causant de fortes incitations pour la fraude et l'évasion des prix en raison du monopole de certains acteurs comme le MMR. En outre, étant donné la production limitée de coltan, la plus importante maison de négoce de coltan et la coopérative — MMR et CDMC — n'achetaient pas l'étain à Nyunzu et Kalemie. Par conséquent, l'étain était principalement utilisé comme vrage dans ces territoires. En outre, l'iTSCi était la seule initiative de réforme mise en œuvre dans le milieu, alors que l'activité minière continuait dans les zones où iTSCi n'était pas mise en œuvre du tout ou avait été interrompue, comme à Kilunga[96]. Cependant, les mineurs dans ces milieux n'avaient personne d'autre à qui vendre à moins de concéder clandestinement leur minerai ou leurs vrages à des hiboux capables de les transporter et les commercialiser ailleurs.

---

[96] L'iTSCi n'a pas été mise en œuvre dans tous les sites miniers car certains d'entr'eux étaient moins productifs que d'autres ou regorgeaient du coltan de faible concentration en tantale.

Deuxièmement, la tricherie et la contrebande de vrages s'explique par la politique de gestion de la plupart des maisons de négoce et des coopératives. Comme mentionné ci-dessus, il y a des variations importantes des prix fixés pour le coltan entre/et au sein des zones minières, selon la teneur en tantale. Par exemple, fin 2013, la différence des prix entre Kisengo et Kahendwa a approché 30 %, poussant de nombreux mineurs, de négociants locaux et de hiboux à rechercher des débouchés prometteurs à Kisengo. Le troisième facteur explicatif de l'utilisation de vrages est leur rôle comme source de revenus. Plusieurs négociants interrogés ont signalé que mélanger 10 kg de coltan authentique avec 1,5 kg d'étain ou d'autres fausses matières accroissait le revenu des négociants de 288.80 à 331,20 $ [97].

6.2. Les hiboux

La nature relativement incontrôlée du commerce du coltan peut également transparaitre lorsque l'on examine les activités de contrebande des hiboux. Ces négociants clandestins opéraient soit à l'aide de leurs « antennes » locales ou se déplaçaient entre les zones d'exploitation minière de coltan vers d'autres zones minières, ou vers les villes or provinces (par exemple du Sud-Kivu vers le Nord-Katanga). Parmi les 11 hiboux suivis dans la présente étude, neuf utilisaient des « antennes » qui étaient leurs proches parents. Les autres « antennes » étaient des gens avec qui les hiboux avaient collaboré pendant des années. Compte tenu de la mobilité des hiboux, leur dispersion dans le milieu d'étude et leurs connexions locales, il était difficile d'estimer combien étaient les hiboux qui y opéraient, ou quand et comment ils ont formé leurs réseaux. Utas (2012:10) a fait valoir que les réseaux des économies de conflit sont importants à analyser, mais difficiles à cerner avec précision. À la fin de 2013, le poste de police de

[97] Entretiens avec des négociants de Mai-Baridi, Kahendwa et Kisengo, décembre 2013 et juin 2014.

Kisengo estimait qu'au moins 21 hiboux étaient actifs dans la contrebande du coltan rien qu'à Kisengo seul[98].

Bien que les maisons de négoce, les coopératives, les organismes étatiques et la police des mines traitent les hiboux comme des acheteurs illégaux de minerais, ces derniers visitent régulièrement les mines de coltan et les villages avoisinants. Les négociants basés dans les mines de Kisengo et Mai-Baridi qui travaillaient pour la CDMC commentèrent que « quand nous voyons ces visages-là des (hiboux) provenant des villes, nous devinons directement que le prix du coltan augmente quelque part »[99]. En outre, quatre hiboux ont déclaré qu'ils avaient souvent visité Kisengo et Kahendwa. Une fois là-bas, ils se cachaient pour éviter d'être vus, mais ils savaient avec quels gens parler et auprès de qui acheter le coltan[100].

Ensemble, les déclarations ci-dessus transmettent deux éléments intéressants. Tout d'abord, les zones d'extraction du coltan n'étaient pas des territoires vierges pour plusieurs hiboux, suggérant que les négociants locaux, leurs antennes et ces hiboux semblaient se connaître mutuellement. Non seulement ils avaient des échanges économiques, mais ils ont été également intégrés dans des « réseaux de relations sociales » (Granovetter, 1985:490). Plus tôt, ces relations sociales entre les trafiquants ont été documentées en RDC. Dans leur étude sur les réseaux de commerce entre le Congo et Paris, MacGaffey et Basenguissa-Ganga (2000:16) ont montré que les réseaux sociaux sont importants que les transactions économiques et émergent quand les gens ont des relations durables et renouvelables.

À la fois dedans et en dehors des mines, les hiboux participaient à deux types d'activités. Comme indiqué dans la section précédente, d'abord ils commercialisaient les vrages. Ils pratiquaient également la contrebande du coltan. Ce dernier était « sans étiquette », échappant ainsi aux règlements d'iTSCi. Lors de leurs achats, les *hiboux* dépassaient les prix fixés par les

[98] Entretiens avec le chef de la PMH des membres du personnel de l'ANR, Kisengo avril 2014.
[99] Entretiens avec les négociants, Kisengo, novembre 2013.
[100] Entretiens avec hiboux, Uvira et Kalemie, mai et octobre 2013.

maisons de négoce et les coopératives comme un subterfuge pour attirer les clients. À titre d'exemple, en octobre 2013, quand le prix en vogue du coltan était à 28,80 $/kg à Kisengo, les hiboux offraient 35,50 $/kg[101]. Cette différence a conduit des mineurs à se demander « Pourquoi les hiboux ne tombaient jamais en faillite »[102]. Cette question implique que, même s'ils coopéraient avec eux, de nombreux mineurs croyaient aussi que les *hiboux* s'en tiraient mieux et les soupçonnaient dans une certaine mesure, de tirer plus de profit du trafic que les mineurs.

La contrebande du coltan a également prospéré en raison des disparités entre les prix fixés dans les régions minières et ceux que l'on retrouve sur les marchés noirs du Nord-Katanga et du Sud-Kivu. En février 2014, 1 kg de coltan coûtait 37,50 $ à Bukavu, 44 $ à Uvira et 34 $ à Kalemie. Chacun de ces prix dépassait celui fixé dans les mines, qui variait de 28,80 à 40 $[103]. Les variations de prix contribuaient ainsi au fleurissement du marché noir, alimentant « des tendances plus larges de contrebande transfrontalière » (IPIS, 2012:35) et soutenant les réseaux commerciaux ténébreux caractéristiques de l'économie de la région des Grands Lacs (Taylor, 2003 ; Vlassenroot et Perrot, 2012). À Uvira, de nombreux hiboux ont dit à plusieurs reprises qu'ils se rendaient à Bujumbura pour faire du « business »[104]; ce qui implique qu'ils trafiquaient probablement des minerais, particulièrement le coltan à des prix plus élevés qu'au Nord-Katanga et au Sud-Kivu.

Le hibou utilisait divers moyens pour transporter le coltan de contrebande hors des zones minières. Selon des fonctionnaires interrogés à l'ANR à Misisi et à Uvira ainsi que des inspecteurs de la division des mines à Kalemie[105], les hiboux utilisaient des camions ou des motos et transportaient leurs colis pour la plupart par la route de Kalemie ou via Misisi à Uvira ou

---

[101] Conversations informelles avec les mineurs à Matongo (Kisengo), octobre 2013.

[102] Entretien de groupe avec les mineurs de Matongo (Kisengo), juin 2013.

[103] En décembre 2014, le prix d'un kg de coltan à Kisengo est descendu à 22 $.

[104] Plusieurs entretiens avec les hiboux, et les membres du personnel de l'ANR et de la DEMIAP, Uvira, novembre 2013.

[105] Plusieurs entretiens, entre novembre 2013 et juin 2014.

Bukavu. Certains colis étaient transportés à Uvira par bateau depuis Kalemie. Quel que soit l'itinéraire, ces colis étaient souvent décomposés en petits paquets et ensuite transportés à divers intervalles de temps.

Enfin, les hiboux négociaient leur passage avec des fonctionnaires étatiques dans les milieux où ils voyageaient. Quand, le 16 février 2014, nous leur avions demandé s'ils craignaient d'être arrêtés, plusieurs hiboux interviewés à Uvira ont fait remarquer, « Tunajua kuongea na batu [nous savons comment parler aux gens] ». En plus, les hiboux interrogés ont signalé qu'ils soudoyaient certains fonctionnaires sur leurs trajets ou obtenaient des documents officiels, mais souvent faux auprès de ces fonctionnaires. Ces documents leur permettaient de transporter le coltan sous le label de l'étain pour se soustraire à certaines taxes et pour dissimuler la valeur et l'origine. De toute évidence, les hiboux sont talentueux dans la négociation avec les fonctionnaires chargés de lutter contre la contrebande du coltan. De même, dans leur étude sur la fiscalité à une frontière entre le Soudan du Sud et le Nord de l'Ouganda, Rens et al. (2014) ont constaté que les normes et les règles ont été constamment négociées entre commerçants et agents de l'État.

6.3. Tricher contre les hiboux : une « arme des faibles » ?

Les pratiques de fraude et de contrebande ne servent pas seulement à enfreindre les règlements de l'iTSCi. Elles sont aussi utilisées contre les hiboux eux-mêmes. Dans les mines de coltan, plusieurs *hiboux* opèrent au sein de réseaux d'acteurs. Ils ont des antennes qui recrutent d'autres mineurs et des négociants basés à la mine ou engagent des sous couverts pour acheter les vrages. Tous ces acteurs leur permettent d'accéder au coltan de contrebande. Ces acteurs et leurs réseaux sociaux ont formé ce qui peut être considéré comme des cartels sociaux fermés basés principalement sur les liens de parenté, d'amitié ou d'autres relations basées sur la confiance, leur permettant de développer et de maintenir leurs transactions économiques. Localement, il y a donc de nombreux cartels différents. Ceci peut expliquer pourquoi, dans le milieu d'étude, les gens avaient du mal à condamner le vragage ou la contrebande de coltan.

Ce qui est important, c'est que la contrebande était une réciprocité. Les cartels des mineurs et des négociants basés à la mine dupaient aussi les hiboux. Au lieu de vendre du véritable coltan, ils leur vendaient des vrages ou d'autres sortes de fausses matières. Aux yeux des mineurs et des négociants locaux, les hiboux semblaient être mieux lotis. Ils étaient ainsi convaincus que les hiboux avaient la possibilité de vendre le coltan en contrebande aux meilleurs prix, étaient plus riches qu'eux et les exploitaient. Les mineurs et les négociants locaux disaient souvent que les hiboux, na Muhindi[106], bote ni bamwizi tu [les hiboux et le personnel expatrié du MMR, principalement de l'Inde, qui travaillaient pour la compagnie, étaient tous des voleurs][107]. Ces mots laissent entendre que, bien que leurs objectifs ne soient pas les mêmes, les mineurs et les négociants perçoivent souvent les hiboux et le MMR, comme des groupes semblables. En même temps, bien que les réseaux sociaux soient utiles, les relations entre les mineurs, les négociants et les hiboux reflètent une subtile sorte de « confiance sournoise ». Bien qu'ils coopéraient avec les hiboux, les mineurs et les négociants les trompaient aussi. La tricherie contre le hibou n'était pas, en réalité, perçue comme un mauvais comportement. Par contre, les mineurs et les négociants voyaient cela comme un acte de résistance contre un groupe de hiboux qui exerçait un contrôle sur le marché noir du coltan et les exploitaient. Cela est mieux illustré dans le récit suivant.

À Kalemie et à Uvira, nous avions rencontré, à plusieurs reprises, quatre hiboux auxquels les mineurs et les négociants basés à la mine avaient vendu des vrages (fausses matières). Ces hiboux dirent que cela arrivait régulièrement. Nous avions ensuite demandé si, malgré ces tromperies, les hiboux prévoyaient voyager vers les mines et étaient prêts à continuer leur commerce clandestin. Avec surprise, ces hiboux confirmèrent leur intention de continuer à aller vers les zones

---

[106] Muhindi signifie Indien en langue Kiswahili.

[107] Entretiens collectifs, Kahendwa, Kisengo et Mai-Baridi, juin 2013 et février 2014.

d'exploitation minière et de maintenir la collaboration avec leurs antennes. En outre, ils dirent qu'ils connaissaient les mineurs et les négociants qui les avaient trompés et étaient convaincus qu'une fois dans la mine, ces personnes leur offriraient un remboursement en nature sous forme de véritable coltan. Plus tard, les hiboux interrogés ont expliqué qu'à moins que les trompeurs aient quitté les sites miniers, leurs antennes étaient responsables de les convaincre de fournir ce remboursement. Cependant et plus important encore, les *hiboux* ont souligné que ces trompeurs avaient accepté de fournir ce remboursement après avoir été convaincus que les *hiboux* achèteraient le coltan à des prix plus élevés qu'avant lors de leur prochaine visite aux mines[108]. Ce qui montre que les réseaux sociaux où les mineurs et les négociants jouaient un rôle clé dans cette « économie de tricherie » contre les trafiquants.

6.4. L'ampleur de la contrebande

Hilson et Potter (2003:241) ont souligné que les ventes illicites des minerais sont plus rampantes dans des contextes où les politiques de contrôle gouvernemental du secteur minier ont tendance à être excessives. Les pratiques de contrebande décrites ci-dessus et la séquence suivante d'événements témoignent de cette tendance.

Bien que l'iTSCi ait largement contribué à tracer le flux du coltan, des cas de contrebande ont été décelés. Certains de ces cas se sont produits en dehors des zones minières, rendant difficile pour l'iTSCi d'y remédier. Par exemple, le 16 août 2013, 1 400 kg de coltan disparaissent du dépôt de Minserve à Kalemie, une entreprise minière ayant son siège social dans la même ville. Selon un entretien avec le chef de bureau de la Division des mines à Kalemie en décembre 2013, les hiboux auraient été impliqués dans ce vol. Malgré une commission d'enquête initiée par le procureur de Kalemie (parquet de grande instance/dossier № RI/991/Pr/KIT), la destination du coltan volé est restée inconnue jusqu'à la date de cet entretien.

---

[108] Entretiens avec les hiboux, mai et novembre 2013.

D'autres cas de contrebande ont également été signalés dans le milieu d'étude bien qu'il soit par exemple difficile d'estimer la quantité totale de vrages en circulation. Cependant, en 2013, la police des mines de Kisengo, par exemple, intercepta aux points de contrôle environ 775 kg de vrages apportés dans la mine[109]. La même année, elle avait également intercepté 965,3 kg de coltan de contrebande[110]. Selon un membre du personnel de terrain de l'iTSCi, cinq autres cas de contrebande ont été signalés à Kahendwa de février à septembre 2013[111]. Pendant ce temps, plusieurs sources ont mentionné qu'environ 6 400 kg de coltan de contrebande avait atteint Uvira via Misisi cette année-là[112]. En 2015, le bureau provincial de la commission nationale de lutte contre la fraude minière a signalé que 60 tonnes d'étain, de tungstène et de coltan de contrebande ont été interceptés à Bukavu en 2015 (Radio Okapi, le 18 février 2016). Bien qu'on ne puisse pas conclure que tous ces colis provenaient de la région du Nord-Katanga étant donné la production historique du coltan dans le Nord et le Sud-Kivu (De Failly, 2001), en examinant minutieusement leur concentration en tantale, beaucoup de fonctionnaires de la division des mines basés à Uvira ont été poussés à croire que beaucoup de ces colis provenaient du Nord Katanga[113].

7. Faire face à la contrebande

En 2011, l'iTSCi a réalisé d'énormes progrès pour remédier à la contrebande minière. Tout d'abord, le personnel de terrain de l'iTSCi surveille l'« étiquetage et emballage » du coltan. Ils produisent également des « rapports d'incidents » liés aux quatre catégories de pratiques suivantes : i) cas de contrebande

[109] Rapports de la PMH/Kisengo, décembre 2013.

[110] Procès-verbaux (janvier-décembre 2013) gardiennage des minerais, bureau MMR/Kisengo, février 2014.

[111] Entretien à Kahendwa, octobre 2013.

[112] Entretiens avec des agents de la Division des mines, de la DEMIAP et de l'ANR à Misisi et Uvira, novembre 2013 et février 2014.

[113] Entretien de groupe avec les fonctionnaires de la Division des mines, Uvira, septembre 2013.

et des problèmes liés à l'« étiquetage et emballage », par exemple les erreurs dans l'enregistrement des données, la perte, la destruction et la disparition des étiquettes ; ou l'enregistrement inexact des poids des colis de coltan ; ii) les actes de corruption ; iii) les actes de harcèlement, par exemple les taxes illégales ; et iv) les actes d'insécurité et de violation des droits de humains commis contre les mineurs, les négociants ou d'autres personnes par une entité quelconque en position d'autorité.

Les incidents de contrebande étaient signalés à plusieurs reprises. Toutefois, ces rapports ont été « confidentiels » et tenus secrets. Aux yeux des membres du personnel de terrain de l'iTSCi, ce caractère secret les a empêchés de faire face avec des gens qui ont été directement ou indirectement impliqués ou soupçonnés d'avoir causé ces incidents. En 2013, le bureau de coordination de terrain de l'iTSCi à Nyunzu avait produit environ 20 rapports d'incidents chaque mois, dont cinq à sept concernaient la fraude. En 2014, il y avait seulement quatre rapports sur la contrebande[114].

Les rapports et les mesures contre les incidents, y compris ceux concernant la contrebande, ont suivi trois procédures. Tout d'abord, les rapports ont été envoyés à la hiérarchie de l'iTSCi à Kalemie ou à Lubumbashi. Ensuite, cette dernière contactait les autorités étatiques, les responsables des coopératives minières ou des maisons de négoce, en leur demandant de trouver des solutions à ces incidents dans lesquels leur staff était apparemment impliqué en coopérant, par exemple, avec des *hiboux*, des mineurs ou des négociants malhonnêtes. Les autorités pourraient par la suite suspendre, avertir ou mettre fin à l'emploi de ce staff.

La contrebande a également été abordée au cours des réunions des comités locaux de suivi (CLS), créées à l'instigation de l'iTSCi. En réunissant les membres du personnel de l'iTSCi, les maisons de négoce et les coopératives, ainsi que les représentants des mineurs, des négociants et des

---

[114] Entretiens avec le coordonnateur de l'iTSCi et les membres du personnel de terrain, Nyunzu, juin 2014.

agents de l'État, les réunions CLS ont lieu mensuellement à Nyunzu ou à Kalemie. Cependant, ces réunions du CLS ont été souvent retardées (ou non tenues) pour des raisons financières ou parce que le quorum des participants n'était pas atteint. De nombreux participants aux CLS ont rapporté que, lors des réunions, des personnes ou des entités incriminées dans la contrebande du coltan étaient souvent absentes ou se sentaient offensées quand des cas de contrebande impliquant leur personnel étaient discutés publiquement[115]. Ceci suggère que, bien que les gens aient participé aux réunions des CLS, l'ordre du jour de ces réunions a pu, de fois, être saboté.

La gestion de la contrebande est également conforme aux exigences légales. Conformément à la loi minière congolaise (Art. 300-303), les contrebandiers doivent être arrêtés, les minerais de contrebande interceptés puis mis en vente. Le montant perçu doit être déposé dans un compte bancaire du trésor public. À Nyunzu et Kalemie, aucune plainte judiciaire impliquant des contrebandiers arrêtés n'a été documentée. Plutôt, le procureur saisissait les colis de coltan et les vendait à des maisons de négoce qui les remettaient dans la procédure « étiquetage et emballage » selon le système de l'iTSCi. Cependant, les profits de ces ventes ont souvent été détournés par les représentants du parquet[116].

Dans l'ensemble, l'iTSCi a incontestablement été un mécanisme important de dénonciation pour contrecarrer la contrebande. Comme indiqué précédemment dans ce chapitre, elle a donné des résultats positifs en termes de traçage du flux du coltan. Toutefois, selon certains acteurs locaux (à savoir, les mineurs, les négociants, le personnel des maisons de négoce et des coopératives), le travail du personnel de terrain de l'iTSCi avait un caractère accusateur parce qu'ils signalaient et dénonçaient la contrebande ou toute autre pratique illégale autour du commerce du coltan. Certains négociants établis à Mai-Baridi et Kisengo depuis 2010 et qui ont travaillé pour la

[115] Entretiens d'experts avec les membres du personnel de l'iTSCi, Kalemie/Nyunzu, juillet 2013.

[116] Entretiens avec les fonctionnaires de la Division des mines, Kalemie et Nyunzu, juillet 2013.

CDMC ont déploré que les membres du personnel de terrain d'iTSCi les accusaient hâtivement. Ainsi, si les négociants les informaient sur tout ce qu'ils faisaient, leurs rapports d'incidents risqueraient de les faire renvoyer de la CDMC, les jetant au chômage[117].

Par conséquent, l'iTSCi n'a pas été perçue de manière positive par tous les acteurs, notamment en termes de lutte contre la contrebande. Le sentiment exprimé par les négociants ci-dessus révèle également des craintes quant aux conséquences d'une transparence totale en intégrant complètement le système de l'iTSCi. Cela confirme également que les interventions politiques et humanitaires et du développement peuvent générer des résultats inattendus. Leurs règles, normes et principes ne sont jamais fixes et font l'objet d'interprétation à la suite d'interactions entre différents acteurs sociaux (Christoplos et Hilhorst, 2009 ; Dijkzeul et Wakenge, 2010 ; Hyden, 2008).

8. Analyse et conclusion

Ce chapitre a mis en exergue l'organisation de la contrebande du coltan au Nord-Katanga, les rôles des acteurs impliqués, leurs discours, pratiques et les effets des mesures — principalement de l'iTSCi — prises pour faire cesser ces pratiques illégales. Dans les mines de coltan du Nord Katanga, l'iTSCi visait essentiellement à améliorer la transparence et la surveillance du commerce du coltan. De cette façon, il prévoyait de combattre sa contrebande. Faisant partie d'une politique régionale de lutte contre les minerais des conflits, l'idée derrière iTSCi était que ce programme contribuerait à l'édification de l'État congolais.

Toutefois, se fondant sur l'opinion selon laquelle, les gens apportent différentes réponses aux politiques et institutions, ce chapitre considère que la contrebande de coltan peut être perçue comme une réponse cruciale à l'iTSCi. S'appuyant sur l'approche de la sociologie de la vie économique, qui repose sur l'idée que l'action économique est enracinée dans les réseaux

[117] Entretiens avec les négociants, Mai-Baridi et Kisengo, février 2014.

sociaux (Beckert, 2007:9), le chapitre a analysé les stratégies développées par les creuseurs, les négociants et leurs réseaux sociaux opérant dans les zones minières de coltan et entre les régions congolaises du Nord-Katanga et du Sud-Kivu.

Nos principaux résultats démontrent que l'iTSCi a techniquement organisé le commerce du coltan. EIle a mis en place un certain nombre de réglementations et d'organismes officiels (coopératives et maisons de négoce) pour l'achat de coltan au niveau de la mine. Elle a également établi des points de vente officiels où le coltan est « étiqueté et emballé ». Toutes ces procédures ont apporté beaucoup de clarté dans une situation jadis opaque où, une pléthore d'acteurs informels intervenait.

Pour l'iTSCi, la gestion de la contrebande signifie le dépècement des réseaux de commerce informel préexistants. Cependant, nos résultats indiquent que ces réseaux ont été maintenus par les mineurs et les négociants qui se sont, à leur manière, adaptés aux règlements de l'iTSCi. Bien que l'iTSCi aborde les questions de contrebande par le biais de divers mécanismes, y compris l'« étiquetage et emballage » des minerais, les CLS et les rapports d'incidents, ces procédures ont négligé les réseaux sociaux dans lesquels les mineurs et les négociants étaient incorporés. En plus de l'iTSCi, le commerce du coltan a été structuré autour d'un réseau d'acteurs. Il s'agit de mineurs, négociants, commerçants locaux, antennes des hiboux et sous couverts. Tous ces acteurs sont, d'une manière ou d'une autre, connectés aux hiboux ou les aident à opérer dans les sites miniers artisanaux. Ces réseaux sont fondés principalement sur les relations personnelles de confiance, ce qui met en évidence l'importance d'une conception socialisée de l'action humaine dans les transactions économiques (Granovetter et Swedberg, 1992).

La présente étude révèle que l'utilisation des réseaux sociaux a été bénéfique pour les mineurs et les négociants. Étant donné que les prix de coltan variaient au sein et entre les sites miniers et compte tenu de l'instabilité des politiques de fixation des prix par les maisons de négoce et les coopératives ainsi que les différences des prix du coltan entre le Nord-Katanga et le

Sud-Kivu, toutes ces situations ont fourni de fortes incitations économiques pour la fraude et la contrebande. Pendant ce temps, les réseaux sociaux des mineurs et de négociants ont servi à maintenir un circuit opaque autour du commerce du coltan, comme l'illustrent les opérations de vragage, par exemple. En fait, le vragage était toléré par tous les acteurs y impliqués. Cette attitude ressemble à ce que Olivier de Sardan (2015:27) a observé lors de la recherche relative aux normes et pratiques en Afrique et ailleurs, faisant valoir que les gens impliqués dans des pratiques telles que les « paiements illégaux » les voient comme de « petits vols faisant partie du jeu ». Au Nord-Katanga, l'organisation des réseaux sociaux nous amène à conclure que la vie économique est socialement ancrée et travaille par le biais de ces réseaux (Hilhorst et al., 2017). Le fait de ne pas tenir compte de cet enchâssement social explique pourquoi l'iTSCi fait face à des défis.

Ainsi, les opérations des réseaux sociaux expliquent pourquoi la contrebande continue. La contrebande a violé et entravé les règlements de l'iTSCi. Ce qui est important, c'est que cette étude a démontré que ces réseaux sociaux servent également les mineurs et les négociants pour tromper les hiboux. Le fait de duper les contrebandiers est souvent caché ou sous-estimé dans de nombreuses études sur la contrebande. La contrebande est également susceptible de saper l'efficacité de l'État, comme l'a illustré l'implication de fonctionnaires en facilitant les opérations de contrebande des hiboux. Le potentiel des activités de contrebande entreprise par des groupes d'acteurs étatiques et non étatiques — par ex. les groupes armés — pour déclencher d'autres « minerais de conflit » exige des études approfondies.

Utas (2012) a décrit les réseaux d'économies de conflit comme étant en constante évolution et façonnés par l'instabilité et la clandestinité, ce qui les rend souples, adaptables et sous le contrôle des « grands hommes ». Les conclusions de cette étude indiquent que ces caractéristiques ne peuvent pas être limitées aux seuls contextes de conflits. Au contraire, ces résultats suggèrent que plusieurs de ces caractéristiques se retrouvent dans les pays post-conflits comme le Nord-Katanga, où les réseaux formés autour des hiboux (qui peuvent être également considérés comme des « grands hommes ») étaient très souples dans l'adaptation de leurs activités de contrebande. Cependant, ce n'était pas un rôle rempli par les hiboux seuls. Les mineurs ordinaires, qui peuvent être considérés comme des acteurs « moins puissants », ont aussi participé à ces activités. Dans sa recherche novatrice sur le commerce de l'or à Kamituga (Sud-Kivu), Geenen (2011:433) a décrit une pratique similaire de tricherie comme le vragage après avoir constaté que les commissionnaires des vendeurs d'or généraient des profits supplémentaires en achetant des quantités d'or à revendre ailleurs ou en utilisant leur balance manuelle pour tricher lors du pesage de l'or.

Enfin, la présente étude a montré l'interconnexion entre les zones d'exploitation minière et le contexte plus large dans lequel l'iTSCi est mise en œuvre. Le niveau d'organisation des hiboux et la complexité de leurs activités à cet égard indiquent l'existence de réseaux informels plus larges autour du commerce du coltan. Bien sûr, l'existence de ces réseaux ne peut pas être attribuée à seule l'iTSCi. Cette étude indique que des facteurs supplémentaires, tels que les pots-de-vin ou des déséquilibres des régimes des prix des minerais entre les provinces, contribuent à la fraude du coltan. Il y a donc lieu d'aller au-delà de la considération que les mines de coltan sont des « enclaves réglementées ». Il sera nécessaire de développer une approche plus globale et contextualisée (Cuvelier et al., 2014:26) aux politiques sur les minerais dits de conflits tels que l'iTSCi, et l'attention devrait être accordée à la compréhension de la logique derrière les structures informelles existantes (Van Bockstael et Vlassenroot, 2009) dont font partie les mineurs et les négociants. Cela contribuerait à « règlementer le vieux jeu de la contrebande du coltan » — en d'autres termes, à gérer durablement les pratiques profondément enracinées de contrebande d'une manière plus efficace.

CHAPITRE VII

Discussion générale et conclusions : des enjeux mouvants ?

1. INTRODUCTION

Dans cette thèse, nous avons analysé les répercussions des initiatives prises pour « formaliser » l'exploitation minière artisanale à l'est de la République démocratique du Congo (RDC) sur les mineurs artisanaux (creuseurs) et les intermédiaires (négociants). Ces initiatives visent à remettre les mines sous le contrôle étatique tout en abordant la question des minerais de conflit, c'est-à-dire les minerais accusés d'alimenter la violence, les conflits et l'implication d'acteurs armés dans le secteur minier (Autesserre, 2012). La thèse se concentre sur une de ces initiatives : l'initiative sur la chaine d'approvisionnement en étain de l'ITRI (iTSCi). Conçue en 2009 par l'Institut international de recherche sur l'étain (ITRI), l'iTSCi est l'initiative de lutte contre les minerais de conflits la plus répandue à l'est de la RDC (chapitre 2). En gros, l'iTSCi est un mécanisme qui fonctionne par « étiquetage et emballage » des colis de minerais depuis les galeries des mineurs jusqu'aux points d'exportation afin de déterminer leur origine et d'empêcher ceux-ci d'être commercialisés sur le marché international.

Cette étude est importante en raison de la poursuite de deux objectifs. Tout d'abord, l'étude visait à donner un aperçu de la manière dont l'iTSCi est concrètement mise en œuvre dans les sites miniers des 3T et de la façon dont sa mise en œuvre a modifié l'organisation de l'exploitation minière et le commerce du coltan. Deuxièmement, cette étude visait à examiner la façon dont cette organisation a impacté les creuseurs et les négociants au sujet de leurs moyens de subsistance et leur accès aux minerais, et comment ces deux groupes ont réagi à l'iTSCi. Pour fournir un compte-rendu ethnographique des changements introduits par l'iTSCi dans les sites d'exploitation minière artisanale, la question principale à laquelle cette thèse a tenté de répondre est la suivante :

Comment les initiatives visant à réformer l'exploitation minière artisanale (l'iTSCi en particulier) ont-elles influé sur le changement institutionnel, comment cela a-t-il affecté les modèles de production et de commerce de coltan, comment les creuseurs et les négociants ont-ils été touchés par ce changement, et comment ces groupes ont-ils réagi dans les zones minières de Kahendwa, Kisengo et Mai Baridi (Nord-Katanga) de 2009 à 2014 ?

Les principales conclusions présentées dans ce chapitre s'appuient sur les résultats présentés dans les chapitres précédents. Chaque chapitre a son propre approche conceptuelle. Combinées, ces approches composent le cadre théorique de cette thèse. Dans le chapitre introductif, la principale question de recherche formulée ci-dessus a été subdivisée en cinq sous-questions. Celles-ci ont guidé la collecte des données, l'analyse et la structuration des chapitres. Les sous-questions ont été formulées comme suit :

1) Quels sont les contextes de l'exploitation du coltan et des réformes au Nord-Katanga ?

2) Comment, suite à la mise en œuvre de l'iTSCi, les institutions coopératives en tant que des institutions nouvellement introduites dans les sites miniers ont-elles interagi avec les organisations préexistantes des creuseurs ?

3) Comment ces interactions ont-elles modifié les droits de propriété et d'accès aux mines de coltan ?

4) Quelles conséquences ont eu les changements dans les droits de propriété et d'accès au coltan sur les moyens de subsistance des négociants ?

5) Comment les creuseurs et les négociants ont-ils réagi à iTSCi ?

Ce dernier chapitre présente plusieurs thèmes initialement présentés dans l'introduction de cette thèse. Le chapitre passe également en revue les éléments de preuve qui confirment notre hypothèse selon laquelle bien que l'organisation préexistante du secteur minier en RDC ait été façonnée par un certain nombre de problèmes structurels liés à l'exploitation artisanale (par exemple le caractère informel du commerce du coltan, les abus subis par les creuseurs par des acteurs armés et la fraude du coltan), les réformes en cours ont reproduit ces problèmes et également généré de nouveaux défis.

Plutôt que d'énumérer les résultats par chapitre, ce chapitre s'appuie sur un certain nombre de conclusions approfondies et transversales qui émergent de la thèse dans son ensemble. En liant les cinq sous-questions aux objectifs de cette thèse, ce chapitre vise à démontrer comment les résultats des cinq chapitres ont permis d'atteindre ces objectifs. Le chapitre reflète également les conséquences des résultats transversaux élaborés ici sur les politiques minières et les recherches futures sur l'exploitation minière artisanale à l'est de la RDC.

Chaque chapitre de cette thèse contribue à atteindre les objectifs globaux en abordant un thème spécifique. Le chapitre 2 présente les contextes historiques de l'exploitation minière artisanale et des réformes minières. Le chapitre 3 porte sur les coopératives minières. Le chapitre 4 aborde les conflits sur les droits de propriété et d'accès aux minerais (coltan). Il est suivi par le chapitre 5, qui porte sur les moyens de subsistance et la situation socio-économique des négociants. Il prête également attention à la manière dont les creuseurs expérimentent ce groupe de courtiers miniers. Enfin, le chapitre 6 concerne la contrebande de coltan et explore les réactions des négociants et de creuseurs aux réformes en cours qui se déroulent autour de l'initiative iTSCi.

La section suivante donne un aperçu sur notre approche analytique et indique les principaux résultats par chapitre. Pour les autres sections, chacune présente un résultat global et transversal, en donnant des exemples concrets et en se référant aux chapitres pertinents qui illustrent l'importance de ce résultat dans cette thèse. Chaque section se termine par notre argument relatif à ce résultat. La dernière partie de ce chapitre présente trois implications sur les politiques en ce qui concerne les réformes de l'exploitation minière ainsi que les pistes proposées pour des recherches futures.

2. CONCEPTS CLÉS ET CHAPITRES EMPIRIQUES

Pour répondre aux questions de recherche décrites ci-dessus, nous avons adopté trois approches analytiques complémentaires. Tout d'abord, la thèse a utilisé une approche centrée sur l'acteur dans l'analyse des dynamiques locales des réformes. Cette thèse a montré que la mise en œuvre du programme iTSCi et les changements qui s'en sont suivis sont socialement construites et négociées entre différents acteurs à différents niveaux, y compris au niveau institutionnel (par exemple les coopératives minières).

En second lieu, la thèse s'est inspirée de la théorie de la sociologie de la vie économique. Cette approche s'appuie sur l'idée que l'action économique est une forme d'action sociale qui est socialement « enracinée », ce qui signifie qu'elle est liée à une action et à des institutions qui ne sont pas économiques dans leur contenu, leurs objectifs et leurs processus (Granovetter, 2005 ; Hilhorst et al., 2017). Comme déjà dit, cette théorie nous a permis de nous éloigner des réglementations officielles et de la promotion du marché formel d'échanges économiques promus par l'iTSCi pour examiner comment les réformes sont socialement construites, transformées et négociées, principalement par le biais des réseaux sociaux.

Troisièmement, cette thèse a introduit le concept original d'« enclaves réglementées ». Ces enclaves réfèrent aux zones minières où l'iTSCi ou d'autres types de réformes sont en vigueur. Cette thèse a montré que, bien que ces « enclaves » semblent être « fermées et isolées » de l'environnement en ce qui concerne les règles appliquées localement pour l'extraction et le commerce des minerais (par exemple l'« étiquetage et emballage »), en réalité, cette fermeture n'est pas complète. Il serait plus opportun d'étudier ces « enclaves réglementées » sous forme d'espaces semi-autonomes avec des frontières poreuses (Moore, 1973).

Cette thèse a présenté cinq chapitres empiriques :

Au chapitre 2, qui a exploré les contextes des activités minières et des réformes minières au Nord-Katanga, il a été démontré qu'il y a une longue histoire de l'organisation de l'exploitation minière dans l'ancien Katanga. Donc, les réformes ne sont pas entrées dans une arène d'anarchie, ou de vide institutionnel. Le chapitre 3 a étudié la formation et le travail des coopératives minières créées dans le but d'améliorer la gouvernance de l'exploitation minière. Ce chapitre a démontré que ces coopératives ont été une solution d'urgence — plutôt que durable — en ce qui concerne la représentation et la défense des intérêts des mineurs artisanaux.

Le chapitre 4 examine les questions concernant l'accès aux minerais. Ici, il a été démontré que les réformes en cours ont donné lieu à de nouvelles tensions sociales et à des conflits locaux autour des droits de propriété et d'accès aux minerais.

Le chapitre 5, axé sur les moyens de subsistance et la situation socio-économique des négociants, montre que les réformes ont affecté ce groupe de courtiers miniers de différentes manières. Certains négociants sont aisés, alors que d'autres ont été exclus de la chaîne de produits miniers. Ces résultats contredisent l'opinion très répandue que les négociants appliquent toujours un courtage abusif dans la chaîne de production et de commercialisation des minerais.

Enfin, le chapitre 6, sur les réactions des mineurs et des négociants à l'iTSCi, a démontré que la contrebande du coltan est une pratique profondément enracinée. Malgré les réformes, la contrebande est empêtrée dans les activités de divers réseaux et continue sous différentes formes.

Du point de vue méthodologique, cette thèse est fondée sur la tradition ethnographique. Plus précisément, ce travail a adopté trois approches méthodologiques : l'ethnographie multi-sites, l'ethnographie historique et la diffusion des résultats de la recherche. Ces approches ont été utiles pour l'étude de l'histoire des gens, leurs activités et leurs interactions dans leur propre contexte de vie pendant une longue période et a contribué à la diffusion des résultats. Pour atteindre ces objectifs, la recherche dans les communautés minières a requiert le développement des méthodes et des techniques de collecte de données (par exemple jouer au football comme une forme particulière d'observation participante, la diffusion des résultats de la recherche ou d'autres techniques connexes). Cela aiderait à réduire la distance entre le chercheur académique et les gens dans les communautés étudiées et à discuter les résultats avec d'autres chercheurs académiques, des décideurs politiques et des praticiens dans le secteur minier.

3. Résultats transversaux

Cette section décrit quatre résultats transversaux de cette thèse sur les thèmes suivants : a) les continuités historiques ; b) les nouvelles formes prises par la violence associée à l'extraction minière ; c) le renforcement de réseaux et d) un regard au-delà d'« enclaves réglementées ». Prêter attention aux nouvelles questions soulevées dans cette thèse et à la série de recommandations décrites ci-dessous aiderait à répondre à une question nous avons posée tout au long de cette étude : où ira votre dissertation, et comment celle-là peut-elle changer nos vies ?[118] En posant cette question, les creuseurs participant à cette étude ont montré qu'ils s'attendaient à des résultats susceptibles de contribuer au changement de la façon dont les réformes étaient mises en œuvre.

[118] Entretien de groupe avec les mineurs, Kisengo, août 2014.

3.1. Continuités historiques

Un des principaux résultats transversaux de cette thèse est que les réformes de l'exploitation minière, au-delà des changements qu'elles ont apportés — en ce qui concerne, par exemple, la mise en place d'institutions « formelles » (les coopératives minières) et l'organisation du marché du coltan —, ont fait émerger plusieurs continuités historiques. Ceci est tout à fait remarquable dans un pays régi par un État en perpétuel dysfonctionnement.

Au chapitre 2, sur les contextes des activités minières et des réformes, il a été démontré que, depuis la période coloniale, principalement pour des raisons économiques, l'État a accordé de vastes concessions minières aux acteurs miniers privés, c'est-à-dire aux grandes entreprises extractives (Hönke, 2013 ; Rubbers, 2006). Bien que ces allocations ne concernaient pas la partie nord du Katanga, parce que la région était historiquement agraire (Mwanyimi Mbomba, 1988),[119] la découverte des mines de coltan en 2007 et les réformes ultérieures ont ouvertement mené à l'octroi des concessions — sous la forme de Zone d'Exploitation artisanale (ZEA), dont huit au total — à une série d'acteurs privés, à savoir les sociétés minières, les maisons de négoce et les coopératives minières. Dans le milieu d'étude, où l'iTSCi aux côtés de la société minière (MMR), une grande maison commerciale indienne, les effets de la privatisation de l'exploitation minière ont été perceptibles. Par exemple, MMR avait acquis tous les droits concernant le commerce de minerais, ce qui permit à cette entreprise de s'engager dans des relations contractuelles avec les mineurs et les négociants. En contrepartie de l'assistance matérielle et financière de MMR, ces derniers étaient obligés de vendre ou d'acheter des minerais uniquement à des prix fixés par ladite société.

Comme cela a également été noté dans les études antérieures (Cuvelier et al., 2014 ; Johnson, 2013), tandis que l'iTSCi a elle-même joui d'un quasi-monopole comme initiative de lutte

[119] Ceci est généralement le cas bien que l'or, la cassitérite et le charbon aient été extraits depuis la période coloniale. Voir, par exemple, Omasombo, J. (éd.) (2014). *Tanganyika. Espace fécondé par le rail et le lac.* Tervuren: Musée royal de l'Afrique centrale, pp. 63-67.

contre les minerais de conflit à l'est de la RDC, sa mise en œuvre au Nord-Katanga tend à renforcer un monopole robuste des maisons de négoce, notamment du MMR. Cela a exacerbé les tensions avec les creuseurs (Matthysen et Montejano, 2013:31) et a encouragé un manque de concurrence entre les acheteurs de coltan.

Le résultat de la collaboration entre les maisons de négoce (MMR), les coopératives, les négociants basés dans les mines et les creuseurs n'a pas toujours été paisible. Comme l'a montré le chapitre 4, qui portait sur les conflits sur l'accès aux minerais, les relations entre le MMR et les creuseurs ont à plusieurs reprises, été caractérisées par des conflits. Cette situation illustre une tendance générale historique dans la région du Katanga, où beaucoup de compagnies extractives ayant des liens avec les élites politiques se sont heurtées aux creuseurs pour accéder aux minerais. Ces entreprises ont également exclu ou marginalisé les creuseurs car ce groupe est considéré comme des intrus dans les concessions des compagnies (Cuvelier, 2011a ; Hönke, 2013). Par conséquent, les réalités katangaises confirment la tendance à la marginalisation des creuseurs qui a été largement documentée dans la littérature au sujet de l'exploitation minière artisanale dans d'autres pays riches en minerais, en Afrique subsaharienne (Ballard et Banks, 2003 ; Fischer, 2007 ; Geenen et Claessens, 2013 ; Hilson, 2003).

Le chapitre 3, sur les coopératives minières, suggère une autre dimension de la continuité. Avant les réformes, l'exploitation minière artisanale a été dominée par l'influence de nombreux acteurs, y compris les seigneurs de guerre, les puissants entrepreneurs tels que les chefs coutumiers et les chefs militaires (Garret et al., 2009). À la suite des réformes, ces acteurs semblent avoir été remplacés (ou ont vu leurs rôles reproduits) par les « grands hommes », qui sont surtout des cadres étatiques et des chefs coutumiers. Cette thèse a montré que le rôle de ces « grands hommes » dans la conception ou le fonctionnement des nouvelles institutions (en particulier les coopératives minières) et la façon dont ces institutions affectent l'organisation de l'exploitation minière sont essentiels pour comprendre les changements qui se produisent à la suite des réformes.

Le chapitre 6 consacré à la contrebande de coltan est également une bonne illustration de la continuité. Avant les réformes, le Nord-Katanga était le plus important fournisseur de coltan de contrebande au Sud-Kivu (Spittaels, 2010). Malgré les efforts de l'iTSCi, sa collaboration avec les maisons de négoce et les coopératives dans la lutte contre la contrebande minière, celle-ci se poursuit à travers notamment des hiboux, à tel point que la contrebande minière demeure une pratique profondément enracinée (Wakenge, 2014).

En somme, comme indiqué au chapitre 3 (sur les coopératives minières), les « grands hommes » se sont emparés des nouvelles institutions coopératives, à tel point qu'au lieu que ces institutions émanent des organisations préexistantes des mineurs, la création et le fonctionnement des coopératives indiquent qu'elles sont sous la bannière des élites urbaines. En outre, le chapitre 6 (sur la fraude du coltan), a montré que les hiboux continuent de convoyer clandestinement des minerais. Bien que la contrebande soit devenue relativement marginale (Wakenge, 2014), elle est pratiquée par les mêmes personnes qu'avant les réformes, car le hibou, qui étaient principalement des négociants de la région étudiée se sont adaptés aux réformes.

Toutefois, la marginalité de la contrebande suggère également qu'à la suite des réformes, le commerce du coltan est tout de même mieux organisé et plus formel, en d'autres termes, il est vendu par des voies officielles. Ce commerce est mieux surveillé, tandis que les colis des minerais sont enregistrés. Un exemple révélateur, c'est que le volume enregistré du coltan exporté officiellement de 2011 à 2013 s'est approché de 1004,53 tonnes dans la province du Katanga (Diemel et Cuvelier, 2015:158) ; ce qui contraste avec la contrebande à grande échelle signalée avant les réformes (Spittaels, 2010:17). Avant l'iTSCi, les comptoirs tendaient à sous-estimer le volume ou la valeur de leurs exportations pour échapper aux taxes et étaient en même temps impliqués dans la contrebande (De Koning, 2010:7).

3.2. Renforcement des différents types de réseaux

S'appuyant sur les continuités historiques, cette thèse montre que les réformes ont encouragé le développement de divers réseaux ou de nouvelles constructions de réseaux. Ces réseaux ont prospéré autour de nombreuses questions concernant l'organisation de l'exploitation minière et ont aidé à expliquer comment les relations sociales entre les acteurs de l'exploitation minière (p. ex., les mineurs et les négociants) ont imprégné les relations formelles et les arrangements autour des mines et du commerce du coltan.

Au chapitre 4, portant sur les conflits liés à l'accès aux minerais, il a été démontré que des « réseaux d'élite » (Fahey, 2011:170) semblent exister autour de l'octroi des droits de propriété aux maisons de négoce et aux coopératives minières. La présente étude a constaté que ces réseaux comprennent des élites du gouvernement provincial du Katanga, des compagnies minières internationales et des coopératives minières, transformant les sites d'exploitation minière artisanale en une arène de conflits. Ces réseaux étaient reliés aux autorités étatiques à différents niveaux administratifs, de Lubumbashi jusqu'aux échelons du niveau local de l'appareil de l'État. Dans ces conflits particuliers liés aux réformes, autour des droits de propriété, les pouvoirs publics n'agissent pas seuls. Ils peuvent soit compter sur l'appui de leurs collaborateurs ou les intimider. Les mots de l'administrateur chargé des finances en territoire de Nyunzu font ressortir cette intimidation : « personne ne sait ce qui se passe au sujet des activités minières à Nyunzu. Quiconque veut en savoir plus [...] se voit intimidé par ses supérieurs hiérarchiques basés à Lubumbashi ou à Kalemie » (chapitre 4). Ainsi, les réformes de l'exploitation minière offrent des fenêtres d'opportunité pour « la prédation et l'appropriation privée [...] par les élites étatiques afin d'acquérir et redistribuer les ressources » (Englebert, 2009:3). Ainsi, les interventions étrangères, quoique bien intentionnées, sont facilement instrumentalisées, aboutissant à la production et la reproduction des systèmes néocoloniaux.

Le terme récurrent de « réseaux » est en bonne place aux chapitres 5 et 6. Le chapitre 5, portant sur les incidences des réformes sur les moyens de subsistance et la situation économique des négociants, montre que les négociants ont utilisé leurs réseaux sociaux pour faire face aux difficultés économiques et diversifier leurs portefeuilles de subsistance. Pour joindre les deux bouts, les ménages des mineurs se sont également appuyés sur les réseaux sociaux, dans lesquels ils sont intégrés avec les négociants.

Le chapitre 6, consacré à la contrebande dans et à partir des zones minières de coltan du Nord-Katanga vers la province du Sud Kivu, décrit en détail le rôle joué par les réseaux sociaux dans le maintien de cette « économie de contrebande ». Pour expliquer comment ces réseaux sont construits et leur mode de fonctionnement, cette thèse se fonde sur la notion conceptuelle de la sociologie de la vie économique (Granovetter, 1985), qui a contribué à l'exploration du comment et du pourquoi les creuseurs et les négociants basés aux mines permettent aux hiboux de s'engager dans la fraude du coltan. La thèse soutient que, par le biais de réseaux sociaux des négociants basés aux mines, les hiboux ont été capables de s'adapter aux réformes. Se sentant déçus avec les réformes ou exclus des celles-ci, beaucoup de négociants et de mineurs font recours à une poursuite des pratiques de contrebande. Ainsi, les réseaux sociaux des creuseurs et des négociants ont permis de contourner le monopole obligatoire des prix fixés par MMR et les coopératives minières. Ces réseaux participent également dans les rapports entre les mineurs, les négociants et les contrebandiers. La littérature sur la contrebande minière ou d'autres biens se concentre principalement sur l'explication de la manière dont les gens enfreignent le règlement officiel ou de l'État (Deardorff et Stopler, 1990 ; Hilson et Potter, 2003 ; Meagher, 1990 ; MacGaffey, 1991 ; Titeca et De Herdt, 2010). Cette thèse ajoute à ce débat le fait de démontrer que les creuseurs et les négociants basés dans les mines s'appuient également sur les mêmes réseaux pour tricher dans leurs rapports avec les contrebandiers.

Cette thèse soutient que l'organisation des réseaux sociaux fonctionne le long du marché formel d'échange et de la transparence dans le commerce de minerais, promue par les réformes. Cette étude montre donc qu'une trop grande insistance sur la promotion du marché d'échange formel ouvre également un espace pour des activités informelles effectuées par le biais de réseaux. L'intrusion des élites dans les arrangements locaux au sujet de l'exploitation minière et l'utilisation des réseaux pour la diversification des moyens de subsistance ou pour la contrebande illustrent une tendance persistante de l'importance des réseaux et liens sociaux informels. D'une manière ou d'une autre, ces réseaux et liens façonnent les réformes en cours. Par conséquent, ironie du sort, plus la formalisation est mise en vedette, plus elle offre l'occasion pour plus d'« informalisation ». En somme, cette thèse soutient que l'efficacité des réformes dépend de la capacité de l'État congolais de saisir et de comprendre les raisons pour lesquelles ces réseaux continuent de fonctionner.

3.3. La violence liée à l'exploitation minière a pris de nouvelles formes

Le troisième résultat transversal de cette thèse est qu'au-delà du rôle technique (« étiquette et emballage » de l'iTSCi dans l'organisation du commerce du coltan — et la sécurité relativement améliorée sur les sites miniers (Ken et Montejano, 2013:33) — les réformes minières ont engendré de nouvelles formes de violence.

Au chapitre 4, qui concerne les conflits sur les droits de propriété et l'accès aux minerais, on a fait valoir que les réformes ont été préjudiciables aux creuseurs et aux négociants. Dans certains cas, les maisons de négoce et les coopératives empêchent à ces deux groupes d'accéder à des mines plus productives (par exemple, Bovu à Kisengo), illustrant les « nouveaux modes de désarticulation et dépossession » (Vogel et Radley, 2015:409). Bien que les maisons de négoce et les coopératives aient fourni une assistance technique (p. ex. découverture) aux creuseurs et préfinancé l'achat des minerais par les négociants, ces pratiques peuvent être considérées comme des stratégies destinées à maintenir leur influence sur ces groupes. En réalité, cette assistance a été réalisée de telle sorte que les maisons de négoce et les coopératives ont été en mesure d'exploiter puissamment leurs positions économiques en se servant de leurs liens avec les autorités de l'État (y compris la police congolaise) pour chasser les creuseurs et les négociants des mines. Dans cette thèse, ces nouvelles formes de conflits sont étiquetées « conflits de réforme ». Ces conflits soulèvent la question de savoir si les zones d'exploitation minière où se déroulent ces réformes peuvent être considérées comme des « territoires de paix » (Vogel et Raeymaekers, 2016).

La nouvelle expression de « conflits de réformes » se rapporte à la façon dont les réformes minières ont entraîné de nouvelles tensions au sujet des droits de propriété et d'accès aux minerais. La compréhension de l'intensité de ces tensions est une question d'échelle, de période et de mécanismes utilisés pour faire face aux problèmes, tandis que les tensions varient d'un site minier à l'autre. À Kisengo, par exemple, ces tensions ont été plus aiguës que dans d'autres sites miniers locaux. Elles ont entraîné régulièrement des affrontements violents et ouverts entre le MMR, la Coopérative des Artisanaux Miniers du Congo (CDMC) et les mineurs au sujet de nombreuses questions, y compris les prix du coltan. En outre, ces tensions ont conduit à l'exclusion des mineurs des zones minières les plus productives (par exemple la carrière Bovu). À Kahendwa, les « conflits de réformes » résultent de l'instrumentalisation par les autorités étatiques des droits de propriété sur cette mine. En effet, les autorités étatiques ont utilisé leur position de pouvoir pour accorder Kahendwa à différentes maisons de négoce et diverses coopératives en même temps, créant ainsi des tensions entre elles. Fondamentalement, ces tensions ont affecté négativement les activités minières des creuseurs et des négociants.

Au chapitre 5, portant sur les incidences des réformes sur les moyens de subsistance et la situation socio-économique des négociants, nous avons démontré que les réformes sont à la base de conditions sociales marginales. Par exemple, tous les négociants basés dans les mines dépendaient d'un processus de sélection et d'un système de préfinancement quotidien géré par les maisons de négoce et les coopératives. En réalité, ces entités ont été régulièrement confrontées aux problèmes de trésorerie.

Ainsi, entre 2009 et 2014, le nombre de négociants est passé de 105 à seulement 28, et celui des creuseurs a chuté d'environ 10 000 à près de 2 500. Ces estimations suggèrent que l'attention particulière sur la violence qui a inspiré les réformes a conduit à fermer les yeux sur les autres effets, spécifiquement sur les moyens de subsistance des gens et leur accès au secteur. Ce qui est important, malgré les améliorations relatives dans le commerce du coltan, les négociants et les creuseurs ont perdu leur pouvoir de négociation dans la filière minérale et dans leurs relations avec les maisons de négoce et les coopératives. Ceci peut être vu comme un « paradoxe des politiques » (Thomas et Mthembu-Salter, 2016) dans le sens que l'on s'attendrait à une meilleure organisation des marchés miniers afin d'améliorer les moyens de subsistance des gens. Dans les travaux précédents, les débats sur les moyens de subsistance des négociants sont dominés par une tendance à considérer ce groupe comme le plus privilégié dans la chaîne d'approvisionnement en minerais (Global Witness, 2006 ; Kilosho, 2011 ; Maconachie et Hilson, 2011b ; Banque mondiale, 2008). Cette thèse ajoute à ces débats en argumentant que, contrairement à cette opinion très répandue, les réformes ont affecté les moyens de subsistance des négociants de différentes manières. Certains négociants sont relativement aisés, alors que d'autres ont été poussés hors de la chaîne de commercialisation des minerais ou embourbés dans des dettes.

Les chapitres 4 et 5 montrent que les réformes minières sont influencées considérablement par l'instrumentalisation, dans le sens « d'accaparement par les élites », ce qui signifie que le pouvoir peut être exercé par les autorités dans la poursuite d'intérêts individuels plutôt que d'intérêts communautaires (Platteau et Gaspart, 2003). À notre avis, ceci peut être vu comme une sorte de violence politique, où les autorités congolaises étouffent astucieusement les initiatives de réforme, mais sans les étouffer complètement (Trefon, 2011:9). Ce genre d'instrumentalisation des réformes affecte négativement les conditions de vie des creuseurs et des négociants à bien des égards. Par exemple, le chapitre 4 souligne comment les autorités étatiques vivant au chef-lieu provincial (Lubumbashi), dans la ville chef-lieu du district (Kalemie) et au niveau territorial à Nyunzu ont instrumentalisé les réformes pour leurs bénéfices personnels. Ces autorités ont été soudoyées par les maisons de négoce ou les coopératives minières. Par conséquent, elles ont fermé les yeux sur les pratiques de ces entités vis-à-vis des creuseurs, par exemple lors de la fixation souvent unilatérale des prix des minerais par ces entités. L'instrumentalisation concerne également le fait que les autorités étatiques ont tendance à privilégier les intérêts économiques de certaines entreprises ou maisons de négoce. Par exemple, le chapitre 5 montre que le MMR était considéré par les autorités katangaises comme le plus « sérieux acheteur de minerais » (Diemel et Cuvelier, 2015:156) et « bénéficiait d'un traitement favorable par le gouvernement katangais » (Diemel et Cuvelier, 2015:156 ; Johnson, 2013). MMR a par la suite utilisé cette position économique privilégiée et dominante pour exclure plusieurs négociants de la filière minière des 3T.

Cette thèse soutient que la voie vers les réformes minières a modifié la nature de la violence autour des mines. Malgré les effets positifs des réformes dans l'organisation de l'extraction et le commerce du coltan, de nouveaux acteurs et de nouveaux conflits et alliances sont apparus. La thèse a également montré que, dans la plupart des récits sur les conflits autour des ressources, la complexité et les effets des « conflits de réforme » semblent avoir été sous-estimés et mal compris. Un élément qui fait souvent défaut est l'analyse pour savoir comment et par quels moyens les systèmes d'exploitation économiques mis au point par les groupes armés au cours des guerres congolaises parviennent à persister dans le contexte post-conflit et comment ce système se développe au fil du temps sous d'autres formes.

3.4. Au-delà d'« enclaves réglementées »

Cette thèse démontre que les sites d'exploitation minière artisanale où les réformes sont en vigueur ne peuvent pas être considérés comme des « enclaves réglementées ». La dynamique dans ces milieux est plus complexe et doit être étudiée davantage en prenant en compte toute sa complexité. En réalité, les zones minières sont connectées avec et vivent l'influence des différents acteurs dont les intérêts sont étroitement liés à l'activité minière.

Par exemple, le chapitre 2, sur les contextes des activités minières et des réformes montre que la mise en place des ZEA n'est pas une décision prise au niveau local, c'est-à-dire dans le bassin minier. Dans les villes, les ZEA sont délimitées par arrêté ministériel et accordées aux coopératives minières — et dans de rares cas à des maisons de négoce. L'attribution des ZEA peut donc se jouer entre les mains de personnes exerçant une position d'autorité, comme l'a montré le chapitre 4.

Le chapitre 3, sur les coopératives minières, illustre comment ces institutions nouvellement créées ont été formées et comment elles ont été majoritairement contrôlées par de « grands hommes » vivant en milieu urbain. Le travail des coopératives est inspiré par les intérêts de ces élites, et cette thèse a montré que ces coopératives sont perçues par les mineurs comme une « appendice des maisons de négoce ». Ces coopératives sont donc considérées comme des créations urbaines, venant d'en haut. Par conséquent, beaucoup de creuseurs les perçoivent comme des « étiquettes », des institutions ne correspondant pas à leurs intérêts. Ainsi, la thèse conclut que l'idée que les coopératives minières existent et agissent comme des organisations localement ancrées ne tient pas debout.

Comme au chapitre 3, le chapitre 4, qui traite des conflits sur l'accès aux minerais, met aussi en garde contre l'idée de considérer les sites miniers où les réformes sont en cours comme des « enclaves réglementées ». L'idée d'« enclaves réglementées » est en contradiction avec une métaphore exprimée par un participant à cette étude : « Le business minier katangais peut être comparé à un match de football. Cependant, au cours du jeu, ce ne sont pas les joueurs — mais les arbitres —qui sont les acteurs sur le terrain ». (chapitre 4). Cette métaphore illustre que les conflits qui se produisent autour de la gouvernance des sites miniers étaient, en fait, produits par les élites politiques auxquels se réfère le terme « arbitres ». Par exemple, la ministre des Mines du Katanga a profité de sa position de pouvoir pour influencer l'octroi des droits de propriété, en particulier dans la mine de Kahendwa. Cette influence devint une sérieuse entrave au fonctionnement des maisons de négoce à Kahendwa et affecta leurs relations avec les autorités basées à Nyunzu, ainsi qu'avec les creuseurs et les négociants. Comme le fait valoir Hilhorst (2013:8), « Les politiques sont le résultat de l'interaction entre les différentes parties prenantes, qui tentent de faire valoir leurs propres perspectives et objectifs [...] selon leur propre compréhension, intérêts et ambitions ».

Enfin, le chapitre 6, concernant la contrebande de coltan entre le Nord-Katanga et le Sud-Kivu, explique en détail comment et pourquoi les hiboux opèrent malgré le système de traçabilité de l'iTSCi. Non seulement il existe un déséquilibre significatif des prix des minerais entre les deux régions, mais aussi les hiboux étaient relayés par de nombreux acteurs (leurs antennes, les creuseurs, les négociants et d'autres marchands) vivant dans ou visitant régulièrement les mines.

Bref, cette thèse montre que les réformes minières ne sont pas des microphénomènes locaux. Au contraire, elles sont en relation avec des dynamiques beaucoup plus larges. Pour cela, l'amélioration de la transparence dans le commerce des minerais est subordonnée à la compréhension, par exemple, des raisons pour lesquelles les prix des minerais sont inégaux entre les différents sites, villes et les chefs-lieux provinciaux, où les minerais de contrebande sont vendus au marché noir.

4. Incidences sur les politiques et futurs axes de recherche

Cette section décrit un certain nombre d'incidences sur les politiques et futurs axes de recherche qui se construisent à partir des résultats présentés ici.

4.1. Incidences sur les politiques

Cette étude fait partie du programme de recherche intitulé « Down to Earth (Revenir à la réalité) : dynamiques de gouvernance et changement social dans l'artisanat minier en RDC », financé par le programme WOTRO pour le développement Global de l'organisation néerlandaise pour la recherche scientifique. Ce programme de recherche vise la compréhension des processus organisationnels dans les sites miniers artisanaux en provinces du Katanga et du Sud-Kivu et la manière dont ces processus ont été affectés par les initiatives de réforme. Au cours des 15 dernières années, il est clair que ces deux régions congolaises sont devenues des cas pionniers pour la traçabilité et les efforts requis de diligence raisonnable. Fondamentalement, les initiatives de réforme visent à rendre le secteur minier artisanal congolais plus transparent pour éviter la commercialisation des « minerais de conflits » sur le marché international. En 2014, 13 initiatives de réforme — 10 mettant l'accent sur les 3T et trois sur l'or — fonctionnaient à l'est de la RDC (Cuvelier et al., 2014:5).

Toutefois, quant à la mise en œuvre de ces initiatives, leur impact a été ambigu et limité (Cuvelier et al., 2014 ; Geenen, 2012 ; Vogel et Radley, 2015). C'est problématique, parce que ces initiatives n'ont pas seulement généré de nouveaux défis, comme l'a démontré cette étude, mais aussi — et surtout — elles n'ont pas réussi à améliorer les conditions de vie des gens. Pour changer cette situation, les décideurs politiques doivent prendre en compte les trois questions suivantes :

Un premier point clé que soulève cette étude pour les décideurs politiques est l'appel à contextualiser les réformes. Les initiatives de réforme, telles que l'iTSCi, sont souvent considérées et vécues par les gens sur le terrain comme venant de haut en bas, parce qu'ils sentent qu'ils n'ont pas été consultés et n'ont pas eu la possibilité d'exprimer leurs opinions sur les réformes. Comme démontré dans cette étude, l'iTSCi est basée sur l'« étiquetage et emballage », une technique qui ressemble au prêt-à-porter. En réalité, les réformes et les institutions consécutives — doivent être socialement négociées le long de l'évolution des processus (Long, 2001). Elles acquièrent une signification sociale dans la pratique. Les acteurs intrinsèques et extrinsèques autour des réformes cherchent stratégiquement à défendre leurs intérêts, menant aux accords modifiés, « négociés » sur le terrain. Ainsi, les politiques devraient s'accompagner d'une surveillance qualitative pour évaluer les réponses locales et évaluer les résultats prévus ou imprévus. Les résultats de ce suivi peuvent servir de feedback pour une adaptation conséquente des stratégies.

Il est essentiel de continuer à aborder les nouveaux défis posés par les réformes minières. La mise en œuvre des initiatives, focalisant principalement sur la transparence dans le secteur minier, a tendance à occulter les effets de ces initiatives sur les gens. Il est donc crucial de mettre beaucoup d'attention sur la vie de millions de personnes qui assurent leur subsistance en RDC grâce à l'exploitation minière artisanale, qui vivent dans des conditions de vie marginales, sont pauvres et souvent victimes de violences. Cela signifie, entre autres, la conception et la mise en œuvre d'activités alternatives pour les gens qui sont exclus des mines.

En troisième lieu, cette recherche indique que les réformes minières sont des processus complexes. Dans les régions minières des 3T, ces processus sont principalement marqués par la conception, le travail et les interactions d'acteurs locaux et des institutions, en particulier les coopératives minières qui sont, en fait, dominées par l'influence des « grands hommes ». La question-clé devient alors de quelle manière créer des institutions inclusives et, dans la même lancée, comment donner la parole à la communauté elle-même (creuseurs, négociants, etc.), afin qu'ils puissent influencer le processus de réformes sur les plans local, national et international ?

4.2. Futures axes de recherche

Cette étude s'était uniquement focalisée sur trois sites d'exploitation minière artisanale des 3T au Nord-Katanga. Dans tous ces sites, l'iTSCi est en vigueur, et seulement le coltan y est extrait et commercialisé. Il serait utile de poursuivre les recherches sur des sites d'exploitation minière où l'iTSCi n'est pas encore en vigueur et où l'étain (cassitérite) ou le wolframite sont extraits. Il est important de cibler ces sites, car les expériences des creuseurs et des négociants avec des maisons commerciales, les coopératives minières et les organismes de l'État peuvent différer.

Cette étude s'est concentrée sur les creuseurs et les négociants, et les recherches futures pourraient explorer les implications des réformes minières sur les conditions de vie de deux autres groupes de personnes : les fonctionnaires étatiques et les populations pygmées. Suite aux réformes, il y a une réduction significative des organismes de l'État opérant dans les sites d'exploitation minière artisanale, et la taxation illégale sur les creuseurs et les négociants semble diminuer. Il serait donc intéressant d'examiner la façon dont les fonctionnaires vivent les réformes, ce qu'elles veulent dire pour ce groupe et pour les organismes qu'ils représentent et comment ils engagent l'État lors de l'exercice de leurs fonctions (par exemple lors de l'« étiquetage et emballage » des colis de minerais).

En ce qui concerne les populations pygmées, à Kalemie et à Nyunzu, nous n'avons pas pu trouver de pygmées travaillant comme mineurs. Comme les pygmées sont les autochtones du milieu d'étude (Omasombo, 2014:101) et c'était un pygmée (nommé Kalegelege) qui est dit avoir découvert le coltan pour la première fois à Kisengo en 2007, il est surprenant qu'il n'y ait aucun pygmée engagé dans l'exploitation minière artisanale. La raison à cela n'est pas connue. Au Nord-Katanga, après des années de conflits violents opposant les populations pygmées et les bantous les uns contre les autres pour l'accès aux ressources (Okapi, 2016), il est important d'examiner la position passée et actuelle des populations pygmées en ce qui concerne les mines.

Un troisième sujet pour des études ultérieures porte sur l'importance d'étudier l'impact des projets sociaux entrepris par les maisons de négoce et les coopératives dans les collectivités minières. Outre une assistance technique aux creuseurs et le préfinancement d'achat des minerais, les maisons de négoce telles que MMR ont entamé une série de projets (construction d'écoles ou hôpitaux, restauration des routes, payement des salaires aux fonctionnaires étatiques basés dans la mine) dans le cadre d'un vaste programme de responsabilité sociale des entreprises. Il serait intéressant d'examiner l'impact de ces projets sur le développement des zones minières.

Enfin, cette étude axée sur la seule initiative de réforme (iTSCi) a été réalisée sur des sites miniers monopolisés par une seule maison commerciale (MMR). Ce choix nous a permis d'évaluer en détail les différentes facettes des réformes et des réalités autour de cette initiative particulière. Toutefois, il serait utile de comparer l'iTSCi (et les maisons de négoce affiliées) à d'autres initiatives de réformes minières mises en œuvre à l'est de la RDC, afin d'en évaluer l'efficacité de leurs efforts d'améliorer la transparence de la chaîne d'approvisionnement des minerais congolais.

BIBLIOGRAPHIE

Allen, E. et Maghimbi S. 2009. « African cooperatives and the financial crisis ». *CoopAFRICA Working Paper №. 3*. Geneva: International Labour Organization.

Ansoms, A. et Marysse S. 2011. *Natural Resources and Local Livelihoods in the Great Lakes Region of Africa: A Political Economy Perspective*. New York : Palgrave MacMillan.

Anuarite, B. et Geenen S. 2014. « Les limites d'une gouvernance par le bas : les logiques des coopératives minières à Kalimbi, Sud-Kivu ». In Marysse S. and Omasombo Tshonda, J. (éds), *Conjonctures Congolaises 2014. Politiques, territoires et ressources naturelles : changements et continuités*. Coll. « Cahiers Africains ».Paris/Tervuren : L'Harmattan/MRAC, pp.239-260.

Autesserre, S. 2012. « Dangerous tales: dominant tales on Congo and their unintended consequences ». *African Affairs* 00/00 : 1-21.

Auty, R.M. (ed.) 2001. *Resource Abundance and Economic Development*. Oxford : Oxford University Press.

Ballard, C. et Banks G. 2003. « Resource wars: the anthropology of mining ». *Annual Review of Anthropology* 32:287–313.

Ballentine, K. et Sherman J. 2003. *The Political Economy of Armed Conflict: Beyond Greed and Grievance*. London : Lyne Riener Publishers.

Banchirigah, S.M. 2006. « How have reforms fuelled the expansion of artisanal mining: evidence from Sub-Saharan Africa », *Resources Policy* 31:165–171.

Barrett, C.B., Reardon T. et Webb P. 2001. « Nonfarm income diversification and household livelihood strategies in rural Africa: concepts, dynamics and policy implications ». *Food Policy* 26(4) : 315–331.

Barry, M. (ed.) 1996. « Regularizing Informal Mining: A Summary of the Proceedings of the International Roundtable on Artisanal Mining Organized by the World Bank ». Washington, DC : The World Bank, Industry and Energy Department.

Bashwira, M-R., Cuvelier J., Hilhorst D. et Van der Haar G.2013. « Not only a man's world: women's involvement in artisanal mining in eastern DRC ». *Resources Policy* 40(1) : 1–8.

Bayart, J.F. 2000. « Africa in the world: a history of extraversion ». *African Affairs* 99(395) : 217–267.

Bebbington, A. 1999. « Capitals and capabilities: a framework for analysing peasant viability, rural livelihoods and poverty ». *World Development* 27(12) : 2021–2044.

Bebbington, A., Hinojosa L., Bebbington D.H., Burneo M.L. et Warnaars X. 2008. « Contentious and ambiguous: mining and the possibilities of development ». *Development and change* 39(6) : 887–914.

Beckert, J. 2007. « The great transformation of embeddedness: Karl Polanyi and the new economic sociology ». *Discussion Paper 07/1*. Cologne : Max Planck Institute for the Study of Societies.

Berdal, M.R. et Malone D. 2000. *Greed & Grievance: Economic Agendas in Civil Wars*. London : Lynne Rienner Publishers.

Biggs, S. et Matsaert H. 1999. « An actor-oriented approach for strengthening research and development capabilities in natural resources systems ». *Public Administration and Development* 19:231–262.

Binns, T. et Maconachie R. 2005. « Going home in post-conflict Sierra Leone ». *Geography* 90(1) : 67–78.

Birchall, J. 2003. « Rediscovering the cooperative advantage: poverty reduction through self-help ». Geneva: Cooperative branch, International Labour Office.

Blair, H. 2000. « Participation and accountability at the periphery: democratic local governance in six countries ». *World Development* 28(1) : 21–39.

Blomley, N. 2003. « Law, property, and the geography of violence: the frontier, the survey and the grid ». *Annals of the Association of American Geographers* 93(1) : 121–141.

Bush, R. 2009. « Soon there will be no-one left to take the corpses to the morgue: accumulation and abjection in Ghana's mining communities ». *Resources Policy* 34:57–63.

CAMI 2012. « *Liste des permis d'exploitation validés au 31 Décembre 2012* ». Kinshasa : CAMI.

Campbell, B. (ed.) 2009. *Mining in Africa: Regulation and Development*. London and New York: Pluto Press.

Campbell, B. 2010. « Revisiting the reform process of African mining regimes ». *Canadian Journal of Development Studies*. 30(1–2) : 197–217.

Campbell, M. et Gregor F. 2010. *Mapping social relations: A primer in doing institutional ethnography.* Plymouth : AltaMira Press.

Chabal P. et Daloz J.P. 1999. *Africa Works: Disorder as a Political Instrument*. Oxford and Bloomington: James Currey and Indiana University Press.

Chambers, R. et Conway G. 1992. « Sustainable rural livelihoods: practical concepts for the 21st century ». *Discussion Paper 296*. Brighton: University of Sussex, Institute of Development Studies.

Chimhowu, A.O. 2002. « Extending the grain basket to the margins: spontaneous land resettlement and changing livelihoods in the Hurungwe District, Zimbabwe ». *Journal of Southern African Studies.* 28(3) : 551–573.

Christoplos, I. et Harvey P. 2017. « Adding it all up? Doing development differently in conflict and in confronting disaster risk » In Hilhorst, D., Weijs B. and Van der Haar G. (éds), *People, Aid and Institutions in Socio-economic*

Recovery: Facing Fragilities. London and New York: Routledge.

Christoplos, I et Hilhorst D. 2009. « Human security and capacity in fragile states ». *Occasional Paper 01.* Wageningen: Disaster Studies, Wageningen University.

Cleaver, F. 2002. « Reinventing institutions: bricolage and the social embeddedness of natural resource management ». *European Journal of Development Research* 14(2) : 11–30.

Cleaver, F. 2012. *Development through bricolage: Rethinking institutions for natural resources management.* London : Routledge.

Colebatch, H.K. 2002. *Policy: concepts in the social sciences.* Buckingham : Open University Press.

Colebatch, H.K. 1998. *Policy.* Minneapolis : University of Minnesota Press.

Colebatch, H.K. 2009. *Policy concepts in the social sciences.* Berkshire : Open university press.

Collier, P. et Hoeffler A. 1998. « On economic causes of civil war. *Oxford Economic Papers »* 50(4) : 169–188.

Collier, P. 2000. « Rebellion as a quasi-criminal activity. *The Journal of Conflict Resolution »* 44(6) : 839–853.

Collison, S. 2003. « Power, livelihoods and conflict: case studies in political economy analysis for humanitarian action ». *Humanitarian Policy Group Research Report 13.* London : Overseas Development Institute.

Congo Research Group 2016. « Congo : une bataille électorale périlleuse ». *Rapport d'analyse № 1.* New York : Congo Research Group.

Cramer, C. 2006. *Civil War is not a stupid thing: Accounting for violence in developing countries.* London : Hurst & Company.

Cuvelier, J. 2011a. « Between hammer and anvil: the predicament of artisanal miners in Katanga ». In Ansoms A. and Marysse S. (éds), *Natural resources and local livelihoods in the great lakes region of Africa: A political economy perspective.* New York : Palgrave MacMillan, pp. 215–235.

Cuvelier, J. 2011b. *Men, mines and masculinities: The lives and practices of artisanal miners in Lwambo (Katanga Province, DR Congo)*. PhD thesis, Catholic University of Leuven.
Cuvelier, J. (ed.) 2010. « The complexity of resource governance in a context of state fragility: The case of the eastern DRC » . London and Antwerp: International Alert and International Peace Information Service (IPIS).
Cuvelier, J., van Bockstael S. Vlassenroot K. et Iguma C. 2014. « Analyzing the Impact of the Dodd–Frank Act on Congolese Livelihoods ». New York : Social Science Research Council.
Cuvelier, J., Vlassenroot K. et Olin N. 2014. « Resources, conflict and governance: a critical review ». *The Extractive Industry and Society* 1:340–350.
Cuvelier, J. 2013. « Conflict Minerals in eastern DR Congo: planned interventions and unexpected outcomes ». In Hilhorst D. (ed.) *Disaster, Conflict and Society in Crisis: Everyday Politics of Crisis Response*. London : Routledge Humanitarian Studies, pp. 132-148.
De Bruijn, M., Van Dijk R. et Gewald J. 2007. « Social and historical trajectories of agency in Africa ». In Chabal P., Engel U. and De Haan L. (éds.) *African Alternatives*. Leiden and Boston: Koninklijke Brill NV, pp. 1–9.
De Failly, D. 2001. « Coltan : pour comprendre… » In *L'Afrique des Grands lacs, Annuaire 2000–2001*. Paris : L'Harmattan, pp. 279–306.
De Haan, L. 2000. « Globalization, localization and sustainable livelihood ». *Sociologica Ruralis* 40(3) : 339–365.
De Hemptinne, Mgr. 1926. « Les mangeurs de cuivre du Katanga ». *Bulletin de la Société Belge d'Etudes Coloniales* (XXXIII ème année) : 371–403.
De Koning, R. 2010. « Demilitarizing mining areas in the Democratic Republic of Congo: the case of northern Katanga Province ». *Stockholm Peace Research Institute Policy Paper, № 2010/1*. Stockholm : SIPRI.
De Koning, R. 2011. « Conflict minerals in the Democratic Republic of Congo: aligning trade and security

interventions ». *Stockholm Peace Research Institute Policy Paper № 27*. Stockholm : SIPRI.

De Koning, R. 2012. « Big men commanding conflict resources: the Democratic Republic of Congo ». In Utas M. (ed.) *African Conflicts and Informal Power: Big Men and Networks*. London : Zed Books, pp. 224–247.

Deardorff, A.V. et Stopler W. 1990. « Effects of smuggling under African conditions: a factual, institutional and analytical discussion ». *Review of World Economics* 126(1) : 116–141.

Develtere, P. 1994. *Cooperation and Development*. Leuven : ACCO.

Diemel, J. et Cuvelier J. 2015. « Explaining the uneven distribution of conflict-mineral policy implementation in the Democratic Republic of Congo: the role of the Katanga Policy network (2009–2011) ». *Resources Policy* 46:151–160.

Dijkzeul, D. et Wakenge C.I. 2010. « Doing good but looking bad? Local perceptions of two humanitarian organisations in eastern Democratic Republic of the Congo ». *Disasters* 34(4) : 1139−1170.

Dijkzeul, D. et Wakenge C.I. 2014. « Proselytizing as spoiling from within? Comparing proselytizing by UN peacekeepers in the Sudan and the DR Congo ». *Journal of International Organisation Studies* 5(1) : 39–57.

Druckman, D. 2005. *Doing Research: Methods of Enquiry for Conflict Analysis*. Fairfax : SAGE Publications.

Duffield, M. 2011. *Global Governance and the New Wars: The Merging of Development and Security*. London : Zed Books.

Ellis, F. 2000. « The determinants of rural livelihood diversification in developing countries ». *Journal of Agricultural Economics* 51(2) : 289–302.

Ellis, S. et MacGaffey J. 1996. « Research on Sub-Saharan Africa's unrecorded international trade: some methodological and conceptual problems ». *African Studies Review* 39:19-41.

Englebert, P. et Tull D. 2008. « Post-conflict reconstruction in Africa: flawed idea about failed states ». *International Security* 32(4) : 106–139.
Englebert, P. 2009. *Africa. Unity, Sovereignity & Sorrow.* Boulder and London: Rienner Publishers.
Fahey, D. 2011. « The new gold rush: post-conflict mining and trading in the Kilo Belt (DRC) ». In Ansoms A. and Marysse, S. (éds.) *Natural Resources and Local livelihoods in the Great Lakes Region of Africa: A Political Economy Perspective.* London : Palgrave MacMillan, pp. 171–191.
Fischer, E. 2007. « Occupying the margins: labour integration and social exclusion in artisanal mining in Tanzania ». *Development and Change* 38(4) : 735–760.
Fujii, L.A. 2009. « Interpreting truth and lies in stories of conflict and violence ». In Sriram C.L., King J.C., Mertus J.A., Martin-Ortega O. and Herman J. (éds.) *Surviving Field Research: Working in Violent and Difficult Situations.* London and New York : Routledge, pp.146–162.
Garrett, N. et Mitchell H. 2009. « Trading Conflict for Development: Utilising the Trade in Minerals from Eastern DR Congo for Development ». London : DFID.
Garrett, N., Sergiou S. et Vlassenroot, K. 2009. « Negotiated peace for extortion: the case of Walikale territory in eastern DR Congo ». *Journal of Eastern African Studies* 3:1–21.
Garrett, N., Mitchell H. et Lintzer M. 2010. « Promoting Legal Mineral Trade in Africa's Great Lakes Region: A Policy Guide on Professionalization, Formalization and Increased Transparency ». London : DFID.
Garrett, N. et Lintzer M. 2010. Can Katanga's mining sector drive growth and development in the DRC? *Journal of Eastern African Studies* 4(3) : 400–424.
Garrett, N. 2008. « Artisanal Cassitérite Mining and Trade in North-Kivu: Implications for Poverty Reduction and Security ». London : CASM Report.
Geenen, G. et Custers R. 2010. « Tiraillements autour du secteur minier de l'est de la RDC ». In *L'Afrique des Grands Lacs, annuaire 2009–2010*, pp. 229–256.

Geenen, S. et Claessens C. 2013. « Disputed access to the gold sites in Luhwindja, eastern Democratic Republic of Congo ». *Journal of Modern African Studies* 51(1) : 85–108.

Geenen, S. 2011a). « Relations and regulations in local gold trade networks in South Kivu, Democratic Republic of Congo » . *Journal of Eastern African Studies* 5(3) : 427–446.

Geenen, S. 2011b). « Constraints, opportunities and hope: artisanal gold mining and trade in South-Kivu, (DRC) ». In Ansoms A. and Marysse S. (éds). *Natural resources and local livelihoods in the Great lakes region of Africa: A political economy perspective*. New York : Palgrave MacMillan, pp. 192–213.

Geenen, S. 2012. « A dangerous bet: the challenges of formalizing artisanal mining in the Democratic Republic of Congo ». *Resources Policy* 37(3) : 322–330.

Geenen, S. 2014. « Dispossession, displacement and resistance: artisanal miners at a gold concession in South Kivu, Democratic Republic of Congo ». *Resources Policy* 40:90–99.

Geenen, S. 2016. *African Artisanal Mining from Inside Out: Access, Norms and Power in Congo's Gold Sector.* London and New York: Routledge.

Geenen, S. and Claessens, C. 2013. « Disputed access to the gold sites in Luhwindja, eastern Democratic Republic of Congo ». *The Journal of Modern African Studies*. 51(1) : 85–108.

Geenen, S. and Radley B. 2014. « In the wake of reform: what future of ASM in the eastern DRC ». *Futures* 62:58–66.

Giddens, A. 1984. *The Constitution of Society: Outline of the Theory of Structuration.* Berkeley and Los Angeles : University of California Press.

Global Witness 2006. « Digging in Corruption: Fraud, Abuse and Exploitation in the Katanga Copper and Cobalt Mines ». Washington, DC : Global Witness Publishing Inc.

Global Witness 2009. « Faced with a Gun, What Can You Do? War and the Militarisation of Mining in Eastern Congo ». London : Global Witness.

Global Witness 2010. « The hill belongs to them: the need for international action on Congo's conflict minerals trade ». London : Global Witness.

Goodhand, J. 2000. « Research in conflict zones: ethics and accountability ». *Forced Migration Review* 8:12–14.

Granovetter, M. 1985. « Economic action and social structure: the problem of embeddedness ». *American Journal of Sociology* 91 (3) : 481–510.

Granovetter, M. et Swedberg R. (éds) 1992. *The sociology of economic life*. Boulder, CO : Westview press.

Granovetter, M. 2005. « The impact of social structure on economic outcomes ». *Journal of Economic Perspectives* 19(1) : 33–50.

Grätz, T. 2004. « Gold trading networks and the creation of trust: a case-study from northern Benin ». *Africa* 74(2) : 146–172.

Griffiths, J. 1986. « What is legal pluralism? ». *Journal of Legal Pluralism and Unofficial Law* 24:1–55.

Hammersely, M. et Atkinson P. 2007. *Ethnography: Principles in Practice*. London : Routledge.

Hart, K., 1988. « Kinship, contract, et trust: the economic organization of migrants in a city slum. In Gambetta D. (ed.) *Trust : Making and Breaking Cooperative Relations.* Oxford : Blackwell, pp. 176–193.

Heemskerk, M. 2005. « Collecting data in artisanal and small-scale mining communities: measuring progress towards more sustainable livelihoods ». *Natural Resources Forum* 29:82–87.

Helmke, G. et Levisky S. 2004. « Informal institutions and comparative politics: a research agenda ». *Perspectives on Politics* 2(4) : 725–740.

Herbert, E. 1984. *Red Gold of Africa: Copper in Precolonial History and Culture*. Madison : University of Wisconsin Press.

Hilhorst, D. (ed.) 2013. *Disaster, Conflict and Society in Crisis: Everyday Politics of Crisis Response*. London and New York: Routledge.

Hilhorst, D. et Jansen B. 2010. « Humanitarian spaces as arena: a perspective on the everyday politics of aid ». *Development and Change* 41(6) : 1117–1139.

Hilhorst, D., Christoplos I. et Van Der Harr G. 2010. « Reconstruction 'from below': a new magic bullet or shooting from the hip ? ». *Third World Quarterly* 31(7) : 1107–1124.

Hilhorst, D. et Serrano M. 2010. « The humanitarian arena in Angola, 1975–2008 ». *Disasters* 34 : S183–S201.

Hilhorst, D., van der Haar G. et Weijs B. (éds.) 2017. *People, Aid and Institutions in Socio-economic Recovery: Facing Fragilities*. London and New York: Routledge.

Hilson, G. (ed.) 2003. « The Socio-economic Impacts of Artisanal and Small-scale Mining in Developing Countries ». Rotterdam : A. A. Balkema.

Hilson, G. et Potter C. 2003. « Why is illegal gold mining activity so ubiquitous throughout rural Ghana ? ». *African Development Review* 15(2) : 237–270.

Hilson, G. et Potter C. 2005. « Structural adjustment and subsistence industry: artisanal gold mining in Ghana ». *Development and Change* 36(1)103–131.

Hilson, G., Yakovleva N. et Banchirigah S.M. 2007. « To move or not to move? Reflections on the resettlement of artisanal miners in the western region of Ghana ». *African Affairs* 106(424) : 413–436.

Hilson, G. 2011. « Artisanal mining, smallholder farming and livelihood diversification in Sub-Saharan Africa : an introduction ». *Journal of International Development* 23:1031–1041.

Hilson, G. 2012. « Poverty traps in small-scale mining communities: the case of Sub-Saharan Africa ». *Canadian Journal of Development Studies/Revue canadienne d'études du développement* 33(2) : 180–197.

Hinton, J. 2011. *Gender Differentiated Impacts and Benefits of Artisanal Mining: Engendering Pathways out of Poverty. A Case Study in Katwe Kabatooro Town Council, Uganda.* Unpublished PhD thesis, University of British Columbia.

Hoadley, M. et Limpitlaw D. 2004. « The artisanal and small-scale mining sector and sustainable livelihoods. Paper presented at the Mintek Small Scale Mining Conference, 9 September 2004, Nasrec, Johannesburg ». *Book of Proceedings*:1–9.

Holmen, H. 1990. *State, Cooperatives and Ddevelopment in Africa*. Uppsala : The Scandinavian Institute of African Studies.

Hönke, J. 2013. *Transnational Companies and Security Governance: Hybrid Practices in a Postcolonial World*. London and New York: Routledge.

Human Rights Watch 2005. « The Curse of Gold ». New York : Human Rights Watch.

Hyden, G. 2008. « Institutions, power and policy outcomes in Africa ». *Discussion Paper № 2*. London : Overseas Development Institute.

IPIS, 2007. « Cartographie des Intérêts dans les Zones de Conflict : Le Cas du Katanga. Mise à jour Septembre–Novembre 2007 ». Antwerp : IPIS.

IPIS, 2012. « Formalization of Artisanal Mining in the Democratic Republic of Congo and Rwanda ». Antwerp: IPIS

iTSCi, 2011. « iTSCi Progress Overview: Status and Budgets » (June 2011).

Jensen N. and Wantchekon L. 2004. « Resource wealth and political regimes in Africa ». *Comparative Politics Studies* 37(7) : 816–841.

Jonhson, D. 2013. « No Kivu, No Conflict ? The Misguided Struggle against 'Conflict Minerals' in the DRC ». Goma : Pole Institute, Dossier.

Jorns, A. et Chishugi A. 2015. « Assessment of Impacts of Closed-pipe Supply Chains in DRC Public–Private Alliance for Responsible Minerals Trade ». London : Estelle Levin.

Judith, V. et Wakenge C.I. 2015. « Understanding Armed Group Proliferation in the Eastern Congo ». London : RVI Policy Brief.

Jutting, J., Dechsler D., Bartsch S. et de Soysa I. 2010. « Informal Institutions: An Emerging Concept Topic ». Paris : OECD.

Keita, S. 2002. Study on artisanal and small-scale mining in Mali. Paper № 80. *Mining, Minerals and Sustainable Development Project*. London : International Institute for Environment and Development.

Ken, M. et Montejano Z.A. 2013. « Conflict Minerals' Initiatives in DR Congo: Perceptions of Local Communities ». Antwerp: IPIS

Kennes, E. 2009. « Le Secteur minier au Congo : 'Déconnexion' et descente aux enfers ». In *L'Afrique des Grands Lacs, Annuaire 1999–2000,* pp. 305–348.

Kibreab, G. 2004. « Pulling the wool over the eyes of the strangers: refugee deceit and trickery in institutionalized settings ». *Journal of Refugee Studies* 17(1) : 1–26.

Kilosho, B.J. 2011. « Upgrading the Position of Artisanal Miners of East Congo in the Global Cassitérite Chain (Kivu/D.R.Congo-Belgium/Malaysia) ». Unpublished master's thesis, Antwerp.

Kinniburgh, C. 2014. « Beyond 'conflict minerals': the Congo's resource curse lives on ». *Dissent* Spring 2014.

Knowles, S. et Weatherston C. 2006. « Informal institutions and cross-country income differences ». *Credit Research Paper 06/06*. University of Nottingham.

Krantz, L. 2001. « The Sustainable Livelihood Approach to Poverty Reduction : An Introduction ». Stockholm : Swedish International Development Cooperation Agency.

Kumar, R. 2005. *Research Methodology: A Step by Step Guide for Beginners*. Second edition. London : SAGE Publications.

Kyamusugulwa, P. et Hilhorst D. 2015. « Power holders and social dynamics of participatory development and reconstruction: cases from the Democratic Republic of Congo ». *World Development* 70:249–259.

Lahiri-Dutt, K. 2006. « May God give us chaos, so that we can plunder: a critique of 'resource curse' and conflict theories ». *Development* 49(3) : 14–21.

Lamb, J.N., Moore K.M. et Smith, R. 2009. « Pursuing community forestry in Liberia ». *Environmental Policy and Governance* 19:296–308.

Le Billon, P. 2001. « The political ecology of war: natural resources and armed conflicts ». *Political Geography*20(5) : 561–584.

Lee, R.M. 1995. *Dangerous Fieldwork: Qualitative Research Methods*. Vol 34. London : SAGE Publications.

Long, N. et Van Der Ploeg J.D. 1989. Demythologizing planned intervention: an actor perspective. *Sociologia Ruralis*. 29(3–4) : 226–249.

Long, N. 2001. *Development Sociology: Actor Perspectives*. London and New York: Routledge.

Long, N. 2004. « Actors, interfaces and development intervention: meanings, purposes and powers ». In Kontinen T. (ed.) *Development Intervention: Actor and Activity Perspectives*. Helsinki : University of Helsinki, pp. 14-36.

Lourenço-Lindell, I. 2002. « Walking the Tight Rope: Informal Livelihoods and Social Networks in a West African ». City. Stockholm : Department of Human Geography.

Lund, C. 2006. « Twilight institutions: public authority and local politics in Africa ». *Development and Change* 37(4) : 685–705.

MacGaffey, J. 1991. *The Real Economy of Zaïre: The Contribution of Smuggling and Unofficial Activities to National Wealth*. Oxford : James Currey.

MacGaffey, J. et Bazenguissa-Ganga R. 2000. *Congo–Paris : Transnational Traders on the Margins of the Law*. Oxford : James Currey.

Maconachie, R. et Hilson G. 2011a. « Artisanal gold mining: a new frontier in post-conflict Sierra Leone ? ». *The Journal of Development Studies* 47(4) : 595–616.

Maconachie, R. et Hilson G. 2011b. « Safeguarding livelihoods or exacerbating poverty ? Artisanal mining and formalization in West Africa ». *Natural Resources Forum* 35:293–303.

Maconachie, R. 2009. « Diamonds, governance and 'local' development in post-conflict Sierra Leone: lessons for artisanal and small-scale mining in Sub-Saharan Africa ? ». *Resources Policy* 34:71–79.

Maconachie, R. 2011. « Re-agrarianising livelihoods in post-conflict Sierra Leone ? Mineral wealth and rural change in artisanal and small-scale mining communities ». *Journal of International Development* 23:1054–1067.

Maliana, S. 2012. *Strengthening Institutions or Institutionalising Weaknesses? Interactions Between Aid and Local Institutions in Huila Province, Angola*. Unpublished PhD thesis, Wageningen University.

Mallett, R. et Salter R. 2012. « Researching livelihoods and services affected by conflict. Growth and Livelihoods in Fragile and Conflict-Affected Situations ». *Working Paper 9*. London : SLRC.

Mallo, S.J., Wazoh H.N., Aluwong K.C. et Elam E.A. 2011. « Artisanal mining of cassiterite: the sub-surface (loto) approach, sheet 390, Rayfield jos, Nigeria ». *Environmental Sciences* 5(2) : 38–50.

Mandjumba Mwanyimi-Mbomba. 1988. « L'agriculture africaine dans la zone de Kalemie (territoire d'Albertville) de 1933 à 1952 ». *Canadian Journal of Development Studies* 9(2) : 219–233.

Manhart, A. et Schleicher T. 2013. « Conflict Minerals – An Evaluation of the Dodd–Frank Act and Other Resource-related Measures ». Berlin : Oko Institute.

Marcus, G. 1995. « Ethnography in/of the world system: the emergence of multi-sited ethnography ». *Annual Review of Anthropology* 24:95–117.

Masudi, N. 2014. *Économie Mondialisée, Coopératives Délaissées : Sociologie du Développement et de la Coopération en République Démocratique du Congo*. Paris : L'Harmattan.

Mattyssen, K. et Montejano A.Z. 2013. « 'Conflict minerals' initiatives: perceptions of local communities ». Antwerp : IPIS.

Mazalto, M. 2005. « La réforme des législations minières en Afrique et le rôle des institutions financières internationales :

la RD Congo ». In *L'Afrique des Grands Lacs. Annuaire 2004-2005,* pp.7–31.
Mazalto, M. 2009. « Governance, human rights and mining in the Democratic Republic of CongoIn Campbell B. (ed.). *Mining in Africa. Regulation and development*. London and New York: Pluto Press, . pp. 187–242.
Meagher, K. 1990. « The hidden economy: informal and parallel trade in northwestern Uganda ». *Review of African Political Economy*. 47 : 64–83.
Meagher, K. 2010. *Identity Economics: Social Networks & Informal Economy in Nigeria.* London : Hebn Publishers.
Meagher, K., De Herdt T. et Titeca K. 2014. « Unravelling public authority: paths of hybrid governance in Africa ». *IS Academy Research Brief.* Available at : www.ISAcademyHSFS.org (Accessible le 15 mars 2015).
Moore, S. 1973. « Law and social change: the semi-autonomous social field as an appropriate subject of study ». *Law & Society Review* 7(4) : 719–746.
Mosse, D. 2004. « Is good policy unimplementable? Reflections on the ethnography of aid policy and practice ». *Development and Change* 35(4) : 639–671.
Nest, M. 2011. *Coltan*. Cambridge : Polity Press.
Garrett, N., Sergiou S. et Vlassenroot K. 2009. « Negotiated peace for extortion: the case of Walikale territory in eastern DR Congo ». *Journal of Eastern African Studies* 3(1) : 1–21.
Nordstrom, C. 2004. *Shadows of War: Violence, Power and International Profiteering in the 21st Century*. Berkeley/Los Angeles : California University Press.
North, D. 1990. *Institutions, Institutional Change and Economic Performance*. Cambridge : Cambridge University Press.
OECD. 2013. « OECD Due Diligence Guidance for Responsible Supply Chains of Minerals from Conflict-Affected and High-Risk Areas ». Paris : OECD Publishing.
Olivier de Sardan, J-P.O. 2015. « Practical norms: informal regulations within public bureaucracies (in Africa and beyond) ». *Discussion Paper 5, Africa, Power, and Politics Programme*. London : Overseas Development Institute.

Omasombo, J. (ed.) 2014. *Tanganyika. Espace Fécondé par le Lac et le Rail.* Tervuren : Musée Royal de l'Afrique Centrale.

Oomes, N. et Vocke M. 2003. « Diamond smuggling and taxation in Sub-Saharan Africa ». *IMF Working Paper, WP/03/197.*

PACT. 2010. « PROMINES Study: Artisanal Mining in the Democratic Republic of Congo ». Washington : Pact, Inc.

Peebles, G. 2010. « The anthropology of credit and debt ». *The Annual Review of Anthropology* 39:225–40.

Peluso, N.L. et Lund C. 2011. « New frontiers of land control : introduction ». *Journal of Peasant Studies* 38(4) : 667–681.

Perks, R. (2011). « 'Can I go ? ' Exiting the artisanal mining sector in the DRC ». *Journal of International Development* (23) : 1115–1127.

Platteau, J-P. 2004. « Monitoring elite capture in community-driven development ». *Development and Change* 35(2) : 223–246.

Platteau, J. et Gaspart F. 2003. « Disciplining local leaders in community-based development ». Namur : Centre for Research on the Economics of Development (CRED), pp. 1–52.

Pole Institute. 2010. « Blood Mineral: The Criminalisation of the Mining Industry in Eastern DRC ». Goma : Pole Institute.

Rackley, E. 2006. « Democratic Republic of Congo: undoing government by predation ». *Disasters* 30 (4) : 417−432.

Radio Okapi 2015a. « Congo-Kinshasa : Katanga - Martin Kobler « choqué » par le degré de violence entre pygmées et bantous à Nyunzu ». http://radiookapi.net (Accessible le 20 mai 2015).

Radio Okapi. 2015b. « RDC : 13 creuseurs meurent à la recherche du cobalt au Haut-Katanga ». http://radiookapi.net (Accessed 9 September 2015).

Radio Okapi. 2016. « Fraude minière : *60 tonnes de cassitérite et de coltan saisies au Sud-Kivu* ». http://radiookapi.net (Accessed 18 February 2016).

Raeymaekers, T., Menkhaus K. et Vlassenroot K. 2008. « State and non-state regulation in African protracted crises: governance without government ? » *Afrika Focus* 21(2) : 7–21.

Reimer, F.J. 2009. « Ethnography research ». In Lapan S.D. and Quartaroli M.T. (éds). *Research Essentials: An Introduction to Designs and Practices*. Jossey-Bass Publishers.

Reno, W. (2000). Clandestine economies, violence and states in Africa. *Journal of International Affairs*. 53(2) : 433–459.

Reno, W. 2004. « Order and commerce in turbulent areas: 19th century lessons, 21st century practice ». *Third World Quarterly* 25(4) : 607–625.

Ribot, J.C. et Peluso N.L. 2003. « A theory of access ». *Rural Sociology* 68(2) : 153–181.

Roitman, J. 2001. « New sovereigns? Regulatory authority in the Chad Basin ». In Callaghy T., Kassimir, R. and Latham R. (éds) *Intervention and Transnationalism in Africa. Global–Local Networks of Power*. New York : Cambridge university press, pp. 240–263.

Ross, M. 2006. « A closer look at oil, diamonds, and civil war ». *Annual Review of Political Science* 9:265–300.

Rosser, A. 2006. « The political economy of resource curse: a literature survey ». *Working Paper, № 268*. Brighton: Institute of Developing Studies.

Rubbers, B. 2004. « La dislocation du secteur minier au Katanga (RDC) : pillage ou recomposition ? ». *Politique Africaine* 93 : 21–41.

Rubbers, B. 2006. « L'effondrement de la Générale des Carrières et des Mines ». *Cahiers d'Etudes Africaines*. 46:115–133.

Sachs, J. et Warner A. 1995. *Natural Resource Abundance and Economic Growth*. Cambridge : National Bureau of Economic Research.

Schwettmann, J. 1997. « Cooperatives and employment in Africa ». *Occasional Discussion Paper 97-1*. Geneva : International Labour Office.

Scott, W.R. 2001. *Institutions and Organisations*. London : SAGE.

Siegel S. et Veiga M. 2009. « Artisanal and small-scale mining as an extralegal economy: De Soto and the redefinition of 'formalization' ». *Resources Policy* 34:51–56.

Sikor, T. et Lund C. 2009. « Access and property: a question of power and authority ». *Development and Change* 40(1) : 1–22.

Silverman, D. 2009. *Interpreting Qualitative Data: Methods for Analyzing Talk, Text and Interaction*. London : SAGE Publications.

Silverman, M. et Gulliver P. 1992. « Historical anthropology and the ethnographic tradition: a personal, historical, and intellectual account ». In Silverman M. and Gulliver P. (eds.) *Approaching the Past: Historical Anthropology through Irish Case Studies*. New York : Columbia University Press, pp. 4–72.

Sinding, K. 2005. « The dynamics of artisanal and small-scale mining reform ». *Natural Resources Forum* 29:243–252.

Singer, J. 2000. *Entitlement: The Paradoxes of Property*. New Haven and London: Yale University Press.

Smith, J.H. 2011. « Tantalus in the digital age: coltan ore, temporal dispossession, and 'movement' in the eastern Democratic Republic of Congo ». *Journal of the American Ethnological Society* 38(1) : 17–35.

Soysa, I.D. et Jutting J. 2006. « Informal institutions and development: think local act global? OECD International Seminar on Informal Institutions and Development: What Do We Know and What Can We Do ? ». Paris : OECD.

Spittaels, S. 2010. « The Complexity of Resource Governance in a Context of State Fragility: An Analysis of the Mining Sector in the Kivus Hinterlands ». Antwerp and London: IPIS/International Alert.

Stearns, J. 2013). « Mai-Mai Yakotumba: Violence and Racketeering in Fizi, South-Kivu ». London : Rift Valley Institute.

Stearns, J. et Vogel C. 2015. « The Landscape of Armed Groups in Eastern Congo ». New York : Congo Research Group.

Swedberg, R. 1991. « Major traditions of economic sociology ». *Annual Review of Sociology* 17:251–276.

Taylor, I. 2003. « Conflict in Central Africa: clandestine networks & regional/global configurations ». *Review of African Political Economy* 95:45–55.

Thomas, T. et Mthembu-Salter G. 2016. « A response to 'Terr(it)or(ies) of peace ? The Congolese mining frontier and the fights against "conflict minerals" : Plus Ça Change… » *Suluhu Working Paper № 2*.

Titeca, K. et De Herdt T. 2010. « Regulation, cross-border trade and practical norms in West-Nile, North-Western Uganda ». *Africa*. 80(4) : 573–594.

Trefon, T. 2011. *Congo Masquerade: The Political Culture of Aid Inefficiency and Reform Failure*. London : Zed Books.

Trefon, T. 2016. *Congo's Environmental Paradox: Potential and Predation in a Land of Plenty*. London : Zed Books.

Tshibanza, M. et Tshimanga M. 1985. « Matières précieuses et libéralization. Esquisse d'un bilan provisoire ». *Zaïre-Afrique* 196:337–340.

Turner, T. 2007. *The Congo Wars: Conflict, Myth and Reality*. London and New York: Zed Books.

Twijnstra, R., Hilhorst D. et Titeca K. 2014. « Trade networks and the practical norms of taxation at a border crossing between South Sudan and Northern Uganda ». *Journal of Eastern African Studies* 8(3) : 382–399.

Twijnstra, R.W. 2014. *On the State of Business: Trade, Entrepreneurship and Real Economic Governance in South Sudan*. Unpublished PhD thesis, Wageningen University.

United Nations Security Council. 2015. « Final Report of the Group of Experts on the Democratic Republic of the Congo (S/2015/19) ». New York : United Nations.

Utas, M. (ed.) 2012. *African Conflicts and Informal Power: Big Men and Networks*. London : Zed Books.

Van Acker, F. 2005. « Where did all the land go? Enclosure & social struggle in Kivu (DR. Congo) ». *Review of African Political Economy* 32(103) : 79–98

Van Bockstael, S. et Vlassenroot K. 2009. « From conflict to development diamonds: the Kimberley process and Africa's artisanal diamond mines ». *Studia Diplomatica* 62(2) : 79–96.

Van der Haar, G., Heijman A. et Hilhorst D. 2013. « Interactive research and the construction of knowledge in conflict-affected settings ». *Disasters* 37(S1) : S20–S35.

Van Dijkhorst H. 2011. *Rural Realities between Crisis and Normality: Livelihood Strategies in Angola, 1975–2008.* Unpublished PhD thesis, Wageningen University.

Varisco, A.E. 2009. « A study on the inter-relation between armed conflict and natural resources and its implications for conflict resolution and peacebuilding ». *Journal of Peace, Conflict and Development* 14:38–58.

Verbruggen, D., Francq E. et Cuvelier J. 2011. « Guide to Current Mining Reform Initiatives in Eastern DRC ». Antwerp : IPIS.

Vlassenroot et Raeymaekers. 2004) « Conflict and Social Transformation in Eastern DRC ». Ghent: Academia Press.

Vlassenroot, K. et Huggins C. 2005. « Land, migration and conflict in eastern DRC. In Huggins C. and Clover J. (eds.) *From the Ground Up: Land Rights, Conflicts and Peace in Sub-Saharan Africa.* Nairobi/Pretoria : African Centre for Technology Studies/Institute of Security Studies, pp. 115–194.

Vlassenroot, K. et Perks R. 2010. « From discourse to practice: a sharper perspective on the relationship between minerals and violence in DR Congo ». In Cuvelier J. (ed.) *The Complexity of Resource Governance in a Context of State Fragility: The Case of the Eastern DRC*. London and Antwerp: IPIS, pp. 64–69.

Vlassenroot, K. et Perrot S. 2012. « Uganda military entrepreneurialism on the Congo border ». in Utas M. (ed.) *African Conflicts and Informal Power: Big Men and Networks*. London : Zed Books, pp. 35–59.

Vlassenroot, K., Mudinga E. et Hoffmann K. 2016. « Contesting Authority: Armed Rebellion and Military Fragmentation in Walikale and Kalehe, North and South-Kivu ». London : Rift Valley Institute.

Vogel, C. et Radley B. 2015. « Fighting windmills in eastern Congo? The ambiguous impact of the 'conflict minerals' movement ». *The Extractive Industry and Society*. 2:406–410.

Vogel, C. et Raeymaekers T. 2016. « Terr(it)or(ies) of peace? The Congolese mining frontier and the fight against 'Conflict Minerals' ». *Antipode*. 48(4) : 1102–1121.

von Benda-Beckmann, K. 1981. « Forum shopping and shopping forums : dispute processing in Minangkabau village in West-Sumatra ». *Journal of Legal Pluralism*. 19:117–159.

Wakenge, C.I. 2014. « Réguler un vieux jeux ? Acteurs et défis à la réforme minière au Nord-Katanga ». In *L'Afrique des Grands Lacs, Annuaire 2013–2014*, pp. 223–242.

Wakenge, C.I. et Hilhorst D. 2017) « Emergency or durable solution? Coltan mining and cooperatives in northern Katanga ». In Hilhorst D., Weijs B. and Van der Haar G. (éds.) *People, Aid and Institutions in Socio-economic Recovery: Facing Fragilities*. London and New York : Routledge, pp. 223–242.

Wanyama, F.O., Develtere P. et Pollet I. 2009. « Reinventing the wheel? African cooperatives in a liberalized economic environment ». *Annals of Public and Cooperative Economics*. 80(3) : 361–392.

Weyn, G. 2010. *Albertville-Kalemie : La Ville et Son Territoire des Origines à 1965*. Brussels : Edition Masoin.

World Bank. 2008. « Democratic Republic of Congo: Growth with Governance in the Mining Sector ». Washington, DC : World Bank.

Young, C. et Turner, T. 1985. *The Rrise and Decline of the Zairian State*. Madison : University of Wisconsin Press.

L'AUTEUR

Claude Iguma Wakenge (1971) est né à Bukavu (Sud-Kivu) en République Démocratique du Congo. En 2003, il finit le cycle de Licence en Développement Rural à l'Institut Supérieur de Développement Rural de Bukavu (ISDR/Bukavu) avec distinction. En 2004, il commence sa carrière d'enseignant, d'abord comme Assistant d'enseignement en 2004, puis Chef de travaux en 2008. Il réalise également de nombreux travaux de consultance pour des organisations locales et internationales.

Entre 2008 et 2011, l'auteur coordonne le programme national du Life & Peace Institute (Institut Vie et Paix, IVP), une organisation suédoise basée en RDC. IVP œuvrait dans le renforcement des capacités des organisations partenaires congolaises en transformation des conflits impliquant des communautés ethniques locales et des groupes armés au Nord et Sud-Kivu. En 2010 et 2014, en collaboration avec Prof. Dennis Dijkzeul (Université de Bochum en Allemagne), Claude publie deux articles, en plus de ses publications sur les groupes armés dans l'est de la RDC. Le premier article porte sur les perceptions d'ONG humanitaires internationales (International Rescue Committee/IRC et Malteser). Le second examine les pratiques de prosélytisme des Casques Bleus de la Mission des Nations Unies pour la Stabilisation du Congo (MONUSCO).

En janvier 2012, l'auteur commence le programme de doctorat à l'Université de Wageningen après avoir suivi de nombreux cours de Maitrise en politiques de développement au Département des Sciences Sociales. En janvier 2017, avant même de défendre cette thèse de doctorat (avec Grande distinction, le 21 juin 2017), Claude Iguma était admis dans un programme postdoctoral à Claremont Graduate University (Los Angeles, USA). Son étude porte sur l'ethnographie de l'industrie extractive dans les provinces du Haut-Katanga et Lualaba (DRC).

Email : claudeigumaw@gmail.com

TABLE DES MATIÈRES

RÉPUBLIQUE DÉMOCRATIQUE DU CONGO AUX ÉDITIONS L'HARMATTAN

Dernières parutions

DROIT DES RESSOURCES NATURELLES
Éléments d'élaboration, d'analyse et d'évaluation des lois
Mukendi Mukendi Ntantamika
Préface de Maître Emery Mukendi Wafwana
Cet ouvrage tente de répondre à la problématique induite par la quête scientifique et politique d'un meilleur système d'appropriation des ressources naturelles, d'un meilleur dispositif de contrôle d'accès à leurs gisements et de redistribution des revenus de leur exploitation. C'est par la construction d'archétypes de régimes juridiques déduits des critères institutionnels, écologiques, sociaux et économiques du principe de développement durable que ce livre procède.
(Coll. Harmattan RDC, 612 p., 49 euros)
ISBN : 978-2-343-15169-4, EAN EBOOK : 9782140122569

LES PROCÉDURES DE CONTRÔLE A POSTERIORI EN RD CONGO
Mise en oeuvre de contrôles douaniers et accisiens modernes et efficaces
Alain Tenday Lupumba
Préface d'Albert Yuma Mulimbi - Postface de Gabriel Mwepu Numbi
"Les objectifs de cet ouvrage sont de sensibiliser les professionnels et les autres acteurs du commerce international aux spécificités du contrôle douanier a posteriori et d'offrir une approche pratique et spécifique des rôles et responsabilités des uns et des autres. En l'intitulant Les procédures de contrôle a posteriori en RD Congo, mise en oeuvre de contrôles douaniers et accisiens modernes et efficaces, l'auteur a volontairement pris le parti de questionner l'ensemble des composantes susceptibles d'influencer la performance de l'administration douanière, y compris les aspects humains" (extrait de la préface de Albert Yuma Mulimbi)
(Coll. Comptes Rendus, 270 p., 28 euros)
ISBN : 978-2-343-17235-4, EAN EBOOK : 9782140122149

AN OUTILINE OF CUSTOMS POLICY OF THE DEMOCRATIC REPUBLIC OF CONGO
2003-2010
Jean-Paul Esamba Bokel'Ipoka
Foreword by Déo Rugwiza Magera
An Outline of Customs Policy of the Democratic Republic of Congo presents in the easiest way what is meant by customs policy in general, its basics namely: objects, elements, sources, instruments, functions (...), regional and international frameworks. The author stresses on the customs policy progress from 2003 to 2010, which is a decisive period in the DRC customs management, through the implementation of 2003 customs reform and modernization programme.
(Coll. Harmattan Cameroun, 156 p., 17 euros)
ISBN : 978-2-343-17710-6, EAN EBOOK : 9782140122040

LE DÉDOUANEMENT INFORMATISÉ EN RÉPUBLIQUE DÉMOCRATIQUE DU CONGO

avec 20 exercices corrigés

Christophe Banyakwa Babingwa

Préface de Désiré-Benoit Nianda Malanda - Postface de Ferdinand Musatula Mukambu

Considérant le caractère déclaratif du régime fiscal congolais et la série de contrôle que doit effectuer la douane sur une déclaration des marchandises, l'agent de douane, le déclarant en douane, ainsi que tous les usagers de la douane doivent être formés et outillés pour avoir la même compréhension sur la procédure de dédouanement conformément aux lois et textes légaux et réglementaires en vigueur. Ce manuel est à la fois une contribution à la formation et un outil de travail pour les usagers de la douane.

Les Impliqués (222 p., 23,5 euros)

ISBN : 978-2-343-17312-2, EAN EBOOK : 9782140121975

LE PYGMÉE CONGOLAIS EXPOSÉ DANS UN ZOO AMÉRICAIN

Sur les traces d'Ota Benga

Nouvelle édition revue et augmentée

Ngimbi Kalumvueziko

Le 16 septembre 2017, une plaque historique en mémoire d'Ota Benga, le Pygmée congolais qui avait été exposé dans une cage avec des singes au Zoo de New York en 1906, a été dévoilée à Lynchburg, dans l'état de Virginia aux États-Unis. Voilà qu'un être humain qui a connu l'extrême déchéance pour avoir été traité comme un animal est honoré et devient le premier Africain reconnu dans l'histoire américaine. Son histoire s'inscrit dans le contexte de la propagation de l'idée de « hiérarchie des races » et est emblématique du phénomène de « zoos humains » en vogue dans le monde occidental au 19e siècle et au début du 20e siècle. Ce livre expose cette curieuse, poignante et très complexe histoire par devoir de mémoire historique et pour en appeler au respect de la dignité humaine.

(Coll. Études africaines, 180 p., 19 euros)

ISBN : 978-2-343-17361-0, EAN EBOOK : 9782140120732

DROITS DES TÉLÉCOMS ET DU NUMÉRIQUE

Profil africain et congolais, prospective comparée d'Europe et de France

Kodjo Ndukuma Adjayi

Les télécoms, l'Internet et le numérique sont des facteurs techniques de transformation du droit. À l'origine, les télécoms étaient sous le régime des services publics. À partir des États-Unis et de l'Europe, l'OMC (1994-1997) a promu le droit sectoriel de la régulation. Partout, de nouveaux défis sont nés, dans le démantèlement des monopoles vers une totale économie de marché. Pour la République démocratique du Congo, ses lois « dérégulatrices », figées depuis le 16 octobre 2002, contrastent avec les mutations numériques, économiques et sociétales des États postmodernes à l'épreuve d'Internet. L'« Europe des télécoms » réajuste constamment sa politique législative autour d'objectifs structurants : construction du marché, diffusion technologique, protection des données, etc. Si l'Afrique s'adapte à peine et avec peine, la République démocratique du Congo entend bien encadrer télécoms et TIC, renouveau de régulation étatique, échanges et commerce électroniques, à travers trois textes de loi en gestation...

(Coll. Enjeux et droits numériques, 434 p., 39 euros)

ISBN : 978-2-343-15722-1, EAN EBOOK : 9782140119033

DROIT DE L'ÉCONOMIE NUMÉRIQUE

E-commerce et dérégulation européenne, française, internationale, africaine, congolaise des télécoms

Kodjo Ndukuma Adjayi

Télécoms, Internet et numérisation ont donné prise à la révolution numérique. La phénoménologie d'ordre sociétal qui en résulte est une source réelle pour le Droit. Aujourd'hui, l'État fait face à des polycentres du pouvoir normatif et aux géants planétaires du Net. L'indépendance du Net postule la régulation seulement par le code informatique et par le marché. Tourneboulés, les paradigmes du droit offrent deux approches possibles de législation : via le contenu des activités réseautées ou via leur contenant. Le réseau est, en effet, la voie électronique pour le commerce à distance. Il monétise la valeur du clic ainsi que les intelligences sans cesse inventives. Il faut donc appréhender les enjeux dans le champ d'un Droit de l'économie numérique.

(Coll. Enjeux et droits numériques, 460 p., 42 euros)

ISBN : 978-2-343-15721-4, EAN EBOOK : 9782140119057

CONJONCTURES DE L'AFRIQUE CENTRALE 2019

Sara Geenen, Aymar Nyenyezi Bisoka, An Ansoms

L'année 2018 en Afrique centrale a été marquée par une transition politique inopinée en République démocratique du Congo, une réforme constitutionnelle attendue au Burundi et une victoire législative prévisible de la coalition présidentielle au Rwanda. Cet ouvrage analyse tour à tour cinq thématiques : les élections, les exilés, l'ethnicité, la gouvernance et les innovations. Par ailleurs, il permet d'envisager les transitions et les transformations en Afrique centrale, mais également les continuités et les reculs, afin de pouvoir penser des voies possibles et constructives vers des changements futurs au bénéfice de la population de la région.

(Coll. Cahiers Africains, 462 p., 39 euros)

ISBN : 978-2-343-17514-0, EAN EBOOK : 9782140120183

L'ÉDUCATION AUX VALEURS CHEZ LES DING ORIENTAUX EN RDC TOME 3

De 1885 à nos jours

Approche pédagogique

Placide Malung'Mper Akpanabi

Préface de Guy Avanzini

Ce troisième tome analyse le concept « valeur » et présente la pédagogie et la didactique de l'éducation aux valeurs. Son enjeu est d'avoir trouvé, d'une part, la médiation pédagogique comme une forme de pédagogie d'éducation aux valeurs pouvant harmoniser le conflit des systèmes des valeurs en jeu et, d'autre part, d'avoir réellement trouvé dans la palabre africaine les bases de la pédagogie de la médiation socio-cognitive, puis d'avoir développé les modalités d'une vraie entrée de cette approche dans le système éducatif.

(Coll. Études africaines, 378 p., 38 euros)

ISBN : 978-2-343-16421-2, EAN EBOOK : 9782140119712

L'ÉDUCATION AUX VALEURS CHEZ LES DING ORIENTAUX EN RDC TOME 2
De 1885 à nos jours
Approche historique
Placide Malung'Mper Akpanabi
Préface de Guy Avanzini
Ce deuxième tome est une analyse historique des acquis de la colonisation et de l'évangélisation, des témoignages des acteurs de cette époque et des transformations introduites dans le système éducatif de la R. D. Congo et des traditions des Ding Orientaux, comme des codes culturels occidentaux et le contexte de la pénétration des valeurs occidentales chez ces populations, offrant une clé de confrontation, entre elles, de la Tradition et de la Modernité, pour ou contre une continuité-discontinuité.
(Coll. Études africaines, 320 p., 33 euros)
ISBN : 978-2-343-16420-5, EAN EBOOK : 9782140119705

L'ÉDUCATION AUX VALEURS CHEZ LES DING ORIENTAUX EN RDC TOME 1
De 1885 à nos jours
Approche ethnologique
Placide Malung'Mper Akpanabi
Préface de Guy Avanzini
« L'éducation aux valeurs » permet de passer de la nature à la culture et à la société humaine. Ce premier tome aborde l'ethnologie des populations des Ding orientaux où sont présentées les descriptions ethnographiques des racines et de l'évolution de l'univers traditionnel des Ding orientaux (Kwilu) donnant la clé de lecture de la mentalité et des valeurs traditionnelles de ce peuple.
(Coll. Études africaines, 338 p., 35 euros)
ISBN : 978-2-343-16419-9, EAN EBOOK : 9782140119699

LE ZAÏRE, PAYS À GÉOMÉTRIE VARIABLE
Venant Fali Ngalikpima
L'Histoire du Royaume du Congo remonte à quelques siècles en arrière. L'imaginaire, le roman et la réalité cruelle se côtoient, se croisent et se confondent. C'est bien cette porosité qui explique et dicte le comportement et la logique de l'évolution des acteurs de cet ouvrage. C'est cette confrontation avec l'Histoire que le docteur Jean-Marie Mokili fera vivre à travers ses propres souvenirs et ceux de son peuple.
Les Impliqués (154 p., 17,5 euros)
ISBN : 978-2-343-17031-2, EAN EBOOK : 9782140119453

LA PRESSE CONGOLAISE DE FRANCE 1995-1997
Jerry Mpereng
Cet ouvrage est une étude monographique de la presse congolaise parue en France entre 1995 et 1997 dans la diaspora. Cette production journalistique est particulièrement riche en informations sur cette communauté en exil, mais elle révèle aussi un fonctionnement spécifique, du fait qu'elle évolue en dehors des circuits de fabrication et de distribution de la presse française. L'intérêt de ce livre réside donc dans l'analyse méthodique d'une source d'information.
(Coll. Études africaines, 108 p., 13 euros)
ISBN : 978-2-343-15285-1, EAN EBOOK : 9782140114557

Structures éditoriales du groupe L'Harmattan

L'Harmattan Italie
Via degli Artisti, 15
10124 Torino
harmattan.italia@gmail.com

L'Harmattan Hongrie
Kossuth l. u. 14-16.
1053 Budapest
harmattan@harmattan.hu

L'Harmattan Sénégal
10 VDN en face Mermoz
BP 45034 Dakar-Fann
senharmattan@gmail.com

L'Harmattan Cameroun
TSINGA/FECAFOOT
BP 11486 Yaoundé
inkoukam@gmail.com

L'Harmattan Burkina Faso
Achille Somé – tengnule@hotmail.fr

L'Harmattan Guinée
Almamya, rue KA 028 OKB Agency
BP 3470 Conakry
harmattanguinee@yahoo.fr

L'Harmattan RDC
185, avenue Nyangwe
Commune de Lingwala – Kinshasa
matangilamusadila@yahoo.fr

L'Harmattan Congo
67, boulevard Denis-Sassou-N'Guesso
BP 2874 Brazzaville
harmattan.congo@yahoo.fr

L'Harmattan Mali
Sirakoro-Meguetana V31
Bamako
syllaka@yahoo.fr

L'Harmattan Togo
Djidjole – Lomé
Maison Amela
face EPP BATOME
ddamela@aol.com

L'Harmattan Côte d'Ivoire
Résidence Karl – Cité des Arts
Abidjan-Cocody
03 BP 1588 Abidjan
espace_harmattan.ci@hotmail.fr

L'Harmattan Algérie
22, rue Moulay-Mohamed
31000 Oran
info2@harmattan-algerie.com

L'Harmattan Maroc
5, rue Ferrane-Kouicha, Talaâ-Elkbira
Chrableyine, Fès-Médine
30000 Fès
harmattan.maroc@gmail.com

Nos librairies en France

Librairie internationale
16, rue des Écoles – 75005 Paris
librairie.internationale@harmattan.fr
01 40 46 79 11
www.librairieharmattan.com

Librairie l'Espace Harmattan
21 bis, rue des Écoles – 75005 Paris
librairie.espace@harmattan.fr
01 43 29 49 42

Lib. sciences humaines & histoire
21, rue des Écoles – 75005 Paris
librairie.sh@harmattan.fr
01 46 34 13 71
www.librairieharmattansh.com

Lib. Méditerranée & Moyen-Orient
7, rue des Carmes – 75005 Paris
librairie.mediterranee@harmattan.fr
01 43 29 71 15

Librairie Le Lucernaire
53, rue Notre-Dame-des-Champs – 75006 Paris
librairie@lucernaire.fr
01 42 22 67 13

www.ingramcontent.com/pod-product-compliance
Lightning Source LLC
LaVergne TN
LVHW010951061026
849535LV00006B/1672
* 9 7 8 2 3 4 3 1 7 2 1 7 0 *